Thomas Ruhl (Hrsg.)

# IDEEN IM HAUSHALT

Alles, was die Hausarbeit ein wenig leichter, und das Wohnen ein wenig schöner macht.

Jetzt jagen wir den Schmutz aus jeder Ecke!
Und alles wird Picobello.

LEIFHEIT                    HEEL

## IMPRESSUM

HEEL Verlag GmbH
Gut Pottscheidt
53639 Königswinter
Tel.: (0 22 23) 92 30-0
Fax: (0 22 23) 92 30-26
E-Mail: service@heel-verlag.de
Internet: www.heel-verlag.de

© 2002 HEEL Verlag GmbH, Königswinter

Alle Rechte, auch die des Nachdrucks, der Wiedergabe in jeder Form und der Übersetzung in andere Sprachen, behält sich der Verlag vor. Es ist ohne schriftliche Genehmigung des Verlages nicht erlaubt, das Buch und Teile daraus auf fotomechanischem Weg zu vervielfältigen oder unter Verwendung elektronischer bzw. mechanischer Systeme zu speichern, systematisch auszuwerten oder zu verbreiten.

Herausgeber: Thomas Ruhl
Lektorat: Petra Hundacker, Antje Schönhofen
Satz und Gestaltung: ruhl-agentur@netcologne.de
Fotos: hotshots@ruhl-agentur.de
Druck und Verarbeitung: Ellwanger, Bayreuth

– Alle Rechte vorbehalten –
Printed and bound in Germany

ISBN 3-89880-026-1

### Wir danken ...

... ganz besonders dem Unternehmen LEIFHEIT, ohne dessen Unterstützung dieses Buch nicht hätte realisiert werden können. Besonders hervorheben möchten wir das Engagement von Nadja Haushahn, Thomas Kunkler und Katrin Lauer.

... dem Hauswirtschaftlichem Ausbildungszentrum Müngersdorf in Köln für das Zusammenstellen der Fachinformationen und die Beratungstätigkeit. Insbesondere Mechthild Rauhof und Claudia Gnörlich.

... den Mitarbeitern der Ruhl-Agentur und des Fotostudios Hot-Shots für ihre Mitarbeit. Im Besonderen: Alexandra Bliesener, Andrea Borowski, Assi vom Truttenberg (Bonnie), Carola Gerfer, Petra Gril, Raquel Plum, Martina Raguse, Dorothee Seber und Marek Szymczak.

Dies ist das Buch, das man jungen Leuten schenkt, die das elterliche Heim verlassen, und von dem man gleich ein zweites Exemplar für sich erwirbt, weil man selber gespannt auf arbeitserleichternde Tipps und Anregungen zur Hauswirtschaft ist. Denn alles, was einem das Leben ein wenig leichter machen kann, sollte man sich auf jeden Fall selber anschauen.

Wir wollten dieses Buch herausgeben, weil wir die Erfahrung machen mussten, dass viel wertvolles Wissen um die Hauswirtschaft bei nachwachsenden Generationen verloren geht.

Ein Grund dafür ist natürlich, dass Hausarbeit zumeist zu den ungeliebten Tätigkeiten gehört. Man hat kein Interesse, sich auch noch zusätzlich damit zu beschäftigen. Unwissenheit führt aber genau zum Gegenteil. Denn ohne Fachwissen braucht man länger, das Ergebnis wird schlechter, man macht sogar etwas durch falschen Umgang unansehnlich oder unbrauchbar.

Ganz zu schweigen davon, dass viele Leute zu viel Geld ausgeben für unnötige Mittelchen oder Geräte, die nichts taugen. Dieses Buch leistet einen kleinen Beitrag dazu, dies zu vermeiden ... und das ist die Seele dieses Werks.

In dem Unternehmen LEIFHEIT fanden wir Gleichgesinnte. Stellt doch diese Firma Produkte her, die den Anspruch vertreten, immer etwas mehr Qualität und immer etwas mehr Funktion und Nutzen zu bieten als andere. Den Slogan des Unternehmens „Ideen im Haushalt" haben wir daher zum Titel des Buches gemacht.

Für die Texter, Grafiker und Fotografen dieser Lektüre wurden Seminare und Schulungen abgehalten, die das Team mit dem Fachwissen der Forschungsabteilungen eines modernen Unternehmens in Bezug auf Materialien und Anwendungen versorgten. Darüber hinaus belieferte uns LEIFHEIT mit den notwendigen Geräten zur Veranschaulichung der Anwendungen. Trotzdem bleibt dieses Werk immer neutral. Was die Tipps und Tricks betrifft, wären wir ohne das Hauswirtschaftliche Ausbildungszentrum Müngersdorf in Köln aufgeschmissen gewesen. Beiden Partnern vielen Dank.

Dies sind die letzten Sätze, die für dieses Buch geschrieben werden, bevor es in den Druck geht. Das erste Exemplar wird meine Tochter Nina erhalten, für die es mit 20 Jahren auch endlich Zeit wird, sich mit diesem Thema auseinanderzusetzen.

02.02.2002
Thomas Ruhl

# INHALTSVERZEICHNIS

**Inhaltsverzeichnis**

Impressum 2

Einleitung
Home-Management
Haushalt im 3. Jahrtausend 6

## Das nötige Handwerkszeug 10

Kleine Helfer, die große Arbeit leisten. 12

**Bodenreiniger  Schwämme  Tücher  Bürsten**

Und die „Großen Brüder" stehen in nichts nach. 18

## Der große Putz 20

**Böden**

Auf dem Boden der Tatsachen. Das richtige Material für Ihren Fußboden und geniale Tipps und Tricks für die Reinigung. 22

Von Mopp, Besen und anderen tollen Fegern. Richtig fegen, abstauben und wischen. Spart Zeit, Geld und Arbeit. 28

Wischen wir dem Schmutz eins aus. Zweckgerechte Geräte und High-Tech-Materialien für besondere Fälle. 30

**Teppich**

Auf dem Teppich bleiben ... Ob Flokati, echter Perser oder Berber – machen Sie es sich gemütlich! 34

**Küche und Bad**

Hier wird Hygiene groß geschrieben! So blitzen Küche und Bad vor Sauberkeit. 40

**Decken und Wände**

Tapetenwechsel angesagt? So geben Decken und Wände ein schönes Bild ab. 44

**Fenster**

Glasklare Sache ... Mit diesen Tipps zur Fensterreinigung gewinnen Sie den Durchblick. 50

### Was bedeuten die Symbole:

🌳 Diese Tipps sind besonders umweltschonend

❗ Besonders wichtig

**Tipps** Besondere Tipps und Tricks

**Türen**

Hereinspaziert ... Gepflegte Türen geben den ersten Eindruck des folgenden Raumes. 54

**Lampen**

Ins rechte Licht gesetzt. Als funktionale Wohnaccessoires tragen Leuchten entscheidend zum Erscheinungsbild eines Raumes bei. 56

**Heizkörper**

Ein heißes Eisen ... Die Reinigung von Heizkörpern. 60

**Möbel**

Gepflegte Möbel ... schaffen pures Wohnbehagen. 62

# Inhaltsverzeichnis

## Reinigung verschiedener Materialien  68

**Glas**

**Mit Glanz und Gloria.** Bruchsichere Tricks zur Glasreinigung. 70

**Keramik**

**Feines Porzellan gehört zum guten Ton.** Alles über Steinzeug & Co. 72

**Metalle**

**Anlaufprobleme glänzend gelöst:** Mit ein paar ganz einfachen Tricks sehen Ihre edlen Stücke wieder goldenen Zeiten entgegen. 74

**Kunststoffe**

**Kunststoffe reinigen.** Mit uns natürlich ganz einfach! 86

**Leder**

**Lederpflege – tierisch einfach!** Mit den richtigen Mitteln geht es den Lederflecken ans Fell. 90

**Haushaltsgeräte**

**Die halten jeder Inventarprüfung stand.** So werden Ihre Haushaltsgeräte gereinigt. 94

### Das Kleingedruckte
Alle Tipps und Tricks und Rezepte in diesem Buch sind von der Redaktion geprüft. So unwahrscheinlich es sein mag, könnten sich dennoch Fehler eingeschlichen haben. Für eventuelle Schäden können wir daher keine Haftung übernehmen.

## Reinigung und Pflege von Textilien  104

**Wäsche waschen**

**Immer eine weiße Weste.** So kann sich Ihre Wäsche sehen lassen. 106

**Trocknen**

**So bringen Sie Ihre Wäsche ins Trockene.** Es gibt verschiedene Arten, Wäsche zu trocknen. Entscheiden Sie selbst. 118

**Bügeln**

**Mal so richtig Dampf ablassen.** Mit der richtigen Bügeltechnik sparen Sie glatt Zeit. 122

**Wäschepflege**

**Reine Formsache.** Waschen und Bügeln allein reicht oft nicht aus, um die Wäsche optimal zu pflegen. Wir zeigen Ihnen, wie's geht. 130

**Fleckentfernung**

**Porentief rein.** So rücken Sie selbst den hartnäckigsten Flecken zu Leibe. 132

## Feste soll man feiern ...  144

**Tisch decken**

**Tischlein deck dich ...** An einer schön dekorierten Tafel fühlen sich Ihre Gäste noch mal so wohl. 146

**Anrichten**

**Es is(s)t angerichtet ...** Wenn Gäste kommen, essen die Augen mit. Deshalb hier ein komplettes Schönheitsprogramm für Ihre Speisen. 152

**Zubereiten**

**Hobeln, Raspeln, Schneiden & Co.** Vor dem Festmahl steht die Zubereitung. Und mit den richtigen Helfern klappt das auch reibungslos. 162

**Backen**

**Kuchen, Torten & Co.** So sorgen Sie mit selbst Gebackenem für Aufsehen. 166

## Dekoration  182

**Pflanzen**

**Es grünt so grün ...** Wie Sie Ihren Zimmer- und Balkonpflanzen die richtige Pflege angedeihen lassen. 184

**Schnittblumen**

**Tulpen wachsen immer weiter?** Tipps und Tricks für Schnittblumen. 194

**Geschenke**

**Kreative Geschenke.** So erhalten Sie die Freundschaft. 198

Index  202

Home-Management – das klingt modern und effizient. Und genau das sollte Hausarbeit heute mehr denn je sein. Denn wer hat noch Zeit und Lust, sich ausschließlich dem Thema Haushalt zu widmen? Dank moderner Hilfsmittel und immer perfekterer Arbeitsgeräte lässt sich Hausarbeit mittlerweile viel schneller und mit deutlich weniger Kraftaufwand bewältigen. Trotzdem gehört Hausarbeit für die meisten nicht unbedingt zu den erklärten Lieblingsthemen. Und das mag auch daran liegen, dass vielen von uns das entscheidende Know-how in diesem Bereich fehlt. Für das vorliegende Buch haben wir uns bei echten Könnern schlau gemacht: Bei professionellen Hauswirtschafterinnen und Reinigungskräften ebenso wie bei hauptberuflichen Hausfrauen und -männern. Herausgekommen ist ein ultimativer Ratgeber für Haushalts-Einsteiger und -Fortgeschrittene, mit dessen Hilfe sich „das bisschen Haushalt" zwar immer noch nicht ganz von alleine macht, vieles aber schneller und mit deutlich mehr Spaß erledigt werden kann. Und unsere Tipps sind sicher auch für Profis immer wieder mal eine Überraschung!

# HOME-MANAGEMENT –
## Haushalt im 3. Jahrtausend.

### MODERNE ZEITEN UND BEWÄHRTE TRICKS

Wir leben in einem hypermodernen Zeitalter, in dem nahezu alles auf Knopfdruck oder per Computerbefehl funktioniert. Kaffeemaschinen werden über Timer auf die Minute genau so programmiert, dass morgens der frische Kaffee schon in der Küche wartet, Backöfen reinigen sich von selbst und an Waschbecken perlt der Schmutz einfach ab. Ist da ein Ratgeber zum Thema Haushalt und Hauswirtschaft überhaupt zeitgemäß? Wer befasst sich denn heute noch mit etwas so „Verstaubtem" wie Hauswirtschaft? Jeder! Denn Fakt ist, dass auch in unseren ach so modernen Zeiten täglich Arbeiten im Haushalt anfallen – ob nun Betten machen, Wäsche waschen und bügeln oder Fenster putzen. Vieles hat sich in den letzten Jahren geändert, modernste Geräte und immer neue Produktentwicklungen machen uns die Hausarbeit heute deutlich leichter. Aber so ein moderner Haushalt will auch organisiert sein, damit wir möglichst wenig Zeit und Kraft in ungeliebte Tätigkeiten investieren müssen. Home-Management ist angesagt, denn wie im Job sind auch in der Haushaltsführung die perfekte Planung und das Beherrschen aller Arbeitsgeräte das A und O. Wehmütig denkt da manch einer an früher zurück, als man noch zu Hause lebte und Mutter sämtliche Hausarbeiten erledigt hat.

Einleitung

**THE NEXT GENERATION**

Und wie fabelhaft organisiert und reibungslos das Ganze immer ablief – einfach bewundernswert! Wissen Sie noch, wie man Hemden so bügelt, dass sie nach der Behandlung nicht so aussehen, als wäre gerade eine Dampfwalze planlos darüber gerollt? Falls nicht, schlagen Sie doch mal auf Seite 126 nach. Beeindruckend auch die nahezu unerschöpfliche Trickkiste, aus denen unsere Großmütter und Mütter im Handumdrehen prima Ratschläge hervorholen konnten. So zum Beispiel, dass Blumensträuße deutlich länger frisch bleiben, wenn man eine Aspirin ins Blumenwasser gibt! Wer kommt denn auf so was? Aber: Es funktioniert, Sträuße bleiben tatsächlich viel länger frisch und schön. Oder wussten Sie, dass man angebrannte Pfannen und Töpfe mit Backpulver und heißem Wasser ganz einfach und umweltfreundlich reinigen kann? Klingt unglaublich, klappt aber. Sie möchten noch mehr davon? Bitte schön: In diesem Buch finden Sie in jedem Kapitel immer wieder Tipps und Tricks der etwas ungewöhnlichen Art, gekennzeichnet übrigens durch farbig hervorgehobene Kästen. Einen Tipp noch an dieser Stelle: Kaugummi entfernen Sie aus Teppichen einfach mit einem Eiswürfel und Glasreiniger – unglaublich, oder?

## SCHÖN ÜBERSICHTLICH

Haushalt bedeutet viel mehr als putzen, wischen und fegen; er umfasst einen besonders wichtigen Aspekt in unserem Leben: Unseren Lebensraum, unsere Privatsphäre. Da möchte man es behaglich und gemütlich haben. Sich wohl fühlen in den eigenen vier Wänden ist eines unserer elementaren Grundbedürfnisse, und um dieses zu befriedigen, ist ein gewisses Maß an Hausarbeit einfach nötig. Glücklich also, wer eine Putzfrau hat oder das vorliegende Buch besitzt! Denn unser Zuhause will gepflegt und versorgt sein – von der Reinigung bis hin zu Dekorationen. In sechs großen Themenbereichen mit jeweils mehreren Kapiteln finden Sie übersichtlich und anschaulich präsentiert alles, was das Home-Management benötigt.

Im Themenbereich „Das nötige Handwerkszeug" zeigen wir Ihnen die kleinen und großen Helfer, die in keinem Haushalt fehlen sollten. Eine Einkaufsliste mit den „Basics" sorgt für den Überblick, auch was die Finanzen betrifft.

Ein großes Thema: „Der große Putz". Wie man die unterschiedlichsten Böden und Bodenbeläge reinigt, Küche und Bad blitzsauber bekommt oder Fenster richtig putzt, erfahren Sie hier. Aber auch Wohnaccessoires wie Lampen werden ins rechte Licht gesetzt und wir widmen uns der perfekten Pflege von Möbeln.

Glas, Porzellan, Kunststoffe und Metalle – in jedem Haushalt gibt es die unterschiedlichsten Materialien. Wie sie richtig behandelt werden, lesen Sie ab Seite 68 unter „Reinigung verschiedener Materialien".

Wissen Sie immer genau, was die Zeichen in Ihren Wäsche-Etiketten bedeuten? Ob man dieses Wäschestück nun reinigen lassen kann, vielleicht sogar muss, oder ob es trocknertauglich ist? Falls nicht: Unter dem Themenbereich „Reinigen und Pflegen von Textilien" erfahren Sie alles Notwendige – und noch vieles mehr. Richtig bügeln oder Flecken entfernen ohne chemische Keulen sind nur einige weitere Themen.

Sie laden gerne Gäste zum Essen ein, oder der nächste Geburtstag steht vor der Tür. Wir finden „Feste soll man feiern", und unter diesem Thema finden Sie Tipps und Vorschläge für festlich gedeckte Tafeln. Außerdem zeigen wir Ihnen, wie Ihr Menü auch zum Augenschmaus wird und wie Sie – dank perfektem Time-Management – bis zu sechs Kuchen an einem Tag backen können, und das auch noch mit viel Spaß.

Last but not least wenden wir uns den schönen Kleinigkeiten zu – denn wie gesagt: Haushalt ist halt nicht nur putzen! Unter der Rubrik „Dekoration" erfahren Sie, wie Sie Ihren Zimmer- und Balkonpflanzen die richtige Pflege angedeihen lassen und wie Sie Balkon oder Terrasse besonders attraktiv gestalten. Und kreative Geschenkideen finden Sie auch. Haben Sie Ihre Freunde zum Beispiel schon mal mit selbst gemachtem Kräuteressig oder -öl beschenkt, oder vielleicht mit Duftsäckchen für den Wäscheschrank? Auch unsere Whisky- oder Rumfeigen sorgen garantiert für Furore.

Falls Sie ein bestimmtes Stichwort suchen, wie zum Beispiel „Natursteinböden", dann geht es am schnellsten mit unserem Index: Neben dem Begriff sind alle Seiten aufgeführt, auf denen dieses Stichwort auftaucht.

## GEWUSST WIE

Modernste Arbeitsgeräte, innovative Produkte und altbewährte Tipps und Tricks: Das ist die perfekte Kombination, um sich die Haushaltsarbeiten einfacher zu machen. Ein weiterer bedeutender Aspekt ist ein gutes Zeit-Management, denn gut geplant ist fast schon erledigt. Unsere Empfehlungen und Ratschläge sind übrigens alle von Profis erprobt und für gut befunden und haben deshalb Aufnahme in diesem Buch gefunden. Wir denken, dass Ihnen mit dieser Hilfe die Hausarbeit in Zukunft noch leichter von der Hand geht und hoffen, dass Sie viel Spaß an unseren oft ungewöhnlichen Tipps, den zahlreichen Fotos und natürlich unseren Anregungen haben.

**Ideen im Haushalt –**
Haben Sie selbst gute oder schlechte Erfahrungen mit irgendwelchen Haushaltsprodukten gemacht?
Verfügen Sie über weitere Tipps oder Ideen rund um das Thema Haushalt?
Was würden Sie bei einem solchen Buch anders oder besser machen?
Welche Erfahrungen haben Sie mit diesem Buch gemacht?

Das alles interessiert uns. Wir würden uns freuen, wenn Sie uns schreiben.

Thomas Ruhl
Werderstr. 21
50672 Köln

Weitere Produktinformationen finden Sie auf der Internetseite www.leifheit.de

Einleitung

Sie sind nicht allein!
Um die Hausarbeit perfekt erledigen zu können, gibt es jede Menge Unterstützung.

# DAS NÖTIGE HANDWERKSZEUG

Bestimmt hat sich auch bei Ihnen inzwischen schon ein beachtliches Arsenal von Reinigungsprodukten und Haushaltsgeräten angesammelt – oder aber Sie stehen gerade erst vor der Entscheidung, sich das ein oder andere Mittel und dazu die entsprechenden Geräte anzuschaffen.
Noch besser. Denn oftmals werden viele Haushaltshelfer gar nicht oder nicht effektiv genutzt. Und viele der in der Werbung als solche angepriesenen „Wunderwaffen" erweisen sich bei näherer Betrachtung als völlig unbrauchbar. Schaffen Sie sich am besten direkt die richtigen Arbeitsgeräte und Hilfsmittel für den Haushalt an, so sparen Sie nicht nur Platz, sondern auch Geld und schonen die Umwelt.
Im folgenden Kapitel stellen wir Ihnen die Produkte vor, die unserer Meinung nach in keinem Haushalt fehlen dürfen, und erklären Ihnen gleichzeitig, für welche Hausarbeiten sie sich einsetzen lassen. Auch in allen weiteren Kapiteln werden wir immer wieder auf die „kleinen Helfer" zurückgreifen, um ihre Verwendung zu verdeutlichen. Sie werden erstaunt sein, wie einfach manche Hausarbeit unter Einsatz der entsprechenden Hilfsmittel plötzlich wird und wie viel Zeit Sie sparen, die Sie nutzen können, sich wesentlich schöneren Dingen als dem Hausputz zu widmen!

## DIE BASICS – WAS IN KEINEM HAUSHALT FEHLEN SOLLTE:

Die nachfolgende Liste stellt unsere Empfehlung für die Grundausstattung eines Haushaltes dar. Alle Produkte und Arbeitsgeräte werden auf den folgenden Seiten beschrieben und erklärt. Und für die bessere finanzielle Übersicht haben wir Ihnen auch die Preise aufgeführt.

### KLEINE HELFER

**Bürsten:**

| | |
|---|---|
| Flaschenbürsten in 2 Größen | ca. 2,– |
| Spülbürste | ca. 1,– |
| Wurzelbürste | ca. 1,– |
| Jalousienbürste „Jalousetta" | ca. 8,– |
| Schmutzbürste | ca. 1,– |
| Schuhbürste | ca. 2,– |
| Kleiderbürste | ca. 2,– |

**Tücher:**

| | |
|---|---|
| Spültuch | ca. –, 50 |
| Geschirrtücher, hell | ca. 5,– |
| Geschirrtücher, dunkel | ca. 5,– |
| Staubtuch | ca. –, 50 |
| Poliertuch | ca. 2,50 |
| Fenstertuch | ca. 2,– |
| Bodenputztuch | ca. 1,50 |
| Schwamm | ca. –, 50 |

**Reinigungs- und Pflegemittel:**

| | |
|---|---|
| Spülmittel | ca. 1,50 |
| Neutralreiniger/Allzweckreiniger | ca. 1,50 |
| Seifenreiniger | ca. 1,50 |
| Alkoholreiniger | ca. 2,– |

### GROSSE BRÜDER

| | |
|---|---|
| Staubsauger | ca. 130,– |
| Mopp-System | ca. 40,– |
| Staubbiene | ca. 8,– |
| Kehrblech und Handfeger | ca. 8,– |
| Suprabesen | ca. 10,– |
| Eimer mit Wringautomatik | ca. 60,– |
| Handfensterwischer | ca. 10,– |

Kosten für Ihre Grundausstattung:
ca. 307,– €

**Das nötige Handwerkszeug**

*Das nötige Handwerkszeug*

# KLEINE HELFER, die große Arbeit leisten.

## BÜRSTEN

Bürsten in verschiedenen Ausführungen werden im Haushalt häufig dazu benötigt, um schwer erreichbare Stellen zu reinigen, größere Flächen mechanisch zu säubern oder eingetrocknete und hartnäckige Verschmutzungen zu entfernen. Eine Grundausstattung an Bürsten leistet in jedem Haushalt gute Dienste.

Haben Sie Ihre Reinigungsarbeiten erledigt, so sollte auch die Bürste gelegentlich gesäubert werden.

Waschen Sie Bürsten, die zur Reinigung von größeren Gegenständen benutzt werden, regelmäßig mit einer Feinwaschmittellösung (Handwäsche). Danach kalt abspülen, die Bürste gut ausschlagen und auf ein Tuch gelegt trocknen lassen.

Hat Ihre Spülbürste einen Kunststoffgriff, so kann sie auch in der Spülmaschine gereinigt werden. Einfach beim nächsten Spülgang mit in die Maschine geben – und sie ist wieder blitzsauber.

Zum Großreinemachen benutzte Bürsten oder Besen lassen sich mit einem Metallkamm/einer Metallbürste vorreinigen. Anschließend in Feinwaschmittellösung durchwaschen, gut ausspülen und zum Trocknen aufhängen.

**Flaschenbürsten**
zur Reinigung insbesondere des Flaschenhalses

**Spülbürste**
zur Reinigung von Kaffeemaschinen, Friteusen, Spülmaschinen, Gegenständen mit Emailüberzug, aus Edelstahl oder Kunststoff

**Wurzelbürste**
zur Reinigung von kratz- und stoßfesten Materialien (Besen, Rohholzgegenstände etc.)

**Schmutzbürste**
zur Reinigung von Schuhen, Gartentischen etc.

**Schuhbürste**
zur Reinigung von Schuhen

**Kleiderbürste**
zur Reinigung von Textilien

**Heizungsbürste Floretta**
zur Reinigung von schwer zugänglichen Heizungsrippen

| Flaschenbürsten

| Heizungsbürste Floretta

## Bürsten

| Spülbürste | Wurzelbürste | Schmutzbürste | Schuhbürste | Kleiderbürste |

### Jalousienbürste

zur Reinigung von Jalousien empfiehlt sich der Einsatz von Jalousienbürsten wie die Jalousetta. Dieser Jalousienreiniger mit Suprafaser kann zur Feucht- und Trockenreinigung benutzt werden und säubert dabei 2 Lamellen = 4 Flächen gleichzeitig.

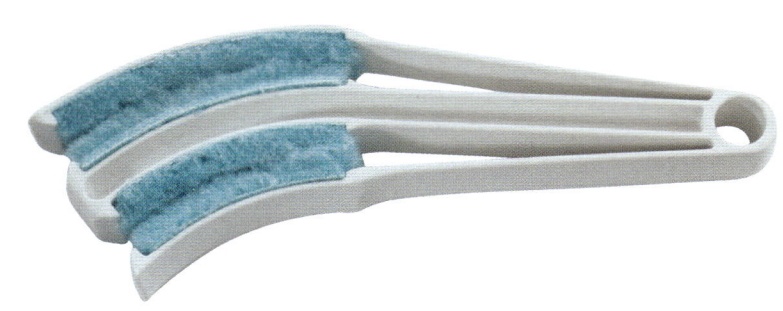

## Das nötige Handwerkszeug

## TÜCHER

Das Angebot an Reinigungstüchern, die im Handel erhältlich sind, ist riesengroß. Die wichtigsten, die Sie in Ihrem Haushalt zur Verfügung haben sollten, sind Vliestücher und Microfasertücher. Vliestücher sind gut ausgewrungen sehr saugfähig und können zum Feuchtwischen benutzt werden. Wenn man das Reinigungsmittel richtig dosiert, kann auf das Nachpolieren mit einem trockenen Tuch sogar verzichtet werden.

Schonend reiben und gleichzeitig viel Schmutz aufnehmen, das können die Microfasertücher auf Grund ihres Faseraufbaus. Diese Tücher lassen sich nass oder trocken verwenden, je nach Bedarf mit Reinigungsmittel oder ohne.

Wie Sie im Folgenden erkennen können, finden bei der Reinigung und Pflege Ihrer Wohnung alle Tücher vielseitig Verwendung.

### Spültuch
zum Abwaschen und Säubern von:
- Bügeleisen
- Friteuse
- Ceranfeld
- Kaffeemaschine
- Küchenmaschine
- Silber
- Gold

### Geschirrtuch (hell)
zum Abtrocknen/Nachwischen von:
- Küchenmaschine
- Silber
- Gold

### Geschirrtuch (dunkel)
zum Abtrocknen/feuchten Abwischen von:
- Bügeleisen
- Friteuse
- Kaffeemaschine
- Küchenmaschine
- Nähmaschine
- Silber
- Gold

### Staubtuch
zum Aufnehmen von Staub, zum Polieren von:
- Möbel
- Haushaltsmaschinen

### Poliertuch

zum Polieren glatter Flächen:
- glänzende Materialien
- Glasreinigung aller Art

### Fensterleder

zum Putzen glatter Flächen:
- Fenster
- Spiegel
- Armaturen
- Kacheln

### Bodenputztuch

zum Nassaufwischen für alle Böden:
- auch zum Unterlegen beim Fenster putzen, beim Umtopfen etc.

## SCHWÄMME

Auch Schwämme eignen sich für viele Arbeiten, die im Haushalt anfallen. Sie sollten nicht zu klein sein, eine Dicke von 3-4 cm haben und eine Griffmulde besitzen, die sich der Hand anpasst. Schwammtücher ersetzen bei manchen Einsätzen einen Lappen. Sie sollten groß genug gekauft werden, denn so lassen sich Arbeitsbewegungen sparen. Schwämme erleichtern bei richtiger Anwendung die mechanische Reinigung. Häufig haben sie zwei verschiedene Arbeitsseiten: eine raue für besonders hartnäckigen Schmutz, die andere zum schonenderen Nachwischen. Stahlwolle, Reinigungspads und Viskoseschwämme kann man in verschiedenen Härten kaufen.

*Der Härtegrad der Vliesauflage lässt sich an den Farben erkennen:*
- *weiß oder blau:*
  *kratzfrei => für empfindliche Oberflächen geeignet*
- *grün oder rot:*
  *enthält Schleifkörper => für unempfindliche Oberflächen*

*Die Farben der Reinigungspads kennzeichnen den Anteil und die Größe der Schleifkörper:*
- *weiß, beige, gelb:*
  *keine Schleifkörper*
- *rot:*
  *sehr feine Schleifkörper*
- *grün, blau:*
  *feine Schleifkörper*
- *schwarz, dunkelbraun:*
  *grobe Schleifkörper*

Tücher, Schwämme

## Das nötige Handwerkszeug

## SONSTIGE ARBEITSGERÄTE

### Eimer

Kunststoffeimer gibt es in den verschiedensten Größen. Auch eine Litermarkierung ist vorteilhaft: Das Reinigungsmittel lässt sich dann für die entsprechende Menge Wasser übersichtlich dosieren.

Achten Sie beim Einkauf auf die Ausführung der Henkel: Sie sollten gut in der Hand liegen, selbst wenn der Eimer gefüllt ist. Rechteckig geformte Gefäße lassen sich zum einen besser tragen, zum anderen können Sie Schrubber oder Fensterwischer problemlos hineintauchen. Kunststoff ist relativ unempfindlich gegen chemische Einflüsse, mit Scheuermitteln sollten Eimer aber besser nicht behandelt werden. Das verkratzt die Oberfläche und Schmutz kann sich leichter festsetzen.

Wenn Sie regelmäßig große Flächen zu reinigen haben, lohnt sich die Anschaffung eines fahrbaren Putzeimers mit Wringautomatik.

Eine schmale längliche Eimerform ist leichter zu tragen als eine runde. Ein ergonomisch geformter Griff ist wichtig, denn Wasser ist schwer und zu schmale Griffe „schneiden" in die Hand.

## REINIGUNGS- UND PFLEGEMITTEL

### Reinigungsmittel

lassen sich in drei Gruppen unterteilen, deren Wirkungen auf chemischen oder mechanischen Prozessen beruhen:
1. *Lösungsmittelreiniger* (Terpentin, Benzin, Spiritus)
2. *Lösungsmittelhaltige Reiniger* (Fleckenwasser, Bodenreiniger)
3. *Lösungsmittelfreie Reiniger* (Allzweckreiniger, Scheuermilch, Schmierseife)

Chemisch wirkende Reinigungsmittel lösen den Schmutz ohne die Oberfläche aufzurauen, bei mechanisch wirkenden Mitteln wird die Schmutzschicht durch mechanische Bearbeitung abgerieben.

🌳 Achten Sie der Umwelt zuliebe soweit es geht darauf, Reinigungsmittel aus dem pH-neutralen Bereich zu verwenden. Sie sind für die täglichen Putzarbeiten vollkommen ausreichend. Ein Allzweck- oder Neutralreiniger, ein Spülmittel, ein Alkoholreiniger für glatte Oberflächen und eventuell ein Seifenreiniger – das reicht für jeden Tag.

Bei empfindlicher Haut empfiehlt sich der Gebrauch von Gummihandschuhen, die es in den verschiedensten Größen und Ausführungen gibt.
Bei der Auswahl von Putzmitteln sollten Ihnen folgende Punkte wichtig sein:
• Umweltverträglichkeit
• Hautfreundlichkeit
• Vielfältige Einsatzmöglichkeiten
• Gute Reinigungskraft
• Ergiebigkeit

Stellen Sie sich Ihr Reinigungsmittelsortiment individuell zusammen. Viele Reinigungsmittel eignen sich für mehrere Materialien und teure Spezialprodukte lassen sich häufig vermeiden – sie nehmen unnötig Platz ein, kosten zusätzlich Geld und belasten die Umwelt.

Doch sicherlich richtet sich die Auswahl des jeweiligen Mittels nicht nur nach dem Material des zu behandelnden Stoffes, sondern auch nach Art und Menge der Verunreinigung und nach Ihren eigenen Ansprüchen an Sauberkeit und Pflegezustand.

### Tipp
High-Tech-Microfaser spart Reinigungsmittel (somit Geld) durch hohe Faserleistung und Wasseraufnahme, daher umweltschonend. Der Anschaffungspreis ist zwar höher, aber Markentücher haben Lebensdauer.

### Pflegemittel

Auch bei den Pflegemitteln lässt sich zwischen lösungsmittelhaltigen und lösungsmittelfreien Produkten unterscheiden. Diese zusätzlich zur Oberflächenbehandlung eingesetzten Mittel bilden einen Schutzfilm, der ebenso wasser- wie schmutzabweisend wirkt. Darüber hinaus werden Glanz und Farbe aufgefrischt.

So genannte *Kombinationsmittel* enthalten neben reinigenden auch pflegende Substanzen zur Oberflächenbehandlung (Möbelpolitur, Wischpflegemittel).

### „Neutrale" Reiniger – der Umwelt zuliebe

Mit Reinigungsmitteln aus dem neutralen Bereich können fast alle Reinigungsarbeiten durchgeführt werden.

*Alkoholreiniger*
Anwendung bei wasserbeständigen glatten und glänzenden Oberflächen. Bei richtiger Dosierung verdunstet er streifenfrei.

*Allzweckreiniger*
Anwendung bei wasserbeständigen Oberflächen, zur Entfernung von fetthaltigen Verschmutzungen.

*Neutralreiniger*
Anwendung wie Allzweckreiniger

*Seifenreiniger*
Anwendung bei glatten Fußbodenbelägen. Seifenrückstände bilden bei Nasswischen einen Pflegefilm, der aufpoliert werden kann.

**Eimer, Reinigungsmittel**

Das nötige Handwerkszeug

# „... UND DIE „GROSSEN BRÜDER" stehen in nichts nach.

### Das Moppsystem

Universelles Reinigungssystem bestehend aus Bodenwischer, Mopp und Eimer mit Wringautomatik. Mit Mopps zum Trocken-, Staub-, Feucht- und Nasswischen bestückbar. Hände weg vom Schmutz – mit dem Moppsystem geht das.

### Staubsauger

Der im Privatbereich am meisten verbreitete Sauger scheint heute der Bodenstaubsauger zu sein. Er ist leicht zu führen, kann auf seinen Rollen durch die Wohnung gezogen werden und hat eine starke Saugleistung.

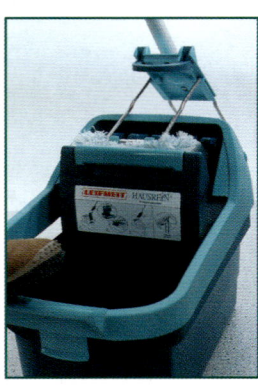

| Eimer mit Wringautomatik und Mopp

| Bodenstaubsauger

| Bodenwischer

18

## Bodenreiniger

### Picobello
Klein, schnell, wendig. Kompaktreinigungsgerät mit Auswringmechanik und Kardangelenk für maximale Beweglichkeit.

### Staubbiene
auch als Handgerät zu verwenden. Damit kommen Sie in jeden Winkel.

### Suprabesen
zum Kehren, Bürsten und Schrubben.

### Handfensterwischer
mit Microfaser-Reinigungsvlies und Klettverschluss. Reinigen und Trocknen mit einem Gerät.

### Kehrblech und Handfeger
Der Klassiker beseitigt Zusammengefegtes und Schmutzecken.

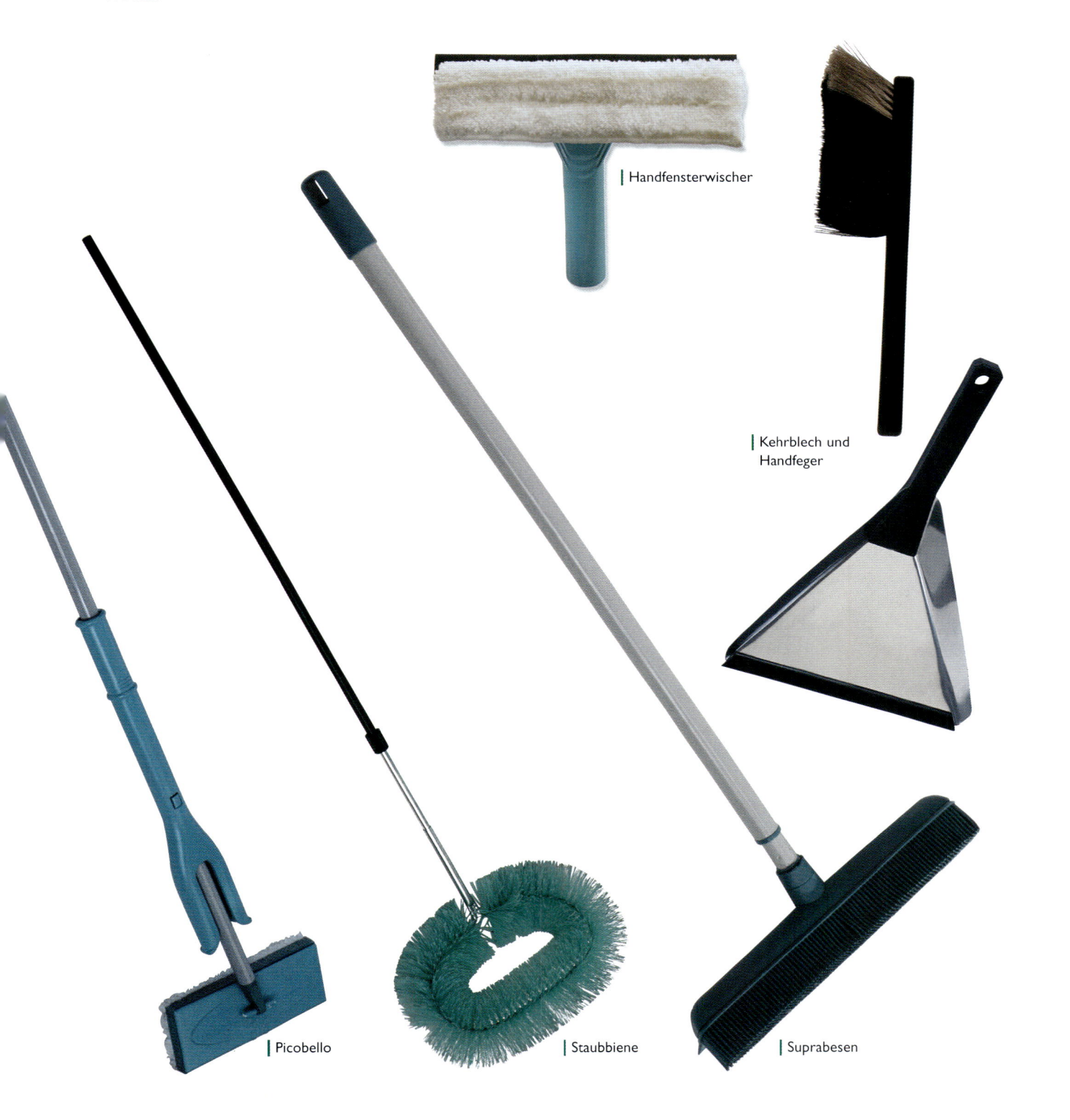

| Handfensterwischer

| Kehrblech und Handfeger

| Picobello

| Staubbiene

| Suprabesen

# Der große Putz

Bei den meisten von uns erfreut sich das Thema Putzen nicht gerade der größten Beliebtheit. Denn das große Reinemachen – so scheint es – ist immer mit einem erheblichen Zeit-, Arbeits- und Kraftaufwand verbunden. Aber ... oft sind es nur falsche Techniken und Geräte, die diese ungeliebte Hausarbeit so beschwerlich machen.

## DER GROSSE PUTZ

Die Reinigung der Wohnung lässt sich in vier Gruppen einteilen. Unter der *Unterhaltsreinigung* versteht man dabei, sichtbare Arbeitsflächen oder Gegenstände wie Betten und Regale auf einem ordentlichen und sauberen Niveau zu erhalten, sodass man sich wohl fühlt. Ob täglich, wöchentlich oder monatlich ist übrigens individuell zu bestimmen!

1. Unterhaltsreinigung täglich
2. Unterhaltsreinigung wöchentlich
3. Unterhaltsreinigung monatlich
4. Grundreinigung

In diesem Kapitel erfahren Sie, welche Arbeiten wann anfallen und wie sie zeitsparend und rationell durchgeführt werden können.

Zusätzlich geben wir Tipps, damit Sie es sich in Ihrer Wohnung so richtig gemütlich machen können! Was Sie beim Einrichten Ihrer Wohnung beachten sollten und wie Sie die passende Beleuchtung finden. Welcher Bodenbelag der beste für Sie ist und wie Farben und Tapetenmuster ihre Wirkung verbreiten. Lesen Sie weiter, Sie werden sehen, dass der „Große Putz" richtig Spaß machen kann.

**Beispielhafter Arbeitsplan**

*Unterhaltsreinigung täglich:*
- Betten machen
- Aufräumen
- Geschirr spülen
- Arbeitsflächen reinigen
- Bad reinigen

*Unterhaltsreinigung wöchentlich:*
- Staub saugen
- Fußböden reinigen
- Wäsche waschen
- Küchenwäsche wechseln

*Unterhaltsreinigung monatlich:*
- Betten beziehen
- Fenster putzen
- Küche gründlich reinigen

*Grundreinigung:*
- Gardinen waschen
- Matratzen lüften
- Keller/Garage gründlich reinigen

Der große Putz

**Der große Putz**

Sie wollen Ihre Wohnung einrichten oder renovieren und stehen vor der Frage nach dem passenden Boden? Oder sind Sie gar in eine Wohnung eingezogen, deren vorhandenen Bodenbelag Sie weiter nutzen möchten? Dann möchten Sie wissen, wie Sie Ihr „Erbstück" ohne viel Aufwand sauber machen?
Eigentlich sollte der Boden doch schalldämmend, pflegeleicht, elastisch, trittsicher, fußwarm und dauerhaft sein? Doch je nachdem, um was für einen Raum es sich handelt, muss er ganz andere, vielleicht sogar entgegengesetzte Ansprüche erfüllen.
In diesem Kapitel lesen Sie alle Antworten.

## AUF DEM BODEN DER TATSACHEN. Das richtige Material für Ihren Fußboden und geniale Tipps und Tricks für die Reinigung.

Menschen prägen Räume – und Räume prägen Menschen. Und die Basis eines „Raum-Gefühls" bildet der Fußboden. Er verbindet Möbel und Accessoires zu einer Einheit. Und lässt, je nach Beschaffenheit und Material, einen Raum cool oder gemütlich wirken.
Die wichtigste Frage, die Sie sich stellen sollten, wenn Sie einen Fußboden wählen: „Wie lebe ich in meinem Raum?" Sind Sie jemand, der gerne auf dem Fußboden sitzt und CDs hört oder gehören Sie vielmehr zu den Couchpotatoes, die vom Sofa gar nicht weg zu bewegen sind?
Eine weitere wichtige Überlegung betrifft die Qualität der Einrichtung: Soll sie ein Leben lang halten oder wünschen Sie sich „öfter einmal etwas Neues"?
Bevor Sie losziehen und sich verschiedene Böden anschauen, machen Sie sich am besten eine Liste mit allen wünschenswerten Eigenschaften, die Ihr neuer Boden erfüllen soll. Dann fällt die Wahl leichter und Entscheidungen werden nicht allein nach der Optik und den Beschaffungskosten, sondern nach dem tatsächlichen Nutzen getroffen. Falls Ihr Einkaufsetat nicht sehr üppig ausfällt, sollten Sie umso genauer überlegen, was Sie wählen!
Oft sind die Folgekosten höher als der Invest. Das äußert sich in erhöhtem Reinigungsaufwand und geringer Haltbarkeit.
Doch lesen Sie nur weiter: Dem nachfolgenden Text entnehmen Sie die wichtigsten Informationen über Ihren Traum-Boden.

# VON HOLZBÖDEN BIS STEINGUTFLIESEN

## Hartholz

*Beispiel:* Buche, Eiche
*Aufbau:* Versiegelt
*Eigenschaften:* Elastisch, fußwarm, druckfest, pflegeleicht
*Geräte:* Staubsauger, Besen, Handfeger, Feuchtwischgerät
*Ideal:* Staubmopp, Feuchtwischmopp
*Reinigung:* Staub saugen, Kehren, Flecken entfernen, feucht wischen mit Wischwachs in Maserrichtung, Behandlung mit lösungsmittelhaltigem Wachs.

**Tipp:** Verwenden Sie zur Pflege kalten schwarzen Tee!

## Weichholz

*Beispiel:* Fichte, Kiefer, Lerche
*Aufbau:* Lasiert oder wachsbeschichtet
*Eigenschaften:* Elastisch, fußwarm, nicht ganz so druckfest wie Hartholz, pflegeleicht
*Geräte:* Staubsauger, Besen, Handfeger, Feuchtwischgerät
*Ideal:* Staubmopp, Feuchtwischmopp
*Reinigung:* Staub saugen, Kehren, Flecken entfernen, feucht wischen mit Wischwachs in Maserrichtung, Behandlung mit lösungsmittelhaltigem Wachs.

**Tipp:** Verwenden Sie zur Pflege kalten schwarzen Tee!

## Parkett

**Parkett wird in zwei Arten eingeteilt:**
Das *traditionelle Parkett* besteht aus massivem Holz, das in unterschiedlichsten Formaten und Mustern fest auf dem Untergrund verklebt wird. Es ist extrem lange haltbar, lässt sich mehrmals abschleifen und gilt als besonders edel.
Beim *Fertigparkett* besteht die Nutzschicht aus einem Holzfurnier, das auf die Trägerplatten aus Sperrholz, Spanplatte oder MDF geklebt wird. Fertigparkett ist deutlich günstiger, kann selber verlegt werden und ist somit das ideale „Einsteigerparkett".

### Aufbau unversiegelt

*Eigenschaften:* Elastisch, schalldämmend, fußwarm, wasserempfindlich
*Geräte:* Staubsauger, Trockenmopp, Feuchtwischgerät, Bohnermaschine, Lappen
*Reinigung:* Staub saugen oder trocken moppen, mit Hartwachs behandeln und trocken nachpolieren.

### Aufbau versiegelt

*Eigenschaften:* Elastisch, schalldämmend, fußwarm, dauerhaft, leicht zu reinigen, empfindlich gegen Kratzer und Lösungsmittel
*Geräte:* Staubsauger, Trockenmopp, Feuchtwischgerät, Bohnermaschine (Bohnern ohne Wachs!)
*Reinigung:* Staub saugen oder trocken moppen, feucht wischen nur mit klarem Wasser.
In regelmäßigen Abständen mit Spezial-Parkettmittel behandeln.

| Eiche Markant Struktur Landhausdiele

| Esche Trend Schiffsboden

### Tipps

- *Wasserflecken* verschwinden, wenn man sie mit Leinöl bestreicht.
- *Flecken unbekannter Herkunft* beseitigen Sie mit Spiritus. Dazu den Spiritus kurz einwirken lassen, dann gründlich mit handwarmem Wasser entfernen.
- *Absatzspuren* lassen sich mit einem Radiergummi ausradieren.
- *Fettflecken* können mit etwas Spiritus auf einem Leder- oder Mikrofasertuch entfernt werden. Oft genügt auch ein wenig Spülmittel.
- Bei *beschädigter Versiegelung* etwas Bohnerwachs auftragen

**Böden**

# Der große Putz

und gut einreiben, evtl. noch ein wenig Talkumpuder aufstreuen und mit einem weichen Lappen abreiben. So bleiben keine Rückstände auf dem Holz.
- **Schrammen** auf dem Fußboden mit etwas Öl einstreichen und gut abreiben.
- **Achtung!** Staub und Sand beschädigen die Versiegelung. Deshalb vor dem Wischen kehren oder Staub saugen, da sonst der Fußboden verkratzt, wenn Sand mit dem feuchten Lappen verteilt wird.
- Ein Teil Rotwein und ein Teil Öl (z. B. Sojaöl) vermengen und *hartnäckige Flecken* kräftig damit einreiben!

| Eiche

**Tipp:** Da der Boden keine Nässe verträgt, immer nur nebelfeucht wischen. Zur optimalen Pflege sollten Sie hin und wieder Laminatbodenreiniger und -pflegemittel benutzen.

### Laminat

*Aufbau:* 3-schichtig; Oberfläche aus harzgetränkten Papierschichten gepresst, Kern aus Holz, als Unterseite (Gegenzug) laminiertes Kraftpapier
*Eigenschaften:* Abriebfest, kratzfest, druck- und stoßfest, UV-Lichtbeständig, zigarettenglutbeständig, pflegeleicht
*Geräte:* Besen, Staubsauger, Mopp
*Reinigung:* Fegen oder Staub saugen, feucht mit Mopp, lauwarmem Wasser und etwas Neutralreiniger.

### Kunststoff

*Aufbau:* PVC
*Eigenschaften:* Strapazierfähig, wärme- und schallisolierend, leicht zu pflegen, wasserunempfindlich, beständig gegen Laugen und Säuren, empfindlich gegenüber Lösungsmitteln
*Geräte:* Staubsauger, Besen, Trockenmopp, Feuchtwischmopp
*Reinigung:* Fegen oder Staub saugen, feucht wischen mit lauwarmem Wasser und Neutralreiniger.

*Aufbau:* Weich-PVC
*Eigenschaften:* Empfindlich gegenüber intensiver Sonnenbestrahlung
*Geräte:* Staubsauger, Besen, Trockenmopp, Feuchtwischmopp
*Reinigung:* Fegen oder Staub saugen, feucht wischen mit lauwarmem Wasser und Neutralreiniger.

**Tipps**
- Die Behandlung mit lösungsmittel- und ölfreiem Kunststoff-Polierwachs verhindert zu schnelle Verschmutzung. Verwenden Sie keine Lösungsmittel.
- *Gründliche Reinigung:* Tragen Sie immer zuerst ein Grundreinigungsmittel auf. Reinigen Sie dann den Boden mit klarem Wasser nach. Zum Schluss ein Pflegemittel auftragen. Ist die alte Schicht nicht ganz abgetragen, kommt es zu hässlichen Verkrustungen.
- *Seifenreiniger* sollte man nur bei Böden ohne Pflegefilm verwenden.

🌳 Wird nur mit einem Reinigungsmittel gearbeitet, reinigen und pflegen Sie in einem Wisch. Die pflegende Wirkung ist allerdings nicht so stark, da das Pflegemittel ebenfalls weggespült wird. Achtung Umwelt! Das Abwasser ist stärker belastet!

### Linoleum

*Aufbau:* Mischung aus Leinöl, Harzen, Kork-/Holzmehl und Farbstoffen aufgewalzt auf ein Jutegewebe
*Eigenschaften:* Dauerhaft, elastisch, fußwarm, schalldämmend, druckempfindlich, empfindlich gegen-

| Buche

## Böden

über Laugen und Säuren
*Geräte:* Staubsauger, Besen, Feuchtwischgerät, Schrubber und Lappen
*Reinigung:* Feucht wischen mit Neutralseife oder Wischwachs in lauwarmem Wasser; Flecken mit Terpentinersatz entfernen, Pflege mit Hartflüssigwachs.

❗ Wachs nie auf noch feuchten Boden auftragen.

### Tipps

- *Streifen von Absätzen* können Sie einfach mit einem Radiergummi abreiben.
- *Schwarze Streifen* mit einem Schwämmchen (evtl. mit der Rückseite) und etwas Spülmittel entfernen.
- *Hartnäckigen Flecken* sollten Sie mit einem Lappen, auf den etwas Terpentin geträufelt wird, zu Leibe rücken.
- *Malkreidespuren* lassen sich mit ein wenig Zahnpasta auf einem feuchten Tuch sauber und schonend beseitigen. Besonders bei weißlackierten Türen zu empfehlen. Einfach nachwischen und trockenreiben.
- Für einen *selbst gemachten Bodenwachs* geben Sie auf einen Eimer Wasser 1/2 Tasse Essig und 2 Esslöffel Möbelpolitur. Mit dieser Lösung dann den Boden wischen.
- *Achtung!* Nicht mit harten Bürsten schrubben, das kann die Oberfläche beschädigen!

- Reinigen Sie Ihren Linoleumboden mit ungesalzenem Kartoffelwasser – das wirkt Wunder.

### Kork

*Aufbau:* Korkeichenrinde, verarbeitet in Streifen, Stücken oder geschrotet; meist mit künstlichen, wasserunlöslichen Bindemitteln oder auf PVC-Folie gepresst; unbehandelt, gewachst oder versiegelt
*Eigenschaften:* Elastisch, fußwarm, kälte- und wärmeisolierend, trittschalldämmend, wasser- und luftdicht, resistent gegen Salzsäure, Benzin, Öl, nicht widerstandsfähig gegenüber Aceton
*Geräte:* Staubsauger, Feuchtwischgerät, Mopp
*Reinigung:* Staub saugen, feucht wischen mit lauwarmem Wasser und einem milden Reinigungsmittel, Farbflecken und Trittspuren mit Terpentinersatz entfernen!

**Tipp:** Ist der Naturboden versiegelt, wird er feucht gewischt. Kork ist sehr langlebig!
Bei Kork-PVC-Platten eignet sich Waschbenzin zur Fleckenentfernung.

### Naturstein

*Beispiel:* Quarzite, Sandstein, Gneise, Marmor, Schiefer, Granit, Grauwacke
*Aufbau:* Naturstein
*Eigenschaften:* Unelastisch, hart, dauerhaft, fußkalt, wasserunempfindlich, kratz- und stoßempfindlich, pflegeleicht
*Geräte:* Besen, Feuchtwischgerät, Trockenmopp
*Reinigung:* Schmierseifenlösung. Benutzen Sie wachsfreie Wischpflegemittel, auch lösungsmittelhaltige Reinigungsmittel können verwendet werden.

### Tipps

- Natursteinböden werden *vor der ersten Behandlung* mit Leinöl getränkt. Erst einige Tage später mit Wasser reinigen, denn das Leinöl muss sich im Stein verteilen und die Poren „abdichten".
- *Hartnäckige Flecken* verschwinden mit Schmierseifenlösung wie durch Zauberhand: Einfach etwas Schmierseife in lauwarmem Wasser auflösen und die Flecken damit behandeln.

## Der große Putz

### Spezialfall Marmor

*Reinigung:* Mit Sodawasser (Wasser mit einem Esslöffel Soda) warm und gut nachspülen. Verwenden Sie auf keinen Fall Essig oder Essigreiniger, denn der beseitigt zwar Kalk, greift aber die Marmoroberfläche an! Flecken können mit 3 %igem Wasserstoffperoxyd (in der Apotheke erhältlich) entfernt werden: einige Stunden einziehen lassen und mit einem feuchten Tuch wegwischen.

### Tipps

- Reinigen Sie Ihren Boden mit einem Schuss Salmiakgeist. Anschließend leicht mit Bohnerwachs einreiben und polieren.
- *Marmorstufen* mit einem Ledertuch abreiben und polieren.
- *Schwarze Flecken* mit etwas Steinöl entfernen. Sie können auch eine gute Möbelpolitur verwenden.
- **Wichtig!** Marmor nie zu nass putzen!
- *Weinflecken* mit einer Paste aus Kreide und Benzin behandeln, etwas einwirken lassen und mit klarem Wasser abspülen.
- *Schwarze Flecken* lassen sich am besten mit Steinöl oder Benzin entfernen!

### Spezialfall Schiefer

*Reinigung:* Mit Neutralreiniger und warmem Wasser wischen, bei hartnäckigen Flecken Reiniger dick auftragen und bürsten. In regelmäßigen Abständen Steinreinigungs- und Pflegemittel verwenden.

### Terrazzo

*Aufbau:* Kleine Steinchen, vermischt mit Zement
*Eigenschaften:* Unelastisch, hart, dauerhaft, fußkalt, wasserunempfindlich, kratz- und stoßempfindlich, pflegeleicht
*Geräte:* Feuchtwischgerät, Mopp, Schrubber, Besen
*Reinigung:* Warmes Wasser mit Schmierseife oder Neutralreiniger. Keine Reinigungsmittel mit Lösungsmittel verwenden, da sonst die Oberfläche beschädigt wird. In regelmäßigen Abständen mit Steinreinigungs- und Pflegemitteln reinigen.

**Tipp:** Das Auftragen eines Grundierungsmittels verschließt die Poren und verhindert die Aufnahme von Schmutz. Nur mit Wasser wischen. Ist der Boden sehr schmutzig, etwas Neutralreiniger hinzufügen. Nachher gut trocknen und mit einem weichen Tuch nachreiben.

### Steinzeugfliesen

#### Unglasiert

*Aufbau:* Ton, Porzellanerde und Zusätze von Quarz, Kreide oder Kalk sowie Feldspat.
Das Material enthält grobe, sichtbare Bestandteile und ist besonders widerstandsfähig. Selbst in stark begangenen Bereichen zeigen die Fliesen kaum Abnutzungserscheinungen.
*Eigenschaften:* Unelastisch, dauerhaft, fußkalt, wasserunempfindlich, pflegeleicht
*Geräte:* Feuchtwischgerät, Mopp, Besen
*Reinigung:* Zum Schutz gegen Verschmutzungen reibt man die unglasierten Fliesen gelegentlich mit Paraffinöl oder einem Spezialwachs ein!

## Böden

### Glasiert

*Aufbau:* Ton, Porzellanerde und Zusätze von Quarz, Kreide oder Kalk sowie Feldspat.
Das Material ist je nach Abriebfestigkeit seiner Glasur für den gesamten Wohnbereich zu empfehlen.
*Eigenschaften:* Unelastisch, dauerhaft, fußkalt, wasserunempfindlich, pflegeleicht
*Geräte:* Feuchtwischgerät, Mopp, Besen
*Reinigung:* Mit warmem Wasser und Schmierseife schrubben, gut nachspülen.

**!** Verwenden Sie keine Wachse!

> **Glasierte Steinzeugfliesen** werden je nach Abriebfestigkeit ihrer Glasur in vier Belastungsgruppen eingestuft:
>
> *Abriebgruppe I:*
> Für leichteste Beanspruchung. (Wird heute kaum noch angeboten.)
> *Abriebgruppe II:*
> Für wenig begangene Räume im privaten Bereich.
> *Abriebgruppe III:*
> Für den gesamten Wohnbereich einschließlich Fluren, Treppen und Küche.
> *Abriebgruppe IV:*
> Für stärkste Beanspruchung und alle Bereiche innen wie außen.

> **Tipp:** Wasserflecke entfernen Sie durch Abwaschen mit Essigwasser. Flecke und Streifen von Schuhabsätzen verschwinden, wenn sie mit farbloser Schuhcreme abgerieben werden.

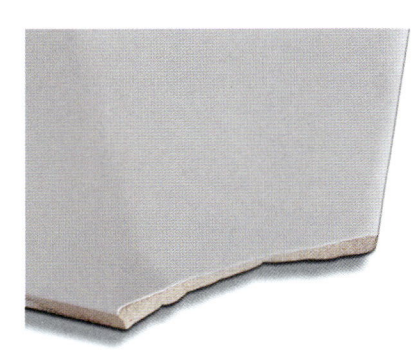

### Steingutfliesen

#### Unglasiert

*Aufbau:* Ton. Das Material ist relativ weich, porös und nimmt Wasser auf. Daher nicht für frostgefährdete Bereiche geeignet.
*Eigenschaften:* Unelastisch, dauerhaft, fußkalt, pflegeleicht
*Geräte:* Feuchtwischgerät, Mopp, Besen
*Reinigung:* Feucht wischen, bei starker Verschmutzung Schmierseife oder Neutralreiniger verwenden.

**!** Unglasierte Fliesen dürfen nicht gewischt werden, bevor sie mit Leinöl imprägniert worden sind!

#### Glasiert

*Aufbau:* Ton. In allen Glasurfarben und Dekoren zu kaufen. Relieffliesen sind nur für geringfügige Beanspruchung zu empfehlen, da Reliefkanten sich zu schnell abtreten.
*Eigenschaften:* Unelastisch, dauerhaft, fußkalt, wasserunempfindlich, pflegeleicht
*Geräte:* Feuchtwischgerät, Mopp, Besen
*Reinigung:* Feucht wischen, bei starker Verschmutzung Schmierseife oder Neutralreiniger verwenden.

Vielleicht träumen Sie aber doch eher von einem flauschigen Teppichboden, der Ihren Fußboden bedeckt? Dann lesen Sie weiter auf Seite 34: „Auf dem Teppich bleiben. Ob Flokati, echter Perser oder Berber – machen Sie es sich gemütlich!"

**Der große Putz**

„Schnell und gründlich!" – so soll der vorhandene oder neu erstandene Fußboden gereinigt werden. Wir zeigen Ihnen Techniken und Haushaltsgeräte, die Ihnen die Arbeit erleichtern!

# VON MOPP, BESEN UND ANDEREN TOLLEN FEGERN.
## Richtig fegen, abstauben und wischen. Spart Zeit, Geld und Arbeit.

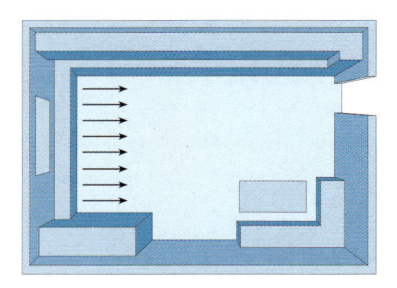

| Küche mit Pfeilen in Reinigungsrichtung (Fegen mit dem Besen).

| Zimmer mit Pfeilen in Reinigungsrichtung (Wischen mit dem Schrubber).

| Zimmer mit Pfeilen in Reinigungsrichtung (Moppen – Achterschlag).

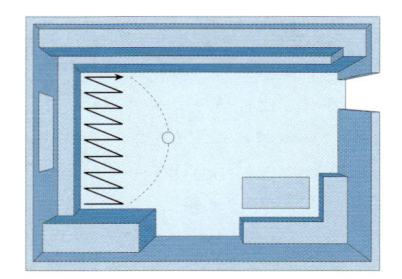

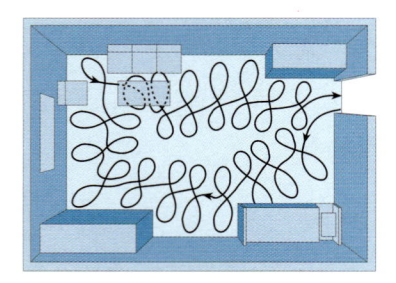

### METHODEN DER BODENREINIGUNG

Wenn Sie Ihren Boden reinigen, so kann das auf drei verschiedene Arten erfolgen: Trocken, feucht oder nass. Wir empfehlen für alle drei Arten die Verwendung eines Mopp-Systems, da Sie so mit einem Gerät über vielfältige Einsatzmöglichkeiten verfügen – und das spart Platz und Geld. Außerdem ist die Anwendung besonders einfach und mit wenig Kraftaufwand verbunden.

### Das Mopp-System

Das Mopp-System besteht aus einem *Mopp-Halter* mit langem Stiel und einem Kunststoff- oder Metallrahmen an der Unterseite, in den mühelos die unterschiedlichen Mopps eingespannt werden können. Zum System gehören insgesamt drei *Mopps*: Ein Staubmopp zur Trockenreinigung, ein Mopp zum Feucht- bzw. Nasswischen und ein Tockenmopp, mit dem beim Nasswischen trocken nachgewischt wird. Der Mopp für die feuchte oder nasse Anwendung besteht aus einem Grundgewebe und besonders saugfähigen kurzen Schlingen. Nach Gebrauch sollte er gewaschen werden. Besonders praktisch sind verschiedene Vliese oder Gazen, die über den Mopp gezogen werden und nach Gebrauch entweder entsorgt oder gewaschen werden können. Ein besonders wichtiges Teil des Mopp-Systems ist die so genannte Mopp-Presse, die ein Auswringen ohne Bücken und ohne großen Kraftaufwand ermöglicht. Angenehm ist auch, dass die Hände bei dieser Methode sauber und trocken bleiben.

#### Trocken

Verwenden Sie zur Trockenreinigung einen Besen, Staubsauger oder einen Staubmopp.
Das Kehren mit dem *Besen* dient der groben, lose aufliegenden Schmutzentfernung, wobei allerdings leicht viel Staub aufgewirbelt wird. Der Besen sollte daher wirklich nur zur groben Schmutz-

entfernung benutzt werden. Schwingen Sie ihn vor Ihrem Körper oder von ihm weg – je nach Größe der Fläche, die gekehrt werden soll.
Beginnen Sie am Zimmerrand, und arbeiten Sie sich in Richtung Tür vor, um dort den zusammengekehrten Schmutz mit dem *Handbesen* auf das Kehrblech zu kehren (siehe Skizze).
Die Breite des Besens sollte auf die zu reinigenden Flächen abgestimmt werden, allerdings nicht unter 40 cm liegen.
Für Zimmerbesen eignen sich Naturborsten, für Straßenbesen Borsten pflanzlicher Herkunft oder Kunststoff.

### Feucht

Die feuchte Reinigung empfiehlt sich für Laminat- und alle Holzböden, da diese nur nebelfeucht behandelt werden sollen, um ein Aufquellen und Welligwerden zu vermeiden. Ganz klar, bei dieser Methode heißt es besonders stark auswringen! Gerade hier ist der Einsatz eines Mopp-Systems also sinnvoll.

### Nass

Die bekannteste und am weitesten verbreitete Methode ist die Reinigung mit dem *Schrubber*. Bei der Nassreinigung dient er als Bürste, um fest haftenden und angetrockneten Schmutz zu entfernen.
Wenn man mit Schrubber und *Aufnehmer* arbeitet, dient der Aufnehmer zum Aufsaugen und Auftragen der reinigenden oder pflegenden Lösung.

**!** Achten Sie beim Kauf darauf, die Schrubberbürste so breit wie möglich zu kaufen (Größe Ihres Eimers beachten!).

*Arbeitsablauf: Nasswischen mit dem Schrubber*
Teilen Sie sich die zu reinigende Fläche in mehrere nicht zu große Abschnitte ein. Ein geordneter Bewegungsablauf beim Wischen hat den Vorteil, dass Sie nicht mehrmals „aus Versehen" dieselbe Fläche reinigen. Wenn Sie richtig große Flächen zu bearbeiten haben, sollten Sie sich einen fahrbaren Eimer kaufen, um unnötiges Bücken zu vermeiden.
Auch der *Nasswischmopp* (Fransenwischer) bietet sich als geeignetes Hilfsmittel an. Je nach Bedarf ist er in verschiedenen Größen erhältlich. Der Fransenmopp wird in die Mopphalterung eingesetzt, angefeuchtet und schon kann's losgehen. Die 25 bis 45 cm langen Fransen sind besonders saugfähig. Die Technik beim Reinigen erfolgt nach demselben System wie mit dem Schrubber.

> **Sauberer Achterschlag**
> Eine moderne und universelle Technik: Die Mopp-Reinigung. Ob nass, feucht oder trocken. Einfach reinigen ohne viel Kraftaufwand – wenn man weiß wie's geht.

| Der Bodenwischer wird ganz locker und ohne Kraftaufwand eingesetzt.

| Den Stiel bei gerader Körperhaltung weit oben festhalten und mit der anderen Hand führen. Dabei rückwärts gehen.

| Dabei den Mopp immer wieder in Form einer „8" hinter sich herziehen.

| Der Wischbezug lässt sich mühelos – ohne lästiges Bücken – entfernen und auswechseln.

| Die Mopp-Presse ermöglicht ein Auswringen ohne Bücken und die Hände bleiben sauber.

**Böden**

**Der große Putz**

Hygienisch reinigen. Das wurde früher durch den Einsatz von viel „Chemie" erreicht. Heute sind wir in der Lage, der Umwelt zuliebe den Einsatz von chemischen Reinigungsmitteln weitgehend zu reduzieren. Dabei helfen uns moderne High-Tech-Materialien und -Geräte.

Im folgenden Kapitel stellen wir Ihnen einige Produkte vor, mit denen Sie umweltgerecht und kostensparend reinigen können und auch „Problemzonen" mühelos in den Griff bekommen.

# WISCHEN WIR DEM SCHMUTZ EINS AUS.
## Zweckgerechte Geräte und High-Tech-Materialien für besondere Fälle.

**Microfaser**

Dieses Material ist dünner als ein menschliches Haar und löst daher selbst kleinste Schmutzpartikel.

**HIGH-TECH-MATERIALIEN ERLEICHTERN DIE ARBEIT.**

## Microfasern

Je dünner die Faser, desto besser nimmt sie den Schmutz auf. Microfasern sind extrem fein und daher in der Lage, auch feinste Schmutzpartikel „abzutragen", ohne den Einsatz von Chemie.

**Menschliches Haar**

Größenvergleich

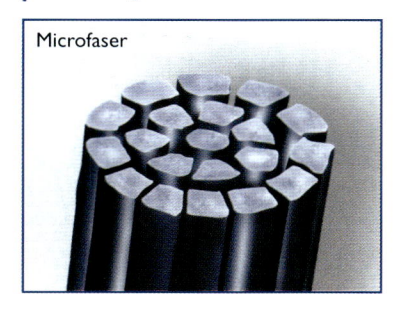

**Microfaser**

Microfasern stellen sich in Wischrichtung hintereinander gegen den Schmutz auf. So lösen die ersten Faserreihen den Schmutz an und die folgenden nehmen ihn auf.

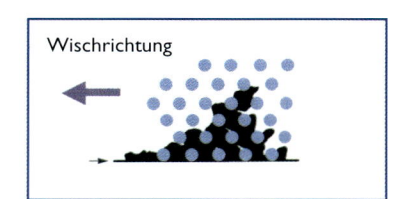

**Wischrichtung**

Microfaser: Nimmt Schmutz vollständig auf

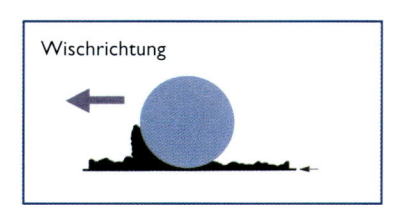

**Wischrichtung**

Standardfaser: Schmutzrückstand

Microfasern werden in Reinigungstüchern und Wischmopps verarbeitet. Besonders effektiv sind hier die Kombinationen von Microfasern zum Schmutz lösen und Baumwollfasern zum Aufsaugen.

### Suprafaser

Unter Suprafaser versteht man eine Microfaser mit groberer Struktur, die bestens für starke Verschmutzungen geeignet ist.

### Hände weg vom Schmutz!

Schnell mal eben ein Stück Flur oder die Treppe wischen, weil jemand mit Schmutzschuhen durchgelaufen ist: Das macht man ganz unkompliziert mit modernen *Bodenwischgeräten*. Sie sind schnell zur Hand, klein, wendig und ersparen das Zusammensuchen der „normalen" Putzsachen. Zudem kommen die Hände nicht mit Schmutzwasser in Berührung.

## Bodenwischer Picobello

Dieser Bodenwischer ist für kleine Flächen geeignet. Da er über ein Gelenk am Stielende verfügt, ist er außerdem ideal für das Reinigen von Ecken und Winkeln geeignet. Das Putzen geschieht ohne Bücken. Auch die Hände brauchen nicht ins Schmutzwasser zu tauchen. Das Auswringen gelingt mit einem Handgriff (siehe Foto rechts). Teilen Sie sich die zu putzende Fläche in kleine Abschnitte ein. So vermeiden Sie mehrmaliges Reinigen derselben Böden. In bequemer Haltung können Sie nun das Gerät über den Boden führen.

Man kann 2 verschiedene Schwämme benutzen: Der Schwamm mit besonders starker Reinigungskraft besteht aus Suprafaser, ein Schwamm für besonders empfindliche Böden aus Microfaser. Passend zu diesem Gerät gibt es einen Eimer, in den der Bodenwischer bequem eingetaucht wird.

## Der große Putz

### Bodenwischer mit Überzug

Der Bodenwischer hat ein Doppelgelenk und einen auswechselbaren Bezug. Mit dem Bezug zum Feuchtwischen reinigt man mühelos alle Böden, fast ohne Reinigungsmittel.
Wenn Sie einen Überzug fürs Nass- und Feuchtwischen brauchen, können Sie einen aus Mischgewebe benutzen: *Baumwolle mit Suprafaser* eignet sich hier besonders gut.
Einen Wischüberzug aus reiner *Microfaser* sollten Sie für feuchtigkeitsempfindliche Böden wie Parkett, Laminat, Kork oder Marmor verwenden.

Eine *Wischtuchpresse* erleichtert das Säubern der Wischüberzüge besonders dann, wenn große Flächen zu reinigen sind. Man braucht sich nicht mehr zu bücken und die Hände kommen mit dem Schmutzwasser nicht in Berührung.

### Suprabesen

Der Suprabesen dient zum Kehren, Bürsten und Schrubben. Er besteht aus Naturkautschuk und ist für alle Böden drinnen und draußen geeignet. Dieser außergewöhnliche Besen entfernt Staub, Haare und Schmutz von Teppichen, Parkett, Fliesen, Steinböden usw. Er ist nicht nur in einem Haushalt mit Tieren ein starker Helfer.

### Wischmopp

Besonders kleine Flächen wie Treppen und Ecken lassen sich bequem mit dem Wischmopp reinigen.
Dieses Gerät hat einen eingebauten Wringer. Der Wischer wird ins Wasser getaucht, der Wringer nach unten geschoben und Stiel und Wringglocke gegeneinander gedreht, um das Wasser aus dem Mopp zu pressen.

# Böden

**Tipps für den Einkauf**

Die Auswahl der Reinigungsgeräte, die im Handel erhältlich sind, ist groß, aber nicht alle sind für den jeweiligen Zweck gleich praktisch. Wenn also eine Neuanschaffung geplant ist, sollten Sie folgende Gesichtspunkte beachten:

- Stärke der Verschmutzung
- Material des Reinigungsgerätes
- Möglichkeiten der Reinigung des Gerätes
- Kraftaufwand beim Einsatz
- Zeitaufwand beim Bereitstellen und Aufräumen der Geräte
- Anschaffungskosten

Der **Wischüberzug** aus Suprafaser ist zur Trockenreinigung und zum Staubwischen geeignet und erleichtert das tägliche Bodenreinigen.

Alles hat 2 Seiten ...
dieser Reinigungshandschuh für die Badewanne und das Waschbecken vereint 2 Tücher in einem. Die gestreifte Seite hat durch Microfasern eine extra hohe Reinigungskraft. Mit wenig Wasser und ganz wenig Chemie löst sie hartnäckigen Schmutz. Die gelbe Seite nutzen Sie dann zum Nachreinigen.

## Der große Putz

Teppich ermöglicht nahezu unbegrenzte Möglichkeiten der individuellen Fußbodengestaltung. Er macht die Wohnung warm und behaglich, kann Möbel so richtig zur Geltung bringen und ist leicht zu pflegen.

# AUF DEM TEPPICH BLEIBEN ...
## Ob Flokati, echter Perser oder Berber – machen Sie es sich gemütlich!

### NATURFASERN

#### Pflanzliche Fasern

*Beispiel:* Baumwolle, Jute, Stroh, Sisal, Reis, Kokos, Mais
*Eigenschaften:* Relativ pflegeleicht, feuchtigkeitsempfindlich, fleckenempfindlich
*Geräte:* Staubsauger, Teppichklopfer
*Reinigung:* Saugen oder ausklopfen. Pulverreinigung: Trägersubstanz des Pulvers nimmt den Schmutz auf und nach einer gewissen Einwirkzeit (siehe Packungsbeilage) können Sie den Teppich einfach absaugen. Teppichschaum auftragen, 2 Stunden einwirken lassen und absaugen.

**Tipp:** Das Pulver wegen des Farbabriebs bei Naturfasern gleichmäßig auftragen.

#### Tierische Fasern

*Beispiel:* Wolle, Haare, Seide
*Eigenschaften, Geräte, Reinigung:* siehe Pflanzliche Fasern

### CHEMIEFASERN

#### Cellulosische Fasern

*Beispiel:* Zellwolle, Viskose und Modal (Holzfasern)
*Eigenschaften:* Wasserunempfindlich, hitzeempfindlich (auch bei Zigarettenasche, wenn sie noch glüht), pflegeleicht
*Geräte:* Staubsauger, Teppichklopfer
*Reinigung:* Saugen oder ausklopfen, siehe Pflanzliche Fasern

#### Synthetische Fasern

*Beispiel:* Polyamid (PA), Polyacryl (PAC), Polyester (P), Polypropylen (PP)
*Eigenschaften:* Wasserunempfindlich, hitzeempfindlich (auch Zigarettenasche, wenn sie noch glüht), pflegeleicht
*Geräte:* Staubsauger, Teppichklopfer
*Reinigung:* Saugen oder ausklopfen

**Tipp**
Wer einen Teppichkehrer sein Eigen nennt, kann ihn als umweltfreundliches Gerät zu Hilfe nehmen, um damit kleinere Verschmutzungen zu beseitigen.

Ein Klassiker aus den 50ern. Auch diese „Nachwuchs"-Version des Leifheit Teppichrollers war ein Welterfolg.

# Teppiche

## FLECKENTFERNUNG

- Wenn Sie etwas verschüttet haben, dann nicht reiben, sondern die *Flüssigkeit* mit sauberen Handtüchern soweit wie möglich aufsaugen. Dabei immer von den Rändern ins Zentrum arbeiten, damit der Fleck nicht noch größer wird.
- Auf *frische Flecken* reines Mineralwasser geben, einige Sekunden wirken lassen und dann sorgfältig mit Tüchern aufnehmen.
- *Ältere Flecken* mit einer Mischung aus 2 EL Waschmittel, 3 EL Essig und einem Liter warmem Wasser einreiben und so gut wie möglich auftrocknen.
- *Flecken von Schuhsohlen* mit etwas Glasreiniger (oder Rasierschaum mit Wasser aufgeschäumt) ausreiben.
- *Brandflecken* ausbessern: Einige Fasern aus dem Teppich ziehen, über das Brandloch legen, Alleskleber über die Stelle geben und Faser hineindrücken. Papierküchentuch darauf legen und mit z. B. einem dicken Buch beschweren.
- *Druckstellen beseitigen:* Die Stelle mit Wasser einsprengen, feuchtes Tuch darauf legen und mit dem Bügeleisen überbügeln. Fasern aufbürsten.
- *Wachsflecken:* Lösch- oder anderes saugfähiges Papier auflegen, Bügeleisentemperatur auf Wolle bis Baumwolle stellen und über das Papier bügeln.
- *Feuchte Schmutzflecken:* Salz aufstreuen, 1/4 Stunde einwirken lassen und absaugen.
- *Rotweinflecken:* Entweder Salz daraufstreuen oder Weißwein auf den Fleck geben.
- *Leimflecken:* Mit einem in Essig getauchten Tuch ausreiben.
- *Alleskleber:* Vorsichtig mit Nagellackentferner behandeln.
- *Kugelschreiberflecken:* Mit Haarspray einsprühen, trocknen lassen und dann mit Wasser verdünntem Essig (5:1) ausbürsten.
- *Abgelaufene* und *grau gewordene Teppichstellen* mit Glasrein abreiben.

Inzwischen sind so genannte Breitbandfleckenlöser im Handel, mit denen Sie einzelne Flecken auf natürlicher Basis wirkungsvoll beseitigen können. Das Mittel löst den Schmutz tief aus dem Boden, trocknet pulverförmig auf und kann dann abgesaugt werden (auch bei Polsterstoffen anzuwenden).

**Kaugummis** entfernen: Einen Eiswürfel auf den Kaugummi pressen bis er bröckelig wird. Dann abkratzen und die Restspuren mit Glasreiniger beseitigen.

## TEPPICHBÖDEN

Bei Teppichböden unterscheidet man zwischen getufteter, gewebter und gepresster Ware. Innerhalb dieser drei Arten gibt es dann wiederum eine Vielzahl unterschiedlicher Varianten.

### Getuftete Teppichböden
Sie gehören wohl zu den am häufigsten verwendeten Teppichböden, hier die wichtigsten:

*Schlinge*
Schlingenware gibt es in zwei Ausführungen: Zum einen als glatte Schlinge und als so genanntes Bouclé (gekräuselter Faden). Schlingenware besteht aus Wolle oder Synthetik, teilweise aus Mischgewebe.

*Velours*
Werden die Schlingen aufgeschnitten, spricht man von Velours. Die Oberfläche, also der Flor, ist meist kurz und dicht. Hochflorige Teppichböden sind besonders weich und verfügen über eine luxuriöse Optik. Veloursböden bestehen aus Synthetik oder Wolle und eignen sich besonders für Wohnräume.

### Gewebte Teppichböden
Wie der Name sagt, werden sie auf Webstühlen hergestellt. Erhältlich sind gewebte Teppichböden in den unterschiedlichsten Materialien wie Kokos, Sisal, Jute, Wolle und vielen anderen Fasern.

### Gepresste Teppichböden
Hierunter versteht man das so genannte Nadelvlies. Diese Teppichböden bestehen aus mehreren Lagen synthetischem Vlies, die mit Hilfe eines Nadelbrettes verpresst werden. Dabei entsteht eine sehr robuste und verschleißfeste Qualität, weshalb diese Böden besonders in stark beanspruchten Räumen, aber auch in Büros zum Einsatz kommen.

| Velours mit Polyurethan-Rücken (PU). Besonders knickfest.

| Velours mit Prägeschaumrücken. Vorteil: verbesserte Flächenstabilität.

| Velours mit Textilrücken. Geringe Dicke durch komprimierte Latex-Beschichtung. Erkennbar an der Waffelprägung.

### Teppichrücken
Achten Sie bei der Auswahl eines Teppichbodens auf die Rückseite (Rücken). Nicht jeder Teppichboden kann auf jedem Untergrund auf beliebige Art verlegt werden. Ein Teppichboden mit Textilrücken z. B. muss immer vollflächig verklebt werden. Falls Sie bei Auszug den Teppichboden wieder entfernen müssen, ist dieser Rücken nicht so geeignet.

| Flokati
Griechischer Hirtenteppich aus Schafswolle

## ORIENTTEPPICHE

Streng genommen wird der Begriff Orientteppiche nur handgearbeiteten Teppichen aus den klassischen orientalischen Knüpfgebieten Anatolien, Iran (Persien), Kaukasusländer, Turkmenien/Turkistan, Alt-China und Indien zugeordnet. Echte Orientteppiche werden definiert als archaischer, antiker, alter oder neuer Teppich – folgende vier Kriterien müssen erfüllt werden:
- Handgeknüpft oder handgewebt
- Hundertprozentig Naturfaser
- Die Farben und Ornamente sind eigenständig und deuten auf bekannte und unbekannte Symbole hin.
- Herstellungsort ist der Orient

Die bedeutendste Gruppe innerhalb der Orientteppiche bilden die Persischen Teppiche. Auch die Türkei ist ein Land mit großer Teppichtradition. Indische Teppiche zählen ebenfalls zu den wichtigsten Orientteppichen, wobei der Ursprung der indischen Teppichfertigung Persien zugeschrieben wird.
Neben den echten Orientteppichen gewinnen auch Teppiche aus anderen als den klassischen orientalischen Knüpfgebieten zunehmend an Bedeutung. Vor allem die China-Teppiche, Nepal- und Tibet-Teppiche sowie die nordafrikanischen Berber-Teppiche werden immer beliebter.

Orient-**teppiche** können problemlos mit dem Staubsauger gereinigt werden. Auf Experimente in Sachen Fleckentfernung oder gründliche Reinigung sollten Sie sich allerdings nicht einlassen. Teppiche besser in eine Fachreinigung geben!

| Nepal
| Kashmir (Indien)
| Pakistan
| Perser
| China
| Berber

## Der große Putz

### Tipps

- Teppichfarbe auffrischen: lauwarme Wasser- und Essigmischung (10:1) mit einem Tuch oder Schwamm auftragen und gut einreiben. Bei Naturfasern Bodenbeläge vorher an einer unauffälligen Stelle auf Farbechtheit prüfen.
- Teppiche entfalten ihre Farbpracht, wenn man sie mit dem Strich gegen das Licht legt.
- Teppichfransen nicht mit einem Metallkamm kämmen (sie fallen dann mit der Zeit aus), sondern Teppichrand anheben und wieder zurückschlagen. Die Fransen ab und zu mit einer weichen Bürste glatt streichen.
- Aufgerollte Teppichkanten sind eine große Unfallgefahr für alle, deshalb ein gut angefeuchtetes Frotteetuch über die Kante legen, ein paar Mal darauftreten und das Ganze einige Zeit liegen lassen.
- Aufgegangene Nahtstellen bei Maisstrohteppichen mit einer dünnen Nylon-Angelschnur wieder zusammennähen.
- Teppiche und Läufer rutschen nicht mehr weg, wenn man die Ecken mit Teppichklebeband am Boden befestigt.

## CHEMIEFASERN

| Spezial-Langhaar-Nadelfilzbelag
100 % PP
Komfortwert: einfach
Strapazierwert: gering bis stark
Einsatz: Flure, Büros

| Nadelvlies
100 % PP
Komfortwert: einfach
Strapazierwert: normal bis gering
Einsatz: Arbeits-, Abstellraum, Keller

| Grobtiter Nadelvlies
55 % PA, 45 % PP
Komfortwert: einfach
Strapazierwert: normal bis extrem
Einsatz: Büro, Flure, Treppen

| Spezial-Langhaar
55 % PA, 45 % PP
Komfortwert: einfach
Strapazierwert: gering bis extrem
Einsatz: je nach Qualität Keller, Arbeitsraum, Flur

# NATURFASERN

30 % Wolle, 50 % PP,
10 % PAC, 10 % PA
Komfortwert: gut
Strapazierwert: normal
Einsatz: Wohnraum,
Schlafraum, Essraum

Ziegenwolle
Komfortwert: gut
Strapazierwert: normal
Einsatz: Wohnraum,
Schlafraum, Essraum,
Kinderzimmer

Sisal
Komfortwert: einfach
Strapazierwert: stark
Einsatz: Arbeitsraum, Büro

Sisal
Komfortwert: einfach
Strapazierwert: stark
Einsatz: Arbeitsraum,
Büro, Flur

Sisal-Papier
Komfortwert: einfach
Strapazierwert: normal
Einsatz: Arbeitsraum

58 % Kokos, 42 % Sisal
Komfortwert: einfach
Strapazierwert: stark
Einsatz: Flure, Treppen

Kokos
Komfortwert: einfach
Strapazierwert: stark
Einsatz: Flure, Treppen

Hanf
Komfortwert: einfach
Strapazierwert: stark
Einsatz: Flur, Essraum, Büro

Jute
Komfortwert: einfach
Strapazierwert: normal
Einsatz: Arbeitsraum,
Kellerraum

Seegras
Komfortwert: einfach
Strapazierwert: normal
Einsatz: Arbeitsraum,
Schlafraum

Teppiche

*Der große Putz*

Küche und Bad sind die wohl am meisten beanspruchten Räume einer Wohnung. Deshalb sollte die Reinigung an diesen Orten besonders gründlich erfolgen. Mit ein paar einfachen Tricks sparen Sie dabei dennoch Zeit und Kraft.

# HIER WIRD HYGIENE GROSS GESCHRIEBEN! So blitzen Küche und Bad vor Sauberkeit.

## UNTERHALTSREINIGUNG KÜCHE

Stellen Sie zunächst alle Arbeitsmittel und Geräte bereit, um rationeller arbeiten zu können: Besen, Kehrschaufel und Handfeger, Eimer, Neutralreiniger, flüssiges Scheuermittel, evtl. Spülmittel und Edelstahlreiniger, Schrubber oder Bodenwischgerät, Putztuch, Abfalleimer.

Die auf der Ablagefläche stehenden Gegenstände (kleinere Küchenmaschinen und -Geräte) werden materialgerecht gereinigt und zur Seite gestellt, damit man mit dem gründlichen Reinigen der Flächen beginnen kann:
- Arbeitsflächen, Herd, Spüle, Frontseiten und benutzte Geräte mit Neutralreiniger abwaschen.
- Flecken je nach Material entfernen.
- Mit klarem Wasser nachwischen und gründlich trocknen. Bewegliche Gegenstände (Stühle, Eimer, Körbe, kleine Regale) ausräumen oder hochstellen.
- Fußboden kehren, Schmutz von der Kehrschaufel in den Abfall geben. Putzwasser mit Neutralreiniger versehen und den Boden mit dem Picobello-Wischer reinigen.
- Eventuell erst klar, dann auch trocken wischen.
- Gegenstände an ihren Platz zurückstellen.
- Zum Schluss Arbeitsmittel und -Geräte reinigen und wegräumen. Um rationeller zu arbeiten, sollte man sich eventuell eine Checkliste anfertigen. Das spart Zeit und Kraft und vermeidet doppelte Arbeit.

### Tipps

🌳 Backofen- und Grillreiniger, besonders Sprays, sollte man wegen des Gesundheitsrisikos vermeiden. Besser ist der regelmäßige Gebrauch von Allzweckreiniger, besonders nach starker Verschmutzung.

🌳 Glas- und Fensterreiniger lassen sich durch einige Spritzer Spiritus im Wasser ersetzen.

## UNTERHALTSREINIGUNG BAD

Sanitärräume gelten gewissermaßen als die Visitenkarte eines Hauses. Sie sollten deshalb jederzeit einwandfrei in Ordnung sein, und das nicht nur, um die Vermehrung von Bakterien und Pilzen zu vermeiden. Eine häufige, sorgsame Unterhaltsreinigung sorgt für ein ansehnliches Bad:
- Reinigung der Ausstattung
- Leeren der Abfallbehälter
- Auffüllen von WC-Papier, Handtüchern und Seife (besonders hygienisch: der Seifenspender)

### Spiegel

Bei Bedarf den Spiegel zuerst abstauben. Reinigen Sie anschließend die Spiegelfläche von unten nach oben wellenförmig mit Spirituslösung. Das verhindert Streifenbildung durch herunterlaufendes Schmutzwasser. Flecken werden mit reinem Spiritus entfernt. Mit klarem Wasser und einem fusselfreien Tuch oder Fensterleder von oben nach

Küche und Bad

**Zum Entfernen** von Staub, Haaren und Schmutz auf glatten Böden lässt sich wunderbar der Wasserschieber mit seiner doppelten Gummilippe verwenden.

41

## Der große Putz

unten nachwischen. Der Spiegel trocknet dann fusselfrei. Spiegelrand oder -rahmen werden materialgerecht gereinigt. Das Fensterleder stets in klarem Wasser auswaschen und trocknen lassen.

### Fliesen

Fliesen zunächst trocken reinigen: Dafür die Wand von oben nach unten streifenförmig abkehren. Am besten eignet sich dazu ein Handfeger mit weichen Borsten. Die Fliesen anschließend von unten nach oben mit Reinigungslösung abwischen, Rillen und Fugen mit einer feuchten Bürste abbürsten. Zur Fleckentfernung kann pures Reinigungsmittel aufgetragen werden. Zum Schluss mit klarem, heißem Wasser von oben nach unten nachwischen. So trocknen die Fliesen streifenfrei. Alternativ lässt sich die Wand auch mit klarem Wasser und Fensterleder von oben nach unten trockenreiben.

### Becken und Wanne

Gegenstände auf der Ablage abräumen und materialgerecht reinigen.
Danach die Armaturen, Hähne, Hebel, Metallstöpsel, den Abfluss und den Syphon behandeln. Eine alte Zahnbürste (oder auch ein Holzspieß) hilft, in unzugängliche Ecken zu gelangen.
Becken und Wanne erst innen, dann außen reinigen. Stärker verschmutzte Becken mit flüssigem Scheuermittel behandeln, Flecken und Kalkränder mit Essig und Salz entfernen.
Achten Sie dabei unbedingt darauf, dass keine Essigsäure auf die Metallteile gelangt, denn Säure greift Metalle an und hinterlässt schwarze Flecken.

Mit klarem Wasser nachspülen und trocknen. Gründliches Trockenreiben verhindert Streifenbildung.
Wenn Sie zum Klarspülen von Becken und Wanne heißes Wasser benutzen, trocknet die Keramik streifenfrei nach. Nehmen Sie kein warmes Wasser: Das unterstützt die Vermehrung von Bakterien.
Der *Syphon* lässt sich von innen hervorragend mit einer alten Flaschenbürste reinigen, denn mit ihr gelangt man gut in die Ecken.

*Trennwände* auf dem Badewannenrand von unten nach oben mit Reinigungsmittel abwaschen und dann von oben nach unten mit klarem Wasser nachwaschen und trocknen.
Die *Bodenfliesen* materialgerecht mit einem Bodenwischer reinigen. Wenn Sie die Auflage der Suprafaser benutzen, haben Sie eine besonders gute Reinigungskraft. Der Einsatz eines Bodenwischers erleichtert das Putzen, da lästiges Bücken entfällt, man nicht ins Schmutzwasser greifen muss und per Handgriff ausgewrungen wird.

### Toilettenbereich

WC-Brille, Fliesen um das Toilettenbecken herum, Spülkasten und Papierhalter mit Reinigungsmittellösung abwaschen. Das Innere des Toilettenbeckens mit unverdünntem Reiniger und einer Toilettenbürste behandeln.
Achten Sie besonders auf die Unterseite des Beckenrandes, da sich dort mit Vorliebe Verschmutzungen festsetzen! Lassen Sie das Reinigungsmittel einige Zeit einwirken (gut lüften!).

### Tipps

🌳 Kennzeichnen Sie aus hygienischen Gründen die Reinigungsutensilien für die verschiedenen Bereiche im Bad: z. B. blauer Lappen für Waschtisch, Wanne und Armaturen, roter Lappen für Toilette und Bidet.

🌳 Abfluss- und Rohrreiniger, die stark ätzend wirken, der Umwelt zuliebe durch eine Saugglocke oder eine Spiralfeder ersetzen.

🌳 Sanitärreiniger gegen Kalkflecken können gegen Essigreiniger ausgetauscht werden.

🌳 Desinfektionsmittel nur bei Anraten durch den Arzt verwenden. Die für gewöhnlich im Haushalt auftretenden Keime sind harmlos.

🌳 Entkalker lassen sich durch Essiglösungen ersetzen.

🌳 WC-Reiniger belasten die Umwelt. Benutzen Sie besser Bürsten und Scheuermittel.

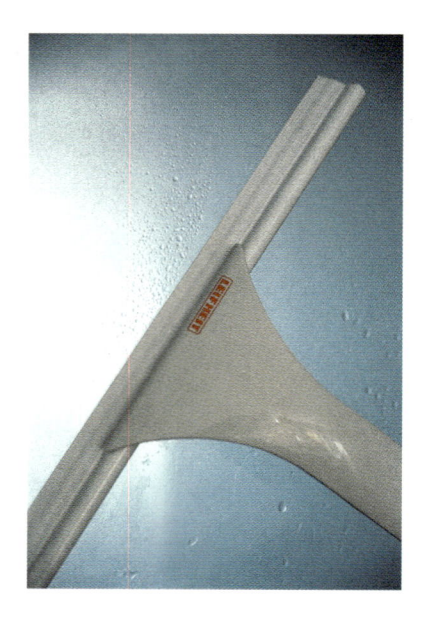

## Küche und Bad

### Einer
für alles – der Suprabesen kehrt, bürstet und schrubbt. Die Borsten aus Naturkautschuk eignen sich für alle Böden – drinnen und draußen. Zum Beispiel auch hervorragend um Ihr Auto von Schnee zu befreien.

**Der große Putz**

Decken und Wände stellen gewissermaßen die Kulisse Ihres Wohnraumes dar. Das Angebot an Wandbelägen und Farben ist nahezu unerschöpflich und eröffnet Ihnen bei der Gestaltung Ihrer Wohnung viele Möglichkeiten.
Um Geschmack und Funktionalität zu vereinbaren, sollten Sie sich umfassend informieren, bevor Sie sich für das ein oder andere Material entscheiden.
Und wie die neuen Wände dann zu pflegen sind, das verraten wir Ihnen im folgenden Kapitel.

# TAPETENWECHSEL ANGESAGT?
## So geben Decken und Wände ein schönes Bild ab.

Gestaltet man Wände und Decken eines Raumes nach klaren Vorstellungen, so lassen sich nicht nur beeindruckende Wirkungen erzielen, man sorgt zusätzlich für Schutz (Wärme, Schall) und Gestaltung des Raumes.

Die Reinigung von Decken und Wänden richtet sich ganz nach der Beschaffenheit und der Art der Bearbeitung: Anstrich, Tapete, Täfelung, Fliesen oder Platten. In allen Fällen ist eine Trockenbehandlung möglich: mit einem Wandbesen, dem Staubsauger oder einem Spinnenkopf. Hierbei wird der Staub entfernt – am besten in parallelen Reihen von oben nach unten. Vergessen Sie nicht die Ecken und den Bereich über Fenstern und Heizkörpern. Eine gute Hilfe bei der Trockenbehandlung ist die Staubbiene (siehe Foto), die mit ihren PVC-Borsten den Staub anzieht. Der Stiel ist bis 1,90 m ausziehbar, das Kopfteil lässt sich abnehmen und einfach als Handgerät nutzen.

## Decken und Wände

**Bevor** ein Nagel in die Wand geschlagen wird, um ein Bild aufzuhängen, schneidet man mit einem Tapetenmesser die Mitte des Nagellochs kreuzweise ein und hebt die Ecken ein wenig ab. Wird der Nagel aus der Wand gezogen, kann man die Ecken zurückschieben und das Loch verdecken.

## Der große Putz

## ANSTRICHE

Anstriche weisen je nach Zusammensetzung Eigenschaften wie Festigkeit, Atmungsfähigkeit und Rauheit in unterschiedlichen Ausprägungen auf.

🌳 Bevorzugen Sie wenn möglich umweltfreundliche Anstrichmittel: Gerade im Wohn- und Schlafbereich sollte besonders darauf geachtet werden, dass lösungsmittelfreie bzw. lösungsmittelarme Anstriche angebracht werden.

Nicht jeder Anstrich ist später feucht behandelbar.

### Kalkfarbenanstriche

(z. B. in Kellerräumen oder Garagen) sind nicht abriebfest und können daher nur trocken bearbeitet werden.

### Dispersionsfarbenanstriche

sind abwaschbar. Sie hemmen möglichen Schimmel, sind matt bis glänzend und meist wetterfest. Sie eignen sich für Flure, Treppenhäuser und Küchen.

### Dispersionsfarbenanstriche mit Naturharz

eignen sich für alle Innenräume. Sie haben ein gutes Resorptionsvermögen, sind atmungsaktiv, angenehm im Geruch und umweltfreundlich.

### Anstricharten und Pflege

1. *Waschbeständige Anstriche* können feucht gereinigt werden. Sie sind unempfindlich gegenüber Wasser.
2. *Scheuerfeste Anstriche* sind unempfindlich gegen neutrale Reinigungsmittel. Auch verschmutzte Stellen lassen sich behandeln. Diese Anstriche eignen sich insbesondere für stark beanspruchte Wandflächen: beispielsweise in Treppenhäusern oder im Hausarbeitsraum. Zur Pflege bietet sich das Microfasertuch an. Dieses Tuch reinigt feucht auch ohne Reinigungsmittel. Es kann aber auch bei der Trockenreinigung kleiner Flächen eingesetzt werden (z. B. zum Staub entfernen über dem Heizkörper)
3. *Öl- und Lackfarbenanstriche* sind wetterfest, unempfindlich und abwaschbar. Sie lassen sich leicht reinigen und werden auf Innen- und Außenwänden angebracht. Gepflegt wird mit lauwarmem Wasser mit Lösungsmittel von unten nach oben. Anschließend mit klarem Wasser nachspülen und mit einem Wischtuch trockenreiben.
Neben dem Microfasertuch kann auch ein Pflegetuch mit hohem Baumwollanteil eingesetzt werden. Durch seine hohe Saugkraft hinterlässt es keine Streifen.

### Tipps
- *Staub* an den Wänden nach Möglichkeit nur trocken entfernen.
- Bei *Nassreinigung* Wände immer strichweise von unten nach oben reinigen, damit herablaufendes Wasser (Tropfen) keine Spuren hinterlässt.
- *Empfindliche Anstriche* nur feucht abwischen. Hierzu eignen sich Microfasertücher besonders gut.
- Bei *großen Wandflächen* kann auch der Fensterwischer mit Microfaservlies eingesetzt werden. Durch die Teleskopstange und das Kippgelenk reicht er bis in die Ecken – und man erspart sich die Leiter.
- *Scheuerfeste Anstriche* lassen sich mit Reinigungsmittel, Bürste und Putztuch reinigen. Nehmen Sie einen Fensterwischer mit Bürste zu Hilfe.
- *Schimmelflecken* an Wänden und Decken können mit Essigwasser abgebürstet werden. Die Stelle anschließend mit dem Föhn trocknen und nachbürsten. (Das geht allerdings nur bei Anstrichen, die feucht abgerieben werden können. Empfindliche Anstriche lassen sich mit einem Essigtuch betupfen und föhnen.)
- Stört Sie der *Farbgeruch* nach dem Anstreichen? Einfach einen Teller mit Salz und eine aufgeschnittene Zwiebel ins Zimmer stellen. Der Geruch verflüchtigt sich dann schnell.

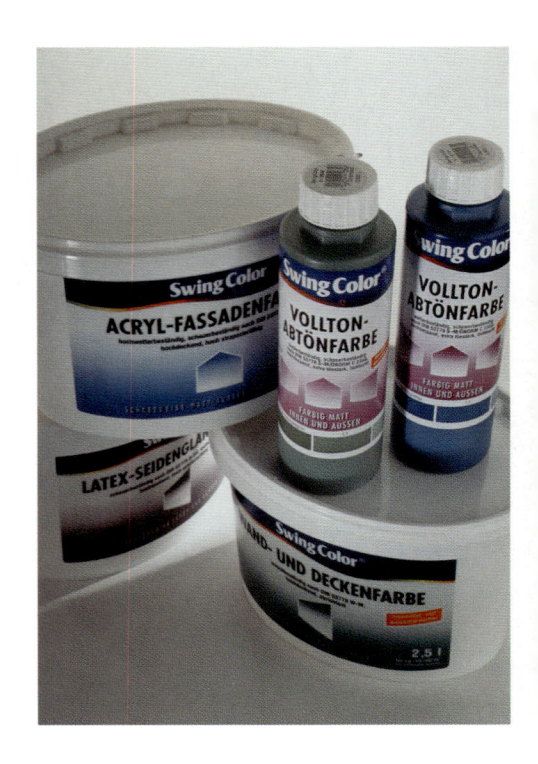

Die Wohnungsgestaltung mit Farben ist ein diffiziles Thema. Sie sollten auf jeden Fall nicht einfach drauflosmischen. Überlegen Sie sich ein Farb-Konzept. Grundsätzlich gilt, dass Farbtöne harmonieren sollten, wie bei den hier abgebildeten Farbtonstreifen. Die größten Flächen müssen dabei die leichtesten sein. Am besten ist die Wirkung, wenn die Decke der hellste Ton ist, dann folgt die Wand und dann der Boden. Bei der Farbtonwahl müssen Sie bedenken, dass Farben auf einer ganzen Wand viel intensiver wirken als auf kleinen Probestücken. Daher setzen Sie kräftige Farben nur als Akzent ein.

**Decken und Wände**

## Der große Putz

*Papier*
*Textil*
*Raufaser*
*Struktur*
*Vinyl*
*Glasfaser*

## TAPETEN

Diese individuelle Möglichkeit der Wandbekleidung verleiht dem Raum Wohnlichkeit und Behaglichkeit. Durch Farben und Muster lässt sich der Raum verändern: Ungünstige Proportionen können optisch vergrößert oder verkleinert werden, indem man kleine Tricks anwendet und somit das menschliche Auge überlistet. Jede Farbe hat ihre eigene Wirkung, die sich bei unterschiedlichem Lichteinfall verändert. Auch die Möbel im Raum spielen dabei eine Rolle. Eine rote Wand beispielsweise scheint dem Betrachter entgegenzukommen, Querstreifen an der Decke verkürzen den Raum. Blaue Farbe wirkt fern, horizontale Linien erwirken eine optische Raumerweiterung. Senkrechte Tapetenmuster lassen einen Raum höher erscheinen. Stark gemusterte bunte Tapeten wirken unruhig und drängen sich auf. Dunkle Räume werden durch leuchtende Farben freundlicher, helle Räume mit voller Sonneneinstrahlung können durch kühle Farben wie Blau oder Grün gedämpft werden.
Tapeten bieten viele Möglichkeiten, die Wirkung im Raum zu beeinflussen.

> **Achten Sie vor dem Einkauf auf folgende Punkte:**
>
> • Für welchen Raum wird die Tapete gesucht?
> • Wird der Raum sehr strapaziert?
> • Welche Raumwirkung soll erzielt werden?
> • Welche Farben und Muster passen zur Einrichtung?
> • Wollen Sie Bilder aufhängen?

### Tapetenarten

Tapeten werden in allen Preisklassen und unterschiedlichen Qualitäten angeboten:

#### Leimdrucktapeten

werden aus leichtem Papier hergestellt. Sie sind zwar oberflächenbehandelt, sollten aber am besten nur trocken entstaubt werden. Sie lassen sich allerdings auch vorsichtig mit einem feuchten Tuch abwischen. Kleine Flecken können mit einem weichen Radiergummi entfernt werden.

#### Raufasertapeten

erhalten durch eingepresste Holzspäne, die mehr oder weniger fein sind, eine raue Oberfläche. Das Papier ist nicht reißfest und muss nach dem Tapezieren noch gestrichen werden. Raufasertapeten sind nicht abwaschbar, lassen sich aber leicht überstreichen.

#### Vinyltapeten

tragen auf der Oberseite eine Folie aus Kunststoff und sind deshalb voll abwaschbar und sehr strapazierfähig.

#### Textiltapeten

wirken warm und schalldämmend. Die Unterschicht trägt Fäden aus Jute, Baumwolle, Hanf, Gras oder Leinen, die aufkaschiert sind.

#### Glasfasertapeten

sind generell scheuerbeständig, kratz- und schlagfest und schwer entflammbar. Je nach Verwendungszweck sind sie so ausgerüstet, dass sie desinfektionsmittel- und chemikalienbeständig sind. Außer bei dieser höchsten Belastungsstufe sind Glasfasertapeten lösungsmittelfrei und umweltfreundlich.

## Decken und Wände

### Pflege

❗ Bevor Sie Ihre Wandbekleidungen reinigen, sollten Sie wissen, ob man sie abwaschen oder nur trocken reinigen kann. Ansonsten wird der Traum von einer Wand schnell zum Albtraum.

• *Wasserbeständige Tapeten* (mit nur einer Wasserwelle auf dem Etikett) können bei frischen Kleisterflecken mit einem feuchten Schwamm abgetupft werden.
• *Waschbeständige Tapeten* (mit 2 Wasserwellen auf dem Etikett) können bei Verschmutzung mit einem nassen Schwamm leicht abgewaschen werden.
• *Hochwaschbeständige Tapeten* (mit 3 Wasserwellen auf dem Etikett) lassen sich bei Verschmutzungen (außer Fett und Öl) mit leichter Seifenlauge und einem Schwamm reinigen.
• *Scheuerbeständige und hochscheuerbeständige Tapeten* (mit 1 bzw. 3 Wasserwellen und einer Bürste auf dem Etikett) dürfen Sie mit mildem Scheuermittel und weicher Bürste bearbeiten.
• *Textile Bespannungen und Wandbekleidungen* können nur trocken entstaubt werden: am effektivsten mit dem Staubsauger auf niedriger Stufe.

### Rußflecken

lassen sich leicht entfernen, wenn man sie mit einem Streifen Tesafilm leicht betupft. Der Ruß kann so abgehoben werden.

### Tipps

• Tapeten auf feuchten Stellen an der Wand halten besser, wenn vorher auf die **feuchte Stelle** Alufolie geklebt wurde.
• Solange beim Tapezieren der Kleister noch feucht ist, lassen sich **Falten und Blasen** leicht herausbürsten.
• **Fettflecken** auf Tapeten werden mit einem Brei aus Speisestärke und etwas Wasser bestrichen. Ist der Brei trocken, lässt sich die Stelle mit einer weichen Bürste einfach abbürsten. Fettflecken können Sie auch mit einem in Waschbenzin getauchten Wattebausch betupfen.
• **Rußflecken** vorsichtig mit einem Stück Brotrinde abwischen oder mit einem Streifen Tesafilm abtupfen.

## Der große Putz

Das Putzen der Fenster ist wohl eine der unbeliebtesten Hausarbeiten. Mit dem richtigen Handwerkszeug wird es jedoch zum reinsten Kinderspiel.

## GLASKLARE SACHE ... Mit diesen Tipps zur Fensterreinigung gewinnen Sie den Durchblick.

Glas ist trotz seiner Zerbrechlichkeit und Stoßempfindlichkeit sehr widerstandsfähig gegen chemische Einflüsse. Wählen Sie zum Behandeln von Flachglaserzeugnissen (neben Fenstern gehören auch Glastüren und Spiegel dazu) ihre Arbeitsgeräte und Mittel danach aus, wie groß die zu bearbeitende Fläche und wie stark sie verschmutzt ist.

### GRUNDREINIGUNG

**Arbeitsmittel und Vorbereitung**
- Handbesen, Kehrschaufel
- Schwammtuch, Fensterleder, Trockentuch, evtl. Bodentuch
- 2 Eimer:
1. Lösung mit Allzweckreiniger
2. Lösung mit Spiritus (20 ml auf 5 l Wasser)

! Benutzen Sie zum Fensterputzen immer eine trittsichere Leiter oder eine Arbeitsbühne – durch unbedachte Aktionen auf dem Stuhl passieren die meisten Haushaltsunfälle!

- Textile Fußbodenbeläge, auch Parkett, sollten abgedeckt werden, um Fleckenbildung zu vermeiden.

Fenster

## Der große Putz

*Arbeitsablauf*

1. *Fensterrahmen und Scheiben* bei starker Verstaubung zunächst mit einem weichen Handfeger abbürsten.
2. Dann die *Innenseite des Fensters* reinigen: Den Fensterrahmen gründlich abwaschen, danach Fensterscheibe und Fensterbank. Die Reinigung der Fensterscheibe sollte in geordneten, schlangenförmigen Bewegungen von oben nach unten erfolgen. Breite Fenster am besten in etwa 50 bis 60 cm breite Abschnitte einteilen. Das spart Kraft und sorgt dafür, dass das Schmutzwasser nicht antrocknet. Zuletzt einmal dicht am Rahmen entlangwischen.
3. Ebenso die *Außenseite des Fensters* reinigen: Fensterrahmen gründlich abwaschen, danach Fensterscheibe und Fenstersims.
4. Mit Spirituswasser und Fensterleder die *Innenseite nachwaschen*, das Fensterleder auswringen, die Scheibe abreiben und mit dem Tuch trocknen. Formen Sie das Fenstertuch oder -leder zum Trockenwischen zu einem Keil, der die Handrückenwölbung ausfüllt. So entsteht ein spitzes Ende zur Reinigung in den Ecken.
5. Bei der *Außenseite des Fensters* ebenso vorgehen.
6. Sind *Rollläden* vorhanden, so werden diese ihrer Oberfläche entsprechend von innen und außen gereinigt. Sie müssen gut trocknen und sollten dann erst hochgezogen werden.

## REINIGUNG MIT DEM FENSTERWISCHER

Erleichtert wird das Fensterputzen durch den Einsatz eines Fensterwischers.
Je nach Größe der zu reinigenden Fensterflächen sollten Sie entweder einen Handfensterwischer (für Sprossenfenster, kleine Glas- und Spiegelflächen) verwenden oder einen Wischer mit Teleskopstiel, der Ihnen das Klettern auf die Leiter erspart. Häufig haben diese ausfahrbaren Wischer auch ein Kippgelenk: So lassen sich selbst unzugängliche Stellen erreichen.
Die modernen Fensterwischer vereinen zwei herkömmliche Arbeitsgeräte: das Einwaschgerät (Schwamm oder dichtfloöriger, kurzfädiger Mopp, der auf eine Halterung aufgezogen wird) und den Fensterabzieher mit Gummilippe, durch den man streifenfreien Glanz erreicht. Wer seine Fenster also auf dem neuesten Stand reinigen und trocknen möchte, der braucht dazu nur noch ein Gerät.

*Arbeitsablauf*

1. Die *Innenseite der Scheibe* mit dem Fensterwischer anfeuchten – dabei in horizontalen Streifen arbeiten.
2. Die Feuchtigkeit wird mit der Gummilippe abgezogen. Dabei den Wischer leicht nach unten drehen, damit das Wasser abfließen kann. Ziehen Sie immer waagerecht von oben nach unten ab.
3. Beim Abziehen der nächstunteren Reihe den bereits trockenen Teil etwas überlappen. Lassen Sie keine Zwischenräume stehen. Die Gummilippe zwischendurch am Fensterleder abziehen, um den Schmutz zu vermindern.
4. Den Fenstertuchkeil am *Rahmen* entlangführen, um die Ecken zu erreichen.
5. Die *Außenscheibe* in derselben Reihenfolge behandeln.

### Tipps

- Reinigen Sie Fensterrahmen, Fensterbänke und Gegenstände, die auf der Fensterbank stehen, materialgerecht (s. Kapitel „Reinigung verschiedener Materialien").
- Fenster nie bei direktem Sonnenlichteinfall reinigen. Die Scheiben werden sonst blind.
- Fensterecken bei Bedarf mit Holzspieß säubern (Tuch drüberziehen).
- Der Fensterkitt, der der Dichtung dient, darf nicht beschädigt werden.
- Fensterdichtungen können auch durch falsche Reinigungsmittel brüchig werden.

Moderne Fensterwischer (z. B. PLUS 3) haben ausziehbare Teleskopstiele mit Kippgelenk, sodass man damit wirklich in jede Fensterecke gelangt. Das Microfaser-Reinigungsvlies lässt sich dank des Klettverschlusses mühelos zur Reinigung entfernen.

Fenster

**Der große Putz**

Türen gibt es in den vielfältigsten Variationen, was Material und Aussehen angeht. Im Haus sind sie ständiger Beanspruchung ausgesetzt, werden angefasst oder mit Füßen getreten ... Um ihren einladenden Charakter zu bewahren, sollten sie daher gut gepflegt werden.

# HEREINSPAZIERT ... Gepflegte Türen geben den ersten Eindruck des folgenden Raumes.

Türen bestehen entweder aus Holz, aus Kunststoff, Metall oder aus Glas. Doch während letztere wie Fenster zu reinigen sind, erfordern gerade Holztüren eine besondere Behandlung.
Lesen Sie hier, wie Ihre Türen immer einen guten Eindruck machen.

### Holztüren

Je nach Holzart ist eine spezielle Oberflächenbehandlung nötig, um das Eindringen von Schmutz und Feuchtigkeit in die Holzporen zu verhindern. Durch Art und Behandlung des Holzes kann die Struktur herausgearbeitet werden, auch durch Farbe oder Glanz erreicht man besondere Wirkungen. Um Türen aus Holz sachgerecht reinigen zu können, sollten Sie zunächst einmal ein wenig über die möglichen Behandlungsverfahren wissen:

### Lackieren

Beim Lackieren überzieht man die Holzfläche mit Lack, der matt bis hochglänzend sein kann. Dabei schließen sich die Poren des Holzes. Die Oberfläche wird glatt und ist leicht zu reinigen.
Eine spezielle Behandlung erfolgt bei Schleiflack. Hier erzielt man durch mehrschichtiges Lackieren und Abschleifen einen festen Oberflächenschutz.
Der letzte Lack, der hochglänzend ist, wird durch Schleifen wieder matt. Diese Mattierung verträgt eine feuchte Reinigung mit mildem Pflegemittel.

### Mattieren

Eine Mattbehandlung kann auf verschiedene Weise geschehen: Beim Beizen wird die Holzfläche mit einem chemischen Mittel, das die Maserung stärker hervortreten lässt, behandelt. Das Holz erhält eine durchsichtige Schutzschicht.
Beim einfachen Mattieren erhält die Oberfläche einen Überzug, die dem Holz ein mattes Aussehen verleiht. Die Maserung bleibt sichtbar, die Holzporen werden nicht geschlossen.
Hölzer mit matter Oberfläche des öfteren mit einem weichen Staubtuch oder Microfasertuch abstauben, das den Staub bindet. Zur gründlichen Reinigung zusätzlich Poliermittel auftragen und mit einem weichen Tuch nachreiben.

# Türen

**Imprägnieren**
Durch Imprägnieren erhält das Holz einen Schutz gegen Schädlinge, Schmutz und Witterungseinflüsse. Das Spezialmittel dringt tief in die Poren ein und schützt selbst vor starker Sonneneinstrahlung. Imprägnierte Türen werden häufig als Latten- und Brettertüren für Speicherräume, Keller oder Geräteschuppen eingesetzt. Auch beim Imprägnieren werden die Poren des Holzes nicht verschlossen.
Zur Reinigung wird das Holz mit einer weichen Bürste oder einem Putztuch abgerieben und mit klarem Wasser feucht abgewischt.

**Lasieren**
Beim Lasieren erhält das Holz einen durchsichtigen Anstrich, der die Holzmaserung sichtbar lässt. Zum Reinigen eine Lösung mit nicht zu scharfem Lösungsmittel oder Neutralreiniger verwenden, die Tür abreiben, klar nachwischen und trockenreiben.

## Kunststofftüren

Im Innenteil meist aus Holz, haben diese Türen eine Oberflächenbeschichtung aus Kunststoff. Sie verziehen sich nicht, sind unempfindlich gegen Feuchtigkeit und Wärme (Küchendunst) und lassen sich leicht pflegen.
Mit einer Reinigungsmittellösung abwaschen, klar nachwischen und gut trocknen. Beschläge und Klinken sind häufig aus anderen Materialien hergestellt.
Auch hier sollten Sie auf eine materialgerechte Behandlung achten.

**Wie reinigt man Türen am besten?**
Achten Sie bei der Reinigung Ihrer Türen auf einen geordneten Bewegungsablauf, denn das spart Zeit und Kraft.
1. *Türrahmen* samt Falzen und Rahmenkanten reinigen.
2. *Türblatt* von beiden Seiten mit feuchtem Tuch abwischen. Dabei die Kanten seitlich und oben nicht vergessen! Griffspuren müssen möglicherweise vorbehandelt werden.
3. Bei Bedarf *Metallteile* oder *Kunststoffteile* materialgerecht reinigen. Metalle sind meist mit einer Schutzschicht versehen, die feucht gewischt und trockenpoliert werden sollte.
Die Anwendung von Metallpflege kann die Schutzschicht zerstören.

Zügig in schlangenförmigen Bewegungen von oben nach unten wischen. Gute Erfolge erzielt man dabei mit dem Microfasertuch.
Im Allgemeinen wird waagerecht gewischt, bei Holztüren kann die Bearbeitung der Maserung entsprechend auch senkrecht erfolgen.
Meist werden die Türen nicht so schmutzig, dass eine Nassreinigung erforderlich ist. Sind die Türen allerdings stark verschmutzt (ältere Türen), sollte bei nasser Reinigung unten am Türblatt begonnen werden, damit die Oberflächenbehandlung durch herablaufendes Wasser nicht beschädigt wird.
Das Klarwischen kann von oben nach unten erfolgen.

Licht beeinflusst den Wohnwert einer Wohnung und lässt Räume behaglich erscheinen. Fehlen große Fenster oder sind Ihre Räume nicht in südlicher Richtung ausgerichtet, so lässt sich durch künstliche Beleuchtung Abhilfe schaffen. Gutes, blendungsfreies Licht beugt Ermüdungserscheinungen vor, schont Augen und Nerven und beeinflusst die Stimmung.
Wer einwandfreies Licht hat, der fühlt sich wohl.

# INS RECHTE LICHT GESETZT.
## Als funktionale Wohnaccessoires tragen Leuchten entscheidend zum Erscheinungsbild eines Raumes bei.

Lampen und Leuchten – diese beiden Begriffe werden im allgemeinen Sprachgebrauch häufig verwechselt. Als *Lampen* bezeichnet man die Lichtquellen, also Glühbirnen, Halogenlampen etc., unter *Leuchten* versteht man den eigentlichen „Träger", also z. B. die Stehleuchte oder die Deckenleuchte. Eine gute Beleuchtung entsteht, wenn Sie eine gleichmäßige Allgemeinbeleuchtung haben und durch zusätzliche Lichtquellen einzelne Bereiche gesondert erhellen. Am Arbeitsplatz in der Küche beispielsweise, am Nachttisch oder am Schreibtisch usw. Auch Ruheplätze brauchen ein spezielles Licht – gedämpftes Licht. Künstliches Licht sollte die Farbe der Gegenstände natürlich wiedergeben, nach Möglichkeit also dem Tageslicht angepasst sein.

### Lichtquellen

#### Glühlampen

werden in allen Bereichen der Wohnung eingesetzt. Sie haben eine Brenndauer von ca. 1000 Stunden und geben ein warmes, angenehmes Licht.
Glühlampen werden angeboten als:
- *Klarglaslampen* für Kugeln und Schalen
- *Mattglaslampen* für blendungsfreies Licht
- *Opalglaslampen* für besonders weiches Licht
- *Reflektorlampen* zum Anstrahlen von Vitrinen, Gemälden, Blumenfenstern
- *Glimmlampen* zur Notbeleuchtung für Flur, Treppen und Kellerräume

#### Energiesparlampen

werden in verschiedenen Formen angeboten. Wichtig ist, dass sie durch Blenden abgeschirmt werden. Diese neuen Leuchtstofflampen verbrauchen bis zu 80 % weniger Strom als Glühlampen. Häufiges An- und Ausschalten verkürzt die Lebensdauer. Leuchtstofflampen haben eine durchschnittliche Brenndauer von 5000 bis 6000 Stunden. Sie sind für Leuchten mit Dimmer oder für Zeit- und Dämmerungsschalter nicht geeignet.

#### Halogenlampen

können etwa 2000 Stunden brennen. Sie liefern mehr Licht als Glühlampen. Diese besonders lichtstarken Lampen werden mit Halogengas betrieben, sodass ihre Leuchtkraft bis zuletzt voll erhalten bleibt. Halogenlampen bieten vielseitige Möglichkeiten zur Wohnraumgestaltung (Strahler, Seilsysteme etc.).

### Leuchten

Suchen Sie Ihre Leuchten immer nach Größe, Form, Material und Verwendungszweck aus. Haben Sie sich in eine bestimmte Leuchte verliebt, so gilt es unbedingt darauf zu achten, ob sie für den Platz, für den Sie sie vorgesehen haben, auch geeignet ist, denn Leuchtenmaterial und Form

Lampen

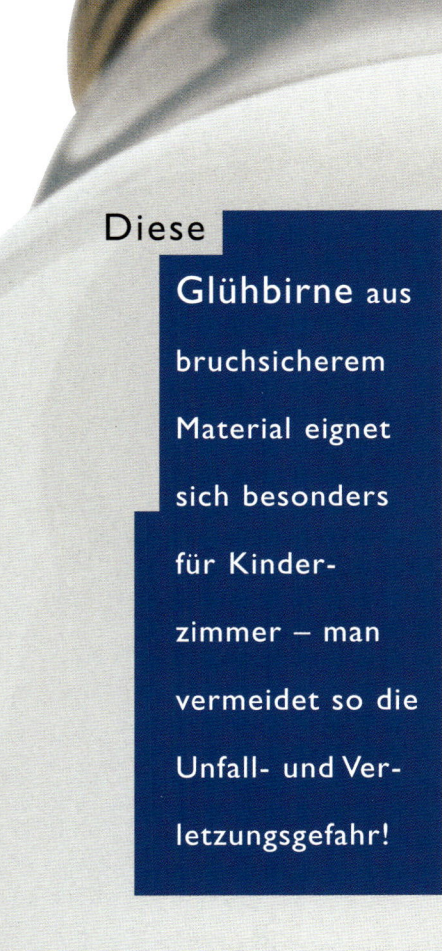

Diese **Glühbirne** aus bruchsicherem Material eignet sich besonders für Kinderzimmer – man vermeidet so die Unfall- und Verletzungsgefahr!

57

bestimmen die Lichtverteilung und die Richtung des Lichteinfalls im Raum: gebündelt tief strahlend, breit strahlend, gleichförmig strahlend, indirekt strahlend. Durch die Verwendung unterschiedlicher Materialien für Leuchten sind die gestalterischen Möglichkeiten sehr vielseitig.

### Direkte Beleuchtung

ergibt ein sehr präzises und scharfes Licht. Sie wird im Haushalt zur Arbeitsplatzbeleuchtung eingesetzt. Leuchten, die direktes Licht abgeben, sind meist zusätzliche Lichtquellen, die die Grundbeleuchtung ergänzen.

### Indirekte Beleuchtung

ist fast schattenfrei. Decken und Wände werden zum Beleuchtungskörper. Die gleichförmige Beleuchtung ergibt eine freundliche Atmosphäre, da durch die Reflexion an Decken und Wänden weiche Schatten entstehen.

### Beleuchtung in verschiedenen Räumen

Für *Wohnräume*, die vielseitig genutzt werden, empfiehlt es sich, durch verschiedene Leuchten so genannte Lichtinseln zu schaffen. *Schlafräume* sollten neben oder über dem Bett Leuchten haben, die in Verbindung zur Raumbeleuchtung stehen und am besten von der Tür und vom Bett aus zu schalten sind.
Im Flur kann zusätzlich zur Allgemeinbeleuchtung noch eine Wandbeleuchtung angebracht sein.
In *Badezimmern* ist eine funktionsgerechte Beleuchtung besonders wichtig. Sorgen Sie neben der Allgemeinbeleuchtung für eine blend- und schattenfreie zusätzliche Beleuchtung am Spiegel (nicht über dem Spiegel anbringen, sondern seitlich davon).
Auch und gerade an Arbeitsplätzen in *Küche, Arbeitszimmer* und *Kinderzimmer* ist eine zusätzliche Lichtquelle erforderlich. Um eine Reflexbildung zu vermeiden, sollte das Licht entweder seitlich von links oder von oben/vorne einfallen.

## REINIGUNG DER LEUCHTEN

Denken Sie vor der Reinigung Ihrer Leuchten unbedingt daran, den Stromkreis zu unterbrechen: Sicherung herausnehmen oder Stecker aus der Steckdose ziehen.
*Lampenschirme aus festem Material* lassen sich für gewöhnlich abnehmen und materialgerecht reinigen, meist mit Spülmittellösung. Danach mit klarem Wasser abwaschen und trocknen. *Stoffschirme* können mit einem Reinigungsmittel abgerieben oder – häufig empfehlenswert – in die Reinigung gebracht werden. Metallteile am besten nur trocken abreiben, denn durch feuchtes Putzen kann die Schutzschicht entfernt werden.
*Schalen* je nach Material mit kaltem oder warmem Wasser reinigen und gut trocknen, bevor sie wieder angebracht werden.
*Glühlampen* dürfen nur am Glaskörper vorsichtig feucht abgewischt werden. Fassen Sie eine heiße Glühlampe nie mit einem feuchten Tuch an: Sie springt dann leicht auseinander (Unfallgefahr).
*Kabel* lassen sich mit einem feuchten Tuch mit Neutralreiniger abwischen, ebenso die Deckendose bei Hängelampen.

### Tipps

- Beim Einschrauben einer Glühbirne diese zuerst kurz in die falsche Richtung drehen (links herum), sodass das Gewinde in die Fassung einrastet. Dann kann man sie mühelos rechts herum einschrauben.
- Beim Einschrauben der Glühbirne keine Gewalt anwenden: Der Glaskörper löst sich sonst leicht aus der Fassung oder kann platzen.
- Niemals zu starke Glühlampen eindrehen. Es kann zu thermischer Überbelastung und damit zu Bränden führen.
- In Kinderzimmern und Sporträumen sollten die Lampen aus bruchsicherem Material sein.
- Leuchten immer fest montieren.
- Bei Steh- und Tischleuchten nur kurze Kabel verlegen (Stolperfallen!).
- Leuchten sollten immer nach dem Anwendungsgebiet gekauft werden: Innenleuchten, Außenleuchten. Angaben wie regengeschützt oder spritzwassergeschützt geben Aufschluss. Lassen Sie sich bei Unsicherheiten einfach beraten.

| | |
|---|---|
| 1 | Leuchtstoffröhre z. B. für Bürobeleuchtung |
| 2, 3 | Klassische Glühbirnen, matt und klar für E 27 Fassung |
| 4, 5 | Glühbirnen, klar und matt, für E 14 Fassung |
| 6, 7 | Glühbirnen in Kerzenform, matt und klar |
| 8 | Deckenspot für Akzentbeleuchtung z. B. in Wohnräumen |
| 9, 10 | Glühbirnen mit silbernem Kopfspiegel, matt und glänzend |
| 11 | Hitzeresistente Glühbirne für Elektrogeräte wie z. B. Backofen |
| 12 | Energiesparlampe |
| 13 | Flutlicht für Garten und Hausfassaden |
| 14 | Halogenlampe mit Kaltlichtspiegel |
| 15 | Halogenstift |
| 16 | Halogenstäbe |

Lampen

Heizkörper halten die Wohnung wohlig warm, gelten aber als schwer zu reinigen, besonders wenn es sich um ältere Modelle mit den klassischen Rippen handelt. Doch spezielle Heizkörperreiniger erleichtern das Sauberhalten enorm.

# EIN HEISSES EISEN ...
## Die Reinigung von Heizkörpern.

Die Wahl eines Heizungssystems richtet sich nach den Baueigenschaften eines Hauses, der Anzahl, dem Alter und den Lebensgewohnheiten seiner Bewohner. Man unterscheidet zwischen Einzelfeuerstätten und Zentralheizungsanlagen.

### EINZELFEUERSTÄTTEN

Einzelöfen bieten eine preiswerte Alternative zur Zentralheizung und lassen sich ganz gezielt einsetzen. Die erwärmte Luft tritt oben aus und sorgt für eine gleichmäßige Raumerwärmung.
- *feste Brennstoffe:* Kohleöfen, Kachelöfen, offene Kamine, alte Küchenherde
- *Öl:* Einzelöfen mit automatischer Regelung
- *Gas:* Einzelöfen als Geräte mit Schornsteinanschluss oder als Außenwand-Gasraumheizer
- *Elektro:* Öfen als Strahler oder Luftumwälzöfen

### ZENTRALHEIZUNGSANLAGEN

Die Zentralheizungsanlage (Sammelheizung) beheizt mehrere Räume gleichzeitig. Vom zentralen Brenner aus wird die Wärme durch ein Rohrsystem in alle Räume geleitet. Auch die Zentralheizung lässt sich mit festen, flüssigen, gasförmigen Brennstoffen oder mit Strom beheizen.
Bei so genannten *Flächenheizungen* wird die Wärme über ganze Flächen verteilt – die Fußbodenheizung ist eine Form davon.

### REINIGUNG UND PFLEGE VON HEIZKÖRPERN

Alle Heizkörper sollten öfter mal entstaubt werden, damit sich kein Staub zwischen Rillen, Rohren oder Flächen sammelt. Der Staub beginnt sonst in kurzer Zeit zu verschwelen. Durch die warme Luft werden die Staubteilchen aufgewirbelt, sie lagern sich als Ruß über den Heizkörpern ab. Zur Trockenreinigung des Heizkörpers gibt es Spezialbürsten und Rillenreiniger.

## Heizkörper

**Vorgehensweise**
1. Bei Bedarf den Boden abdecken.
2. Mit einer trockenen Heizkörperbürste Heizkörper und Rückwand abbürsten und so den Staub entfernen.
3. Mit einer feuchten Bürste die einzelnen Rippen gründlich bearbeiten. Wer's ganz genau nimmt, kann für die Rillen einen Holzspieß zu Hilfe nehmen (mit einem Tuch umwickeln, dann kommt man auch in die kleinste Ecke). Rohre und Ventile mit reinigen.
4. Die Bürste auswaschen und den Heizkörper mit klarem Wasser nachbürsten. Anschließend alles trocknen. Dazu bei Bedarf das Tuch um die Bürste legen.
5. Verwenden Sie bei starker Verschmutzung reinen Neutralreiniger. Danach unbedingt gut klar wischen.
6. Die Reinigung der Außenflächen richtet sich nach dem Material: Holz, Kacheln, Metall.

**Tipps**
- Wenn Sie Ihre Heizkörper verkleiden wollen: Achten Sie darauf, dass mindestens 60 % der Oberfläche offen sind, da sonst die Warmluft nicht ungehindert ausströmen kann.
- Die Oberplatten der Verkleidungen sind meist abnehmbar. Das erleichtert die Reinigung.
- Heizkörper nicht in zu warmem Zustand reinigen.
- Der Heizkörperreiniger Floretta von Leifheit kann zum Reinigen von Heizkörpern besonders empfohlen werden, denn er dient der Reinigung schwer zugänglicher Stellen. Der Überzug aus Suprafaser lässt sich abnehmen und bei 40 °C waschen.
- Verwenden Sie die Flachdüse oder Flachbürste des Staubsaugers, um Staub zwischen den Rippen zu entfernen. Mit den Düsen gelangen Sie leicht unter die Heizkörper und können auch die Flächen zwischen den Verkleidungen erreichen.
- Lack und Anstrich sollten nur mit nebelfeuchtem Tuch entstaubt werden. Wird zu nass gewischt, brennt der Schmutz in den Lack ein.

**Die Staubbiene** mit staubanziehenden PVC-Borsten hat einen ausziehbaren Stiel, der sich aber auch vom Kopfteil lösen lässt. Mit der Staubbiene erreichen Sie selbst die sonst kaum zugänglichen Stellen hinter einem Flachheizkörper.

Möbel dienen dazu, einen Raum wohnlich zu gestalten, erfüllen aber vor allem auch funktionale Zwecke wie Sitzen, Arbeiten, Essen und Schlafen.
Bei der Auswahl von Möbeln gilt es, Notwendigkeit, Nützlichkeit und Behaglichkeit miteinander in Einklang zu bringen. Einzelne besondere Möbelstücke lassen sich als Dekorationsobjekte zusätzlich aufstellen. Wer die Wahl hat, hat die Qual: Behalten Sie immer im Hinterkopf, welche Funktion das Möbelstück für Sie erfüllen soll und wie Ihr finanzielles Budget bemessen ist. Qualitäts- und Preisvergleiche lohnen sich.
Auch der persönliche Geschmack sollte beim Möbelkauf nicht zu kurz kommen ... Und wenn Sie dann auch noch die Pflegeeigenschaften der Möbelstücke berücksichtigen, kann wirklich nichts mehr schief gehen.

# GEPFLEGTE MÖBEL ...
## schaffen pures Wohnbehagen.

Möbel sind in den verschiedensten Materialien, Formen, Dessins und Preisklassen erhältlich.

### SCHRÄNKE

Besonders wichtige Einrichtungsgegenstände sind die Schränke, denn in ihnen lässt sich ein Großteil des Hausrats unterbringen. Sie sind häufig teuer und eine Anschaffung für längere Zeit – überlegen Sie deshalb umso genauer, welcher Schrank für Sie der richtige ist. Ob es sich um Küchenschränke, Kleider-, Bücher- oder Wohnzimmerschränke handelt: Achten Sie darauf, dass Sie keine billigen Furnierimitationen, sondern massive oder echt furnierte *Oberflächen* wählen, wobei die Kanten auch außerhalb der Sichthöhe gut furniert sind. Die Türen sollten sich leicht öffnen und schließen lassen. Wichtig ist auch, dass die *Türbeschläge* fest in der Seitenwand eingeschraubt sind, ansonsten reißen sie schnell aus. *Schiebetüren,* die sehr praktisch sind, da sie wenig Raum benötigen, sollten leicht und sicher auf Führungsschienen oder Kugellagerrollen laufen. Als vorteilhaft hat sich erwiesen, wenn die *Schubladen* austauschbar, aber nicht vollständig herausziehbar sind (Unfallgefahr).

### STÜHLE

Sitzmöbel sollten stabil, bequem und pflegeleicht sein. Stühle, besonders Arbeitsstühle, immer in körpergerechter Form kaufen. Orthopäden empfehlen Stühle mit schräger Sitzfläche, um den so genannten „Sitz-Knick" in der Wirbelsäule zu vermeiden. Kaufen Sie neue Stühle erst nach ausgiebiger Sitzprobe.

### POLSTERMÖBEL

Bei Polstermöbeln unterscheidet man *Vollpolster* (ohne sichtbares Gestell oder Kunststoffschaum ohne Gestell) und *Gestellpolstermöbel* (sichtbares Gestell mit Polstern). Die Qualität von Schaumstoff und Federkern ist entscheidend für Sitzkomfort und Haltbarkeit der Polster. Ausschlaggebend für die Güte sind die Dichte des Materials und die Faserart. Bezüge aus Leder

Möbel

beispielsweise sind besonders haltbar, aber teuer, Kunstleder (Weich-PVC) ist billiger, aber auch kalt, wenig luftdurchlässig und dehnt sich bei Körpertemperatur aus. Achten Sie darauf, dass die Bezüge Ihrer Polstermöbel pflegeleicht und die Gestelle solide verarbeitet sind.

## REINIGUNG VON POLSTERMÖBELN UND STÜHLEN

Polstermöbel sollten regelmäßig mit der weichen Bürste entstaubt werden: Ritzen, Kanten und die Stellen um die Polsterknöpfe (falls vorhanden) mit der Flachdüse des Staubsaugers behandeln. Eventuell eignet sich ein spezielles Reinigungsmittel. Für die Grundreinigung wird ein Eimer mit warmem Wasser und etwas Neutralreiniger vorbereitet. Lose aufliegende Polster herausnehmen und von allen Seiten mit dem Staubsauger absaugen.
Stühle mit der Sitzfläche auf einen Tisch stellen (vorher abdecken), Sessel umkippen. Bei den Stühlen den Schmutz mit einer festen Schmutzbürste von den Beinen abbürsten. Stuhl- und Sesselunterseite abstauben, andere nicht textile Flächen von oben nach unten materialgerecht abwischen. Polster können Sie mit einem Polsterreinigungsmittel behandeln und anschließend absaugen. Die nicht textilen Teile von oben nach unten feucht mit Neutralreinigungslösung säubern (dem jeweiligen Material entsprechend), klar nachwischen und trocknen.

**Tipps**
- Beim Kauf auf die *Textilkennzeichnung* der Bezugsstoffe achten. Das kann die Reinigungskosten erheblich senken.
- *Stoffbezüge* können mit einem Schaum aus Feinwaschmittel und einem Schwamm abgerieben werden. Nach dem Trocknen die Polster absaugen.
- Zum *Reinigen von Polstern* kann man Weizenkleie aufstreuen und mit einem Tuch in die Fasern reiben. Die Kleie wird dann mit einer Bürste einfach abgebürstet.
- Um *Polster* zu entstauben, legt man ein feuchtes Tuch darüber und klopft sie mit einem ausrangierten Tennisschläger. Der Staub wird so vom Tuch aufgenommen.
- *Holzteile* immer entsprechend der Oberflächenbehandlung reinigen.
- *Pflegemittel,* die Öle oder Wachs enthalten, werden auch als Sprays angeboten. Das Staub wischen wird dadurch vereinfacht, denn der Staub wird nicht aufgewirbelt, sondern gebunden. Durch Nachpolieren lässt sich die Oberfläche ohne großen Aufwand pflegen. Aber: Nicht zu viel Spray benutzen, sonst kann die Oberfläche verkleben.
- Das *Abreiben der Möbel* ist rationeller, wenn mit beiden Armen parallel gearbeitet wird.
- Die *Oberflächen* mit einem nebelfeuchten, gut ausgedrückten Leder abwischen. Es ist die schonendste und einfachste Methode zur Staubentfernung für die meisten Möbel.
- Eine einfache *Möbelpolitur* kann man sich aus einer Tasse Speiseöl mit einer Prise Salz selbst herstellen.
- Kleine *Schrammen und Flecken* auf dunklen Holzmöbeln lassen sich mit etwas Speiseöl behandeln. Gut nachpolieren!
- Ein gutes *Pflegemittel für unbehandelte Holzmöbel:* In 300 ml Bienenwachs, das in einem hitzebeständigen Gefäß geschmolzen wurde, werden 300 ml Terpentinöl über einem Topf mit heißem, aber nicht kochendem Wasser eingerührt. Die abgekühlte Mischung dünn auftragen und mit einem Tuch nachreiben.
- Um *Eichenmöbel* zu reinigen, stellt man eine Mischung aus einem Stück Bienenwachs, einem Esslöffel feinem Zucker, einem Ei und 1/2 l Wasser her. Die Mischung kochen und nach dem Abkühlen mit einem Pinsel auftragen. Nach dem Trocknen mit einem weichen Tuch nachreiben.

Möbel

**Um** Staub aus Polstermöbeln zu entfernen, legt man ein feuchtes Tuch darüber und klopft das Möbel mit einem Tennisschläger aus. Wer professionell zuschlagen möchte, kann sich natürlich auch einen richtigen Teppichklopfer kaufen.

## TISCHE

Tische sollten standfest und stabil sein. Achten Sie darauf, dass die Tischplatte nicht zu empfindlich und vor allem widerstandsfähig gegen Flüssigkeiten aller Art ist, dazu kratz- und schlagfest und nach Möglichkeit hitzeunempfindlich.

Ein Esstisch sollte etwa zwischen 72 und 80 cm hoch sein. Pro Person am Esstisch berechnet man 60 cm Breite, der Abstand zur Wand oder zu einem anderen Möbelstück sollte ca. 80 cm betragen. Bei beschränktem Raum schaffen Ausziehtische oder Klapptische zusätzlichen Platz. Bedenken Sie beim Kauf eines Tisches, dass ein runder Tisch mehr Stellplatz und Bewegungsraum benötigt als ein rechteckiger oder auch ein ovaler Tisch. Runde Tische eignen sich gut für quadratische Essplätze, rechteckige oder ovale Tische für lang gestreckte Räume.

Je nach Oberflächenbeschaffenheit lassen Tischflächen sich mit einer Neutralreinigerlösung feucht abwischen. Reinigen Sie unbehandeltes Holz und sonstige nicht ganz pflegeleichte Stoffe dem Material entsprechend.

## KORBMÖBEL

Möbel aus Peddigrohr, Rattan, Weiden- und Haselruten und Stuhlsitze aus Binsen, Schilf, Stroh oder Bast bringen mit phantasievollen Formen Gemütlichkeit in die Wohnung und sind leicht zu pflegen. Mit farbigen Kissen lassen sich Akzente setzen.

Korbmöbel werden wie Korbwaren gereinigt: Den Staub zunächst von den Korbteilen abbürsten. Wenn Sie mit einer feuchten Bürste entlang der Korblinien arbeiten, wird ein Teil des Staubs gebunden.

Flecken können mit Neutralreiniger entfernt werden, hartnäckig verschmutzte Ritzen mit Hilfe eines Holzspießes. Mit klarem Wasser nachwischen und trockenreiben.

Korbmöbel weder an der Heizung noch an der Sonne trocknen. Das Material wird sonst spröde und brüchig.

## BETTEN

Ein Bett besteht gewöhnlich aus dem Bettgestell, dem Lattenrost und der Matratze.

Nehmen Sie zur täglichen Pflege *Laken* und Oberbettzeug ab und schütteln es gründlich aus. Durch das Lüften verdunstet der über Nacht freigesetzte Schweiß.

Zur gründlichen Reinigung werden *Oberbett* und *Kopfkissen* abgezogen, Bettlaken, Moltonunterlage (falls vorhanden) und Bezüge in die Wäsche gegeben. Oberbett und Kopfkissen ordentlich aufschütteln und zum Lüften ins Freie legen/hängen.

Aber Achtung: Nicht der prallen Sonne aussetzen, das bekommt insbesondere den Federn nicht – sie werden brüchig.

*Matratzen* und *Matratzenschoner* herausnehmen, gründlich absaugen und auslüften. Flecken können materialgerecht entfernt werden.

Den Liegerost hochnehmen, Bettgestell und Rost abstauben und von beiden Seiten mit Neutralreinigerlösung (je nach Material Holz-, Kunststoff-, Metallpflege) feucht abwischen, mit klarem Wasser nachbehandeln und trockenreiben.

Zum Schluss Liegerost, Matratzenschoner und Matratze wieder ins Bettgestell zurücklegen, eine saubere Moltonunterlage und ein frisches Bettlaken auf die Matratze legen (spannen), Bettdecke und Kopfkissen frisch beziehen.

**Tipps**
- Bettdecken nie bei feuchtem Wetter draußen lüften, denn die Füllung nimmt die Feuchtigkeit auf.
- Regelmäßiges Aufschütteln von Federbetten und Kopfkissen verhindert ein Verklumpen.
- Wenn Bettfedern dennoch beginnen zu klumpen, können Sie sie auflockern, indem Sie durch eine kleine Öffnung im Inlett mit einem Föhn auf kleinster Stufe warme Luft hineinpusten.
- Federn sollten alle ein bis 2 Jahre gereinigt werden. Sie halten dann länger.
- Saugen Sie die abgesteppten Kanten und Ränder an den Matratzen besonders ordentlich.
- Gute Matratzen sollten einen waschbaren Matratzenschoner haben (Hülle), der sogar kochfest ist.
- Matratzen sollten nach Möglichkeit nicht geklopft werden, um sie zu schonen.

Möbel

67

In größeren Zeitabständen wird auch die gründliche Reinigung des ein oder anderen Gebrauchs- oder Dekorationsgegenstandes fällig. Der Aufwand für eine materialgerechte Reinigung Ihrer Schätze richtet sich danach, ob Sie beim Kauf eher auf die Optik geachtet haben oder aber die Auswahl nach pragmatischen Kriterien erfolgte.

# REINIGUNG VERSCHIEDENER MATERIALIEN

Ob angelaufenes Familiensilber, Haushaltsgeräte, das empfindliche Ledersofa oder der Gartentisch aus Kunststoff – bei unseren Methoden hat der Schmutz keine Chance mehr.
Sie werden sehen, wie viel Arbeit Sie sich ersparen, wenn Sie unsere Ratschläge befolgen, denn richtiges Reinigen bedeutet nicht nur Schmutz zu entfernen, sondern vor allem auch, die Gegenstände vor neuer Verschmutzung zu schützen. Und das ist gar nicht so schwer, wie Sie vielleicht denken. Viele unserer „Reinigungsmittel" müssen nicht erst teuer erstanden werden, sondern lassen sich ganz einfach selbst herstellen.
Das schont nicht nur Ihren Geldbeutel, sondern vor allem auch die Umwelt!
Weiterhin erfahren Sie viel Wissenswertes über die Eigenschaften und den Aufbau der verschiedensten Materialien. Eine wichtige Voraussetzung, um das geeignete Mittel und die passende Putztechnik zu wählen. Auch für den Neukauf werden diese Angaben für Sie wichtig sein, denn entscheidend ist hier oft die Frage „Wie aufwändig sind Reinigung und Pflege?"
Und vielleicht entdecken Sie beim Lesen dieses Kapitels dann sogar, dass die Anschaffung eines Silberbestecks gar nicht bedeuten muss, fortwährend mit dem Polieren desselbigen beschäftigt zu sein!

Reinigung verschiedener Materialien

Reinigung verschiedener Materialien

Glas ist ein vielseitig verwendbarer Werkstoff im täglichen Leben und einer der ältesten künstlich erzeugten Werkstoffe der Menschheit. Sand, Kalk und Kochsalz – das sind die grundlegenden Materialien, aus denen Glas besteht.
Gerade wegen seiner Durchsichtigkeit ist es besonders beliebt. Je reiner, klarer und farbloser Glas geschmolzen wurde, desto größer ist seine Lichtdurchlässigkeit. Gegen chemische Einflüsse sehr widerstandsfähig, ist es in einfacher Form nicht stoß-, schlag- und bruchfest – man kann Glas aber speziell ausrüsten. Lesen Sie hier nach, wie Sie Ihre Glaswaren zum Strahlen bringen.

# MIT GLANZ UND GLORIA.
## Bruchsichere Tricks zur Glasreinigung.

### FLACHGLAS

Unabhängig von der jeweiligen Fertigungstechnik bezeichnet diese Glassorte alle in flacher Form hergestellten Gläser. *Sicherheitsglas* und *Spiegel* zählen zu den gebräuchlichsten Flachgläsern.

### SPEZIALGLAS

Durch den Austausch von bestimmten Substanzen lassen sich Spezialgläser herstellen.

#### Wärmebeständiges Glas

ist widerstandsfähig gegen extreme Temperaturwechsel und beständig gegen Chemikalien. Dieses Glas eignet sich für *Laborgläser*, *Back- und Bratformen*, *Babyflaschen* und *Teegeschirr*.

#### Glaskeramik

ist ein temperaturunempfindliches Glas und wird für *Kochfelder* eingesetzt. Es kann große Temperaturunterschiede aushalten, ist relativ unempfindlich gegen Stöße, aber sehr kratzempfindlich.

#### Verbundglas

entsteht als eine Form von Sicherheitsglas durch Verbindung von zwei oder mehr dünnen Glasscheiben durch eine elastische Zwischenschicht aus Kunststoff. Diese Veredelung verringert die Druckempfindlichkeit des Glases. Die Zwischenschicht verhindert bei Bruch eine Aufsplitterung, die Bruchstücke bleiben haften. Verbundglas wird für *Fensterscheiben*, *Brüstungen* oder *Trennwände* verwendet.

### HOHLGLAS

Die am weitesten verbreiteten Glaserzeugnisse fallen in den Bereich der Hohlglaswaren. Sie sind im Haushalt allgegenwärtig. Diese Verbrauchsgüter werden nach ihrem Verwendungszweck unterteilt: Behältergläser (Verpackungsgläser), Wirtschaftsgläser (Trinkgläser, Vasen u. a.) und Bauhohlglas (Glasbausteine) werden mundgeblasen, meist aber maschinengeblasen und gepresst.
Nach der Zusammensetzung der Rohstoffe unterscheidet man zwischen *Natronglas* für Flaschen, Verpackungsmaterial, Trinkgläser und Fensterscheiben, *Kaliglas* für hochwertige Gebrauchsgläser, geschliffene bzw. geätzte Gläser und *Bleikristallglas* für tief geschliffene, klangschöne Kristallwaren wie Trinkgläser, Krüge, Vasen und optische Gläser.

*Reinigung*

Sie benötigen eine Spülbürste, eine Flachbürste, Spülmittel, Salz, Essig und ein fusselfreies Geschirrtuch. Sortieren Sie die Gläser nach ihrem Verschmutzungsgrad. Stark verschmutzte Gläser einweichen. Spülen Sie die Gegenstände einzeln in einer Spülmittellösung. Achten Sie dabei auf die Empfindlichkeit der Gläser

# Glas

(Stielgläser nur am Stiel anfassen). Sofort nachspülen. Stellen Sie die Gläser mit der Öffnung nach unten auf die Abtropffläche. Zum Schluss mit einem fusselfreien Geschirrtuch (Halbleinen oder Leinen verwenden) abtrocknen.

### Tipps
- *Kristallglas, Bleiglas* nicht in der Spülmaschine spülen: Sie verkratzen leicht und können trüb werden. Die Beschädigungen lassen sich dann nicht mehr entfernen.
- *Kalkansatz* in engen Flaschen und Blumenvasen kann man mit einer Mischung aus Salz und Essig abreiben, klarspülen und trocknen.
- *Eingebrannte Stellen* in Kochgeschirr aus wärmebeständigem Glas können mit flüssigen Scheuermitteln oder verseifter Stahlwolle abgerieben werden. Alternativ lassen sie sich auch mit einem Edelstahlschwamm und Spülmittel behandeln.
- *Schmutzränder* durch Blumen einfach mit Essig entfernen.
- Auch *trüb gewordenes Glasgeschirr* kann man mit Essig reinigen.
- *Isolierkannen* reinigt man innen mit zerfetztem Küchenkrepp und ein wenig Wasser. Kräftig schütteln und das Glas wird sauber.

## Glasvasen

kann man reinigen, indem man zerkleinerte Eierschalen mit wenig Wasser einfüllt und schüttelt. Der Kalkrand wird durch die Reibung entfernt. Statt Eierschalen können auch Kartoffelschalen verwendet werden.

*Reinigung verschiedener Materialien*

Auch keramische Erzeugnisse gehören zu den ältesten Gebrauchsgütern der Menschen. Keramik als Sammelbegriff für Tonwaren verschiedenster Herstellungsart steht für Tonzeug und Tongut. Tonzeug lässt sich in Porzellan und Steinzeug unterteilen, bei Tongut unterscheidet man Steingut und Töpferware.

Ton, ein Konglomerat aus unterschiedlichsten Rohstoffen, wird geformt, gebrannt und häufig noch zusätzlich glasiert und bemalt.

# FEINES PORZELLAN GEHÖRT ZUM GUTEN TON. Wissenswertes über Steinzeug & Co.

## TONZEUG

### Porzellan

wird zweimal gebrannt, ist weiß, durchscheinend und hart, empfindlich gegen Stoß, Druck und Kratzer. Es findet Verwendung bei Kaffee-, Tee- und Essgeschirr, bei Vasen, Schalen und Kunstgegenständen.

*Reinigung*

Porzellan mit heißer Spülmittellösung und einer weichen Bürste oder einem Tuch säubern. Klar nachspülen, das Geschirr kurz abtropfen lassen und mit einem Leinentuch (fusselfrei) nachtrocknen.

**Tipps**
- Feines *Porzellan mit Goldrand* oder farbigen Mustern muss besonders schonend behandelt werden.

Es verträgt keine mechanischen Reinigungsmittel (Scheuermittel, harte Bürsten oder Schwämme) und sollte auch nicht in die Spülmaschine gegeben werden!

- Zum *Schonen* eine weiche Auflage auf die Abtropffläche legen (Microfasertuch oder Schwammtuch).
- Feines Porzellan kann man beim *Stapeln* durch zwischengelegte Papierservietten, Filz oder Deckchen vor Druck schützen.
- *Feuerfestes Porzellan* darf nie auf die offene Flamme (Gasherd) gestellt werden.
- *Teeränder* mit Essig und Salz oder flüssigem Scheuermittel entfernen.

### Steinzeug

Steinzeug wird aus weniger wertvollem Ton hergestellt. Es ist ebenso hart wie Porzellan, aber nicht durchscheinend und empfindlicher gegen Temperaturen. Aus Steinzeug werden Einmachtöpfe, Krüge, Bauerngeschirr und Blumenvasen produziert.

*Reinigung*

Die Pflege entspricht der fürs Porzellan.

**Tipps**
- *Kalk- und Schmutzränder* bei wasserundurchlässigem (dichtem) Geschirr mit Salz und Essig reinigen.
- Eine gute Hilfe ist der Topfschwamm.
- Steinzeug ist bei *Temperaturschwankungen* empfindlicher als Porzellan.

# Keramik

## TONGUT

### Steingut

Steingut besteht aus weißem bis gelblichem Ton in erdigen Farben und es ist zerbrechlicher als Porzellan. Bei schnellem Temperaturwechsel entstehen leicht Haarrisse. Steingut wird für einfaches Geschirr verwendet.

*Reinigung*

Nicht zu heiß spülen und nur milde Reinigungsmittel verwenden!

### Tipps

- *Schmutzränder* auf Steingutgeschirr niemals scheuern.
- Zur Reinigung lassen sich *flüssige Bleichmittel* verwenden, beispielsweise Schaumreiniger.
- *Wasserränder* lassen sich mit Essigwasser entfernen.
- *Unglasiertes Geschirr* darf nicht mit Fett in Berührung kommen.
- Unglasiertes Geschirr nimmt leicht *Gerüche* an. Diese lassen sich mit Essigwasser entfernen.
- *Gefäße für Esswaren* sollten immer für den gleichen Zweck benutzt werden, denn das Geschirr nimmt den Geschmack an. Deshalb auch Steingut nicht in Reinigungsmittellösung stehen lassen.

### Töpferware

Töpferware ist gelblich bis rötlich und bleibt meist unglasiert, z. B. Terracotta und glasierte Majolika.

! Töpferware ist sehr bruchempfindlich.

Sie findet Verwendung für Blumentöpfe, Brottöpfe, Behälter zum Butter-, Wein- und Sektkühlen.

*Reinigung*

Die Pflege entspricht der fürs Steingut.

### Tipps

- Als *Essgeschirr* nur glasierte Ware verwenden.
- *Poröses Geschirr* muss nach der Benutzung gut austrocknen, sonst bildet sich Schimmel.
- *Poröses Geschirr* mit Essigwasser ausbürsten.

Reinigung verschiedener Materialien

Bronze, Silber und Gold.
Neben Schmuck, Besteck und Armaturen finden sich in modernen Haushalten immer mehr Gegenstände aus wertvollen Edelmetallen.
Aber keine Angst: Ihre Pflege bedarf keiner olympischen Anstrengungen.

## ANLAUFPROBLEME GLÄNZEND GELÖST: Mit ein paar ganz einfachen Tricks sehen Ihre edlen Stücke wieder goldenen Zeiten entgegen.

### EDELMETALLE

#### Silber

Silber ist ein sehr weiches, dehnbares Metall – und sehr kratzempfindlich. Es wird meist mit Kupfer legiert, damit es mehr Festigkeit erhält. Der Stempelaufdruck auf Silbergegenständen gibt immer den Anteil von Silber an der Legierung an (Ausgangspunkt: 1000 Teile). 925er Silber beispielsweise besteht zu 925 Teilen aus Silber und zu 75 Teilen aus Kupfer.

Aus Feinsilber oder in versilberter Form werden Bestecke, Platten, Kerzenständer, Bilderrahmen, sonstige Ziergegenstände und Schmuck hergestellt. Kommt Silber mit Schwefel in Berührung (Eier!) läuft es an und wird schwarz.

*Reinigung*
Gegenstände aus Silber werden einzeln (damit sie nicht verkratzen) in heißer Spülmittellösung gespült, mit klarem Wasser nachgewaschen und getrocknet. Silbergegenstände sollten immer auf einer weichen Unterlage abgelegt werden (Schwammtuch oder Molton, wenn die Gegenstände abgetrocknet sind).

*Reinigungsmittel*
Genügt die einfache Reinigung in heißem Wasser nicht, können verschiedene Reinigungsmittel eingesetzt werden.
*Silberputzmittel* enthalten Poliermittel und reinigende Substanzen. Sie bieten zusätzlichen Anlaufschutz. Als Emulsion oder Paste werden die Mittel unter Reiben aufgetragen und anschließend mit einem weichen Tuch poliert.

Silberputzmittel sind auch als *Silberputztücher* oder *Silberputzwatte* erhältlich. Diese sind mit reinigungswirksamen Substanzen präpariert und bieten ebenfalls Anlaufschutz. Die Gegenstände werden mit einem Tuch oder Watte abgerieben und gleichzeitig poliert. Wenn das Silber nur leicht angelaufen ist, ist diese Methode sehr wirksam und schnell.

Zum Reinigen empfiehlt es sich, dünne Haushaltshandschuhe oder alte Lederhandschuhe anzuziehen und den Tisch oder die Arbeitsplatte gut abzudecken. Beim Silber putzen bleiben sonst dunkle Flecken auf der Oberfläche zurück.

**Man** kann auch eine einfache Zahnpasta benutzen: Auftragen und das Silber unter Reiben polieren.

Metalle

**Reinigung verschiedener Materialien**

**Schmuck** und andere Gegenstände aus Gold lassen sich hervorragend mit 4711 Eau de Cologne reinigen. Um in feine Rillen zu gelangen, kann man eine Zahnbürste einsetzen.

Ein *Silbertauchbad* enthält Schwefelsäure und Thioharnstoff. Diese Stoffe gehen mit der Verschmutzung wasserlösliche Verbindungen ein. Aber Vorsicht: Auch Zieroxidationen können entfernt werden!

Das einfachste und am wenigsten aufwändige, allerdings auch teuerste Hilfsmittel ist ein Set von *Polierhandschuhen,* das inzwischen im Handel erhältlich ist.

Die Handschuhe sind so präpariert, dass Sie keine zusätzlichen Mittel benutzen müssen. Einfach anziehen und lospolieren. Durch den eingenähten Schutzhandschuh bleiben Ihre Hände sauber. Und selbst wenn die Handschuhe immer schwärzer werden, steigert das die Reinigungswirkung!

### Tipps

- Silbergegenstände lassen sich *im warmen Zustand* leichter und schneller reinigen.
- Silbergegenstände lassen sich auch im *Abkochwasser von Kartoffeln* einfach reinigen.
- Leicht angelaufenes Besteck ohne Oxidverzierung kann man in eine *heiße Salzlösung* legen.
- Ein *Silbertauchbad* für Bestecke ohne Oxidverzierung lässt sich schnell selbst herstellen: Man füllt heißes Wasser in eine Plastikschüssel und legt etwas Alufolie hinein. Dann gibt man 1 TL Salz und 1 TL Natron hinzu und legt das Silber auf die Alufolie. Sobald der Gegenstand blank geworden ist, die Reste des Belages mit einem weichen Tuch leicht abreiben. (Es entsteht allerdings kein Anlaufschutz!)
- Achten Sie bei der *Reinigung von Gabeln* besonders auf die Zwischenräume. Hilfreich sind Wattestäbchen.
- Gegenstände, die mit Nahrungsmitteln in Berührung kommen, müssen nach dem Reinigen gut gespült werden, um *Rückstände zu entfernen.*
- *Rückstände von Pasten* in Verzierungen werden am besten mit einer weichen Bürste oder einem Pinsel entfernt.
- Um *Flecken und Kratzer* zu vermeiden, sollten Silbergegenstände nie auf eine harte Oberfläche gelegt werden.
- Als *Anlaufschutz* legt man dunkle, weiche Tücher über das Besteck in der Schublade.
- Ein *Anlaufen von Silber* kann auch vermieden werden, wenn man die Gegenstände in einen Plastikbeutel legt und an einem dunklen Ort aufbewahrt.
- Silbergegenstände, die mit *Säure* in Berührung kommen, sollten möglichst schnell abgewaschen werden. Denn Säure bewirkt dunkle Flecken.
- *Kerzenständer* nicht mit Öl einreiben, um das Festsetzen von Wachs zu vermeiden. Öl bildet an der Luft Säure, die Flecken hinterlässt und die Silberauflage angreift.

## Gold

Gold ist ein besonders weiches Metall und wird daher mit Silber oder Kupfer legiert, um es zu härten. Der Goldgehalt wird ähnlich wie bei Silber in 1000 Teilen oder aber in Karat angegeben. Die gebräuchlichsten Angaben sind 333er oder 8 Karat, 585er oder 14 Karat, 750er oder 18 Karat.

Gold verändert sich an der Luft nicht.

### Reinigung

Goldene Gegenstände werden in lauwarmes Seifenwasser gelegt und mit einer weichen Bürste abgebürstet. Mit klarem Wasser spülen und trockenpolieren.

### Tipps

- Zum Reinigen kann man dem warmen Wasser etwas *Salmiakgeist* zugeben. Das Bürsten entfällt dann.
- Damit sie nicht reißen oder verknoten, wickelt man sich *Goldkettchen* um die Hand und führt sie durch das Reinigungswasser.
- *Schmuckgegenstände mit Steinen* lassen sich mit einer weichen Bürste und etwas Kölnisch Wasser oder Salmiakgeist bürsten.
- *Schmuck mit vielen Steinen* kann man kurz in ein wenig Benzin legen, das im Wasserbad erwärmt wurde. Mit einer weichen Bürste behandeln.

## Messing

Messing ist eine Legierung aus Kupfer und Zink. Das Metall hat eine hellgelbe Farbe und wird glänzend oder matt zu Lampen, Kunstgegenständen, Beschlägen, Türgriffen und Schildern verarbeitet. Messing findet auch als Grundmaterial für versilbertes Besteck Verwendung.

### Reinigung

Messing wird feucht mit einer Spülmittellösung abgewischt. Rillen und Kerben lassen sich ganz einfach mit einem Holzspieß reinigen.

Reinigungsmittel lassen sich mit einer weichen Bürste aus den Rillen entfernen. Anschließend mit einem weichen Tuch polieren, und zwar so lange, bis das Tuch keine Reinigungsreste mehr aufweist. Achten Sie darauf besonders, wenn mit einem Messingreinigungsmittel gearbeitet wurde.

## Reinigung verschiedener Materialien

### Tipps
- Statt Reinigungsmittel kann man so genannte *Putzlinge* verwenden. Sie hinterlassen keine Reinigungsreste in den Rillen, da mit Wasser nachgespült wird. Anschließend gut trocknen und so lange polieren, bis das Tuch sauber bleibt.
- *Fliegenschmutz* reinigt man mit Spiritus und reibt danach den Gegenstand trocken.
- Gegenstände aus Messing dürfen *nicht mit verseifter Stahlwolle* behandelt werden.

### Zinn

Zinn ist ein weiches, hell glänzendes Metall und zudem gut dehnbar. Es oxidiert nicht. Aus reinem Zinn werden Ziergegenstände hergestellt. Auch Platten, Teller, Schüsseln und Becher sind aus Zinn erhältlich. Werden Zinngegenstände mit Lebensmitteln in Berührung gebracht, sollte darauf geachtet werden, dass sie lebensmittelecht sind.

*Reinigung*

Die Gegenstände heiß spülen und gut trocknen. Alternativ kann mit Metallpflegemitteln gereinigt werden. Dazu etwas Reinigungsmittel auf einen Schwamm oder Küchenkrepp geben und den Gegenstand damit abreiben. Anschließend wird mit heißem Wasser nachgespült und gut getrocknet. Mit einem weichen Tuch nachpolieren.

### Bronze

Bronze ist eine Legierung aus Kupfer und Zinn. Daraus werden ausschließlich Ziergegenstände hergestellt. Gereinigt wird es wie Kupfer und Zinn.

**Messinggegenstände** können sehr gut mit einer Mischung aus Olivenöl und Salz (1:1) gereinigt werden. Einfach mit einem Lappen abreiben.

Metalle

Zinn –

so bekommt das gute Erbstück wieder Glanz. Zinnkraut oder der Ackerschachtelhalm wächst auf vielen Wiesen und Brachfeldern. Sie sammeln ihn, kochen ihn kurz auf und geben den Zinngegenstand hinein. Die im Kraut enthaltene nun gelöste Oxalsäure reinigt das Zinnteil selbsttätig.

**Reinigung verschiedener Materialien**

**Angelaufene** Aluminiumgegenstände werden sauber, wenn man sie in kochendes Wasser mit einigen Rhabarberfäden gibt.

## Aluminium

Aluminium wird aus Bauxit gewonnen. Es ist leicht, mittelfest und leitet Wärme gut. Unter der Einwirkung von Luft wird es mit einer dünnen Oxidschicht überzogen, die vor weiterer Oxidation schützt.

Aluminium kann gezogen, gepresst und geschmiedet werden. Es ist empfindlich gegen Säuren und Laugen. Durch elektrolytische Oberflächenbehandlung jedoch wird Aluminium unempfindlicher gegen Säuren und ist leichter zu reinigen (eloxiertes Aluminium).

Haushaltsgeräte, Töpfe und Pfannen werden daraus hergestellt – auch Campinggeschirr (wegen der guten Wärmeleitung). In Form von Alufolie verwendet man Aluminium wegen der guten Wärmeleitfähigkeit in dickerer Ausführung zum Garen von Fleisch, Fisch und Gemüse im Backofen.

*Reinigung*

Aluminiumgegenstände lassen sich in Spülmittellösung reinigen. Die nassen Gegenstände werden zunächst von außen mit kreisenden Bewegungen gründlich behandelt, bei starker Verschmutzung mit verseifter Stahlwolle. Löcher und Kanten können mit der Spülbürste gesäubert werden.

Für die Reinigung von Rillen und Löchern eventuell einen Holzspieß zu Hilfe nehmen.

Mit heißem Wasser nachspülen und gut trocknen.

### Tipps

- Zum **Trocknen** dunkle Tücher benutzen. Nach gründlicher Reinigung hinterlässt Aluminium nämlich schwarze Flecken.
- *Töpfe,* die innen grau geworden sind, kann man mit Essigwasser reinigen.
- *Eloxierte Gegenstände* dürfen nicht mit Scheuermittel behandelt werden, da das die Schutzschicht beschädigt.

## Chrom

Chrom ist ein sehr hartes Metall und bläulich glänzend. Es ist widerstandsfähig und oxidiert nicht an der Luft. Es findet nicht nur Verwendung für Armaturen in Küchen und Sanitärräumen – Wasser- und Teekessel, Toaster, Grillgeräte und Möbelleisten werden ebenso aus Chrom hergestellt.

*Reinigung*

Chrom feucht abwischen und gut trocknen. Es lässt sich auch mit Silberputzmittel behandeln. Anschließend mit einem weichen Tuch nachpolieren.

Außer mit Silberputzmittel sollte Chrom mit keinem anderen Metallreiniger behandelt werden.

**Tipp:** Stumpf gewordenen Chrom kann man mit Terpentin oder Petroleum reinigen. Anschließend mit einem weichen Tuch nachpolieren.

## Kupfer

Kupfer ist ein schweres, leuchtend rotes Metall. Es weist eine gute Wärmeleitfähigkeit auf und wird deshalb auch für Böden von Edelstahlkochtöpfen verwendet. Kupfer ist sehr weich – meist erfolgt eine Legierung mit anderen Metallen.

Kupfer findet Verwendung für Kochgeschirr mit Schutzschicht, für Böden von Edelstahltöpfen zur besseren Wärmeleitung, für Kannen, die innen verzinnt werden, für Schmuck und Ziergegenstände. Mit Speisesäuren geht Kupfer giftige Verbindungen ein (Grünspan). Damit die Speisen damit nicht in Berührung kommen, erhalten Töpfe und Kochgeschirre auf den Innenwänden eine schützende Beschichtung.

*Reinigung*

Kupfergegenstände werden feucht abgewischt oder heiß gespült und gut getrocknet.

### Tipps

- *Kupfergeschirr* reinigt man mit einer Lösung aus einem Teil Essig und einem Teil Salz. Anschließend wird das Geschirr gut mit Wasser abgespült und mit einem weichen Tuch poliert.
- Kupfer darf *nie mit Topfkratzern* gereinigt werden.
- Ist die *Schutzschicht* einmal beschädigt, dürfen keine Lebensmittel darin aufbewahrt werden.
- Gegenstände so *lange nachpolieren,* bis Tuch oder Küchenkrepp sauber bleiben. Dann sind alle Reinigungsmittel entfernt.

# METALLE

## Gusseisen

Gusseisen ist bei starker Erhitzung schmelzbar und wird in Formen gegossen. Es hat eine gewisse Härte und Druckfestigkeit, ist aber spröde, stoßempfindlich und nur bedingt säurefest. Gusseisen rostet leicht.

Im Haushalt findet es Verwendung für Maschinenteile, z. B. Fleischwolf und Fruchtpresse oder auch für Herdplatten, Schmortöpfe und Pfannen.

*Reinigung*

Stark verschmutzte Gegenstände einweichen und dann in heißer

# Reinigung verschiedener Materialien

Spülmittellösung gründlich reinigen, in klarem, heißem Wasser nachspülen und gründlich trocknen.

### Tipps
- Bei *starker Verschmutzung* flüssiges Scheuermittel auf einen feuchten Lappen geben und abreiben. Den Gegenstand vorher nass machen: Das hilft, den Schmutz zu lösen.
- Um eine *gleichmäßige Reinigung* zu erreichen, am besten in kreisförmigen Bewegungen arbeiten.
- *Flecken* lassen sich mit nasser, verseifter Stahlwolle entfernen.
- Um die *Kraft* besser zu *nutzen,* legt man ein nasses Tuch unter den Gegenstand. Er liegt so besser auf.
- Immer *Vorder- und Rückseite* reinigen und gut trocknen, damit der Gegenstand nicht rostet.
- *Verseifte Stahlwolle* nach dem Benutzen an der Luft trocknen. Sie rostet sonst und verrottet.
- *Gegenstände* aus Gusseisen immer vorsichtig behandeln. Sie dürfen nicht fallen, da sie schnell zerbrechen.
- *Herdplatten* kann man ab und zu mit einigen Tropfen Maschinenöl einreiben.
- *Schmutzreste auf Herdplatten* lassen sich mit etwas Backpulver entfernen. Man streut es auf die leicht erwärmte Platte und wischt sie mit einem feuchten Schwamm ab. Gründlich mit klarem Wasser nachspülen und gut trocknen.
- *Angebrannte Pfannen* lassen sich leichter reinigen, wenn man 1/2 Esslöffel Natron in 1/2 l Wasser löst und in der Pfanne aufkocht.

### Stahl

Entsprechend der unterschiedlichen Bearbeitung unterscheidet man Baustahl oder Schmiedeeisen und Werkzeugstahl. Schmiedeeisen ist ein weicher Stahl, der sich gut formen lässt. Er verzieht sich bei Gebrauch leicht. Bei unsachgemäßer Behandlung entstehen Beulen. Schmiedeeisen findet im Haushalt Verwendung bei Gittern, Beschlägen und Kunstgegenständen. Werkzeugstahl ist härter als Schmiedeeisen und elastisch. Er wird zu Messerklingen, Scheren, Nadeln, Zangen und sonstigem Werkzeug verarbeitet. Stahl ist empfindlich gegen Luftfeuchtigkeit, Sauerstoff und organische Säuren.

*Reinigung*
Stahl wird wie Gusseisen gereinigt. Die Gegenstände in heißer Spülmittellösung bearbeiten, klar nachwaschen und gut trocknen. Auch die Tipps zur Reinigung entsprechen denen für Gusseisen.

Um Gegenstände aus Gusseisen und Stahl vor dem Verrotten zu schützen, gibt es verschiedene Verfahren: Überzüge, die aufgeschmolzen werden und Beschichtungen, die man nachträglich aufbringt.

## ÜBERZÜGE UND BESCHICHTUNGEN

### Emaille

Auf einen Metallkern wird eine Glasur aufgeschmolzen, die glashart, glatt und geruchsfrei ist. Sie verträgt hohe Temperaturen und auch einen Temperaturwechsel, der aber nicht zu rasch erfolgen darf, da sonst Risse entstehen. Emaille ist beständig gegen chemische Einflüsse und wird nicht durch Keime angegriffen. Sie ist sehr schlag- und stoßempfindlich – also nicht fallen lassen! Der Überzug springt dann ab oder erhält zumindest Risse. Überzüge aus Emaille werden für Töpfe, Pfannen, Fettpfannen und Küchenherde benutzt.

*Reinigung*
Gegenstände mit Emailleüberzug mit heißer Spülmittellösung auswaschen, mit klarem Wasser nachspülen und trocknen.

### Tipps
- *Angesetzte Speisereste* lassen sich besser entfernen, wenn sie vorher eingeweicht wurden.
- *Angesetzte Speisen* können mit Wasser ausgekocht werden, dem vorher etwas Salz oder Backpulver zugegeben wurde.
- Um den Emailleüberzug zu *schützen,* sollten weder Topfkratzer noch Scheuerpulver benutzt werden.
- Reinigen Sie Emailleüberzüge mit *Edelstahltopfreiniger* oder mit *Spülmittel*.

### Antihaftbeschichtungen

Töpfe, Pfannen und Backformen werden häufig mit Antihaftbeschichtung angeboten. Die Vorteile: Man benötigt kaum Fett oder Öl, und das Koch- oder Backgut brennt nicht an. Antihaftbeschichtete Töpfe und Pfannen lassen sich sehr leicht reinigen. Die Beschichtung ist nicht kratz-, jedoch korrosions- und säurefest.

*Reinigung*
Beschichtete Gegenstände werden mit einer weichen Bürste oder mit einem Lappen bzw. Schwamm in heißer Spülmittellösung gereinigt, klar nachgespült und getrocknet.

## Metalle

**Tipps**
- *Pfannen* vor dem Spülen mit weichem Küchenkrepp ausreiben.
- Stahlwolle und harte Bürsten beschädigen die *Beschichtung*.
- Beschichtete Töpfe und Pfannen vertragen keine *Überhitzung,* da dann der Antihaft-Effekt nachlässt.

### Zinnüberzug

Zinn wird als Überzug für einfache Backformen, Siebe und Konservendosen verwendet und ist unter dem gängigen Namen Weißblech bekannt.
Von schwachen Säuren in Nahrungsmitteln wird es nicht angegriffen. Allerdings ist es empfindlich gegen trockene Hitze, und bei Beschädigung auch rostanfällig. Zinn ist weich, deshalb dürfen bei der Reinigung keine groben Scheuermittel verwendet werden. Gegenstände aus Weißblech nie auf die heiße Herdplatte stellen!

*Reinigung*
Die Gegenstände in heißer Spülmittellösung waschen, in klarem Wasser nachspülen und gut trocknen.

**Tipps**
- Bei Kuchenformen muss besonders darauf geachtet werden, dass *Ecken, Schnittkanten und Falze* gut austrocknen. Sonst ist die Gefahr groß, dass die Formen anfangen zu rosten.
- *Weißblech* darf nicht trocken erhitzt werden, da der Zinnüberzug sonst schmilzt.
- *Obstkuchen* sollte wegen der Säureempfindlichkeit des Weißblechs nicht lange in der Form bleiben.
- Da die Wärmeleitung bei Weißblech nicht gut ist, sollten Weißblechbackformen eher in *Gasbacköfen* eingesetzt werden. Dann ist das Backergebnis einwandfrei.

### Oxidation

Oxidation ergibt einen Überzug auf Eisenblech, der die Oberfläche dauerhaft vor Rost schützt.
Bei Schwarzblech wird das Eisenblech in offenem Feuer geglüht und oxidiert schwarz.
Man verwendet es für Kuchenbleche und Backformen.
Oxidiertes Blech ist nicht säurefest und auch nicht korrosionsbeständig. Die Wärmeleitung ist gut, besonders im Elektroofen.

*Reinigung*
Gegenstände aus Schwarzblech werden in heißer Spülmittellösung gesäubert. Den nassen Gegenstand zunächst von außen, dann von innen mit kreisenden Bewegungen gründlich reinigen. Die Ecken sorgfältig mit einer Bürste bearbeiten, die in die Ritzen gelangt, um alle Kuchenreste zu entfernen.
Wer es ganz genau nimmt, säubert Löcher und Kanten mit dem Holzspieß.
Bei starker Verschmutzung kann mit verseifter Stahlwolle gereinigt werden. Mit heißem Wasser nachspülen und dann gut abtrocknen.

**Tipps**
- Die *Bleche* am besten noch im warmen Zustand mit weichem Küchenkrepp auswischen.
- Bleche mit *Zuckerkrusten* sollten in warmem Wasser eingeweicht werden, um die Krusten zu lösen.
- *Hartnäckige Verkrustungen* lassen sich mit Salz und zerknülltem Zeitungspapier abreiben.
- Nach dem Trocknen können die Bleche leicht *mit Öl eingerieben* werden – das schützt.
- Sind Rostflecken entstanden, lassen sich diese entfernen, indem man den Fleck mit einer Speckschwarte und Salz abreibt. Anschließend mit Küchenkrepp nachwischen. Der Fettfilm schützt vor weiterem Rost.

## Reinigung verschiedener Materialien

### LEGIERUNGEN

Um Beschaffenheit und Eigenschaften von Stahl zu ändern, werden beim Schmelzen andere Metalle beigegeben. So entsteht Edelstahl, der durch und durch rostfrei ist. Auch bei einer Beschädigung der Oberfläche rosten Gegenstände aus Stahllegierung nicht.
Man unterscheidet Chrom-Nickel-Stahl, Chromstahl und Edelstahl.

#### Chrom-Nickel-Stahl

Diese Legierung eignet sich für Töpfe, Bestecke und Spülbecken und wird bei Maschinenteilen für Wasch- und Geschirrspülmaschinen eingesetzt.

#### Chromstahl

Er ist besonders hart und findet Verwendung bei Messerklingen für Bestecke und Küchenmaschinen aller Art.

#### Edelstahl

Edelstahl ist korrosionsbeständig, stoß- und kratzfest. Er ist unempfindlich gegen Säuren, die in einigen Lebensmitteln enthalten sind.

*Reinigung*

Gereinigt wird Stahl mit heißer Spülmittellösung. Mit klarem Wasser nachspülen und gut trocknen. Rillen, Kerben oder Löcher lassen sich mit Bürste und Holzspieß säubern.

### Tipps

- *Kalkflecken,* die auf hartes Wasser zurückzuführen sind, können mit Essig entfernt werden.
- *Kalkansammlungen* an Wasserhähnen mit einem um den Wasserhahn gewickelten, in Essigwasser getränkten Lappen behandeln. Einwirken lassen, später gut klar spülen und trocknen.
- *Kalk* lagert sich am Wasserhahn nicht ab, wenn man den Hahn regelmäßig mit einer ausgepressten Zitrone abreibt.
- Kochgeschirr: Verseifte Stahlwolle nur zur *Reinigung des Topfbodens* von außen verwenden. So benötigt man keinen speziellen Edelstahlreiniger.
- *Rostflecken* in Edelstahlspülen entfernt man vorsichtig mit Reinigungsbenzin.
- *Edelstahlspülen* nicht mit Stahlwolle reinigen, da Stahlflusen zu Korrosion oder Rost führen können.
- *Spezialedelstahlreiniger* enthalten neben dem Reinigungsmittel auch Silikon, das imprägnierend wirkt und die Oberfläche schützt.

Ein hervorragendes Reinigungsmittel für angebrannte Pfannen oder Töpfe ist Backpulver: Etwas heißes Wasser in den Topf oder die Pfanne geben, das Pulver einstreuen und einwirken lassen. Danach mit einem Schwamm und heißem Wasser ausputzen!

Metalle

Backvorschlag

Dr. Oetker

Original Backin

**Reinigung verschiedener Materialien**

Kunststoffe entstehen durch chemische Umwandlung aus Erdöl, Erdgas und Kohle, wobei zusätzlich Füll- und Farbstoffe sowie Weichmacher zugegeben werden. Die Eigenschaften von Kunststoffen werden vom Anteil der unterschiedlichen Ausgangsprodukte, deren verschiedenen Zusammensetzungen und Strukturen bestimmt. Kunststoffe haben ein geringes Gewicht und sind sehr fest. Sie können weich oder hart, spröde oder zäh sein. Außerdem haben sie ein geringes elektrisches Leitvermögen, sind relativ bruchsicher und lassen sich gut färben. Kurzum – Kunststoffe sind im Haushalt unverzichtbar ... ganz schlicht in Weiß oder als farbenfrohe Helfer.

# KUNSTSTOFFE REINIGEN.
## Mit uns natürlich ganz einfach!

Kunststoffe lassen sich nach ihrem jeweiligen physikalischen Verhalten unterscheiden. Thermoplaste und Duroplaste sind die Arten, die im Haushalt am häufigsten vorkommen.

### THERMOPLASTE

Thermoplaste sind Kunststoffe, die erwärmt weich und verformbar sind und abgekühlt fest und spröde werden. Sie lassen sich bei jedem neuen Erwärmen nachformen.

#### Acrylglas (Plexiglas)

ist beständig gegen alle im Haushalt vorkommenden Chemikalien, Fette, Öle und Benzin, aber nicht gegen Alkohol, Nagellackentferner und Benzol. Plexiglas ist zerbrechlich und wärmebeständig bis 90 °C. Es findet u. a. Verwendung als Tortenheber, Eierlöffel, Salatbestecke, Abdeckhauben, Schüsseln und Kämme.

#### Hart-PVC und Weich-PVC

**(Hostalit, Vinoflex, Acella)**

Hart-PVC ist stoß- und schlagfest, beständig gegen Öle, Alkohol, Säuren, Laugen und Benzin, aber unbeständig gegen kochende Fette und Öle. Es verträgt Temperaturen bis 60 °C und wird im Haushalt eingesetzt für Gardinenlaufschienen und Rollläden. Weich-PVC ist geschmeidig, stoß- und schlagfest, wasser- und luftdicht. Es ist beständig gegen Öle, Alkohol, Säuren, Laugen und Benzin, aber unbeständig gegen Kugelschreiberpaste und Lösungsmittel. Je nach Zusatz von Weichmachern verträgt es Temperaturen bis 55 °C. Daraus hergestellt werden Vorhänge, Schürzen, Tischdecken und Fußbodenbeläge.

#### Hostalen, Lupolen

ist geschmacks- und geruchsfrei, biegsam, unzerbrechlich, nicht schnitt- und kratzfest. Es ist beständig gegen Öle, Alkohol, Laugen, Benzin, aber unbeständig gegen kochendes Fett und Öl. Diese Kunststoffart

---

**Eingetrocknete Kaffee- und Teereste** in Rillen von Isolierkannen entfernen Sie einfach mit einer weichen Bürste oder einem Wattestäbchen und warmer Spülmittellösung. Achten Sie beim Kauf darauf, dass sich die Deckel – wie hier bei dem Modell Columbus – gut reinigen lassen.

Kunststoffe

# Reinigung verschiedener Materialien

kann Temperaturen bis 120 °C ertragen. Sie wird eingesetzt für Eimer, Schüsseln, Verpackungsbeutel und Waschkörbe.

### Micro dur

ist bruchsicher und spülmaschinenfest. Es wird als Spezialgeschirr für die Benutzung in der Mikrowelle eingesetzt und ist je nach Geschirr bis 200 °C hitzebeständig.

### Novodur, Luran

hat eine hochglänzende Oberfläche und ist sehr hart. Es ist beständig gegen Temperaturunterschiede, Fette, Öle, Benzin, aber unbeständig gegen Fleckenwasser und konzentrierte Säuren. Wärmebeständig ist diese Kunststoffart bis 80 °C. Zudem ist sie geruchs- und geschmacksfrei.
Novodur/Luran ist das am häufigsten verwendete Material für Ess- und Trinkgefäße, Blumenkästen oder auch Reißverschlüsse.

### Schlagfestes Polystyrol

ist schwer zerbrechlich, biegsam, schlag- und stoßfest, beständig gegen Säuren, Laugen und Wasser, aber unbeständig gegen Benzin, Nagellackentferner, ätherische Öle und Terpentinöl. Polystyrol ist wärmebeständig bis 80 °C. Man benutzt es für Gehäuse von Elektrogeräten (z. B. Staubsauger, Küchenmaschinen).

### Teflon, Hostaflon, TF

ist gut gleitend, aber nicht sehr abrieb- und druckfest (besonders kratzempfindlich!).
Es ist beständig gegen alle Chemikalien, Säuren und Laugen, aber nicht gegen schmelzende Alkalien. Es verträgt Temperaturen von 260 bis 325 °C und wird bei der Beschichtung von Kochgeschirren und Backformen verwendet.

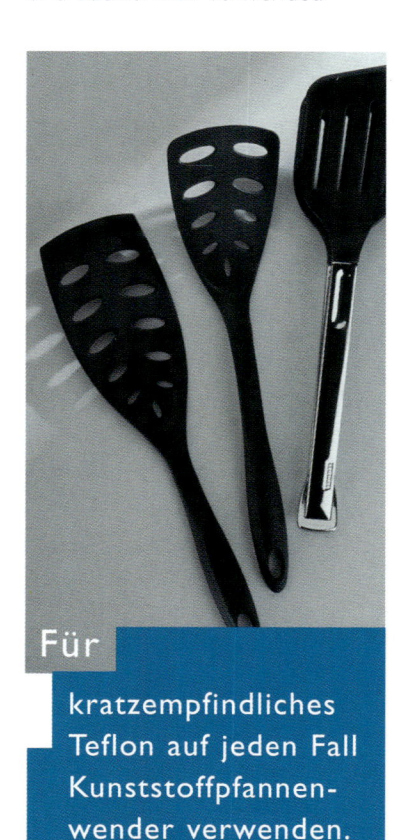

> Für kratzempfindliches Teflon auf jeden Fall Kunststoffpfannenwender verwenden.

## DUROPLASTE

Duroplaste sind Kunststoffe, die bereits während des Formens aushärten und sich nicht mehr verformen lassen.
Sie sind somit weniger temperaturempfindlich als die Thermoplaste.

### Bakelit

ist sehr schlagfest, oberfächenfest, aber nicht lichtfest. Es ist beständig gegen Wasser, Alkohol und Öle, aber unbeständig gegen Geschmacks- und Geruchsstoffe. Bakelit ist wärmebeständig bis maximal 125 °C.
Es findet häufig Verwendung für elektrische Schalter, Stecker, Bügeleisengriffe und dekorative Schichtholzplatten.

### Resopal, Duropal, Melopas

sind beständig gegen Lösungsmittel, schwache Säuren und Benzin, aber unbeständig gegen konzentrierte Säuren und Alkalien.
Diese Kunststoffart ist wärmebeständig bis 110 °C. Sie wird benutzt für Beschichtungen von Möbeln, für kratzfeste Tischplatten, Ess- bzw. Campinggeschirre und Bestecke.

## REINIGUNG UND PFLEGE VON KUNSTSTOFFEN

Kunststoffe sind empfindlich gegen Hitze und Kratzer, aber unempfindlich gegen Stöße und Wasser. Deshalb zur Reinigung keine scharfen und kratzenden Arbeitsmittel oder Arbeitsgeräte verwenden.
Alle Kunststoffe dürfen nur mit tensidhaltigen, pH-neutralen Reinigungsmitteln oder mit speziellen Kunststoffreinigern behandelt werden. Letztere enthalten antistatisch wirkende Stoffe, die einen Schutz gegenüber Neuverschmutzung bewirken.

### Arbeitsgeräte
- Spülbürste
- Schmutzbürste
- Wattestäbchen
- Holzspießchen (Zahnstocher)
- Spültuch
- Geschirrtuch

### Arbeitsmittel
- Spülmittel
- Neutralreiniger
- Salz
- Essig

## Kunststoffe

**Tipps**

- Keine *Scheuermittel* benutzen, da Scheuermittel die Oberfläche aufrauen. In den Unebenheiten setzt sich der Schmutz dann schneller fest.
- Nur mit *weichen Bürsten* reinigen.
- Geschirr in den oberen Korb der *Spülmaschine* einordnen. So werden Formveränderungen durch Hitzeeinwirkung vermieden.
- *Farbverfleckungen* können nicht mehr entfernt werden, daher Flecken sofort beseitigen.
- *Getränkeflecken* auf Tischbelägen direkt wegwischen.
- Einige Flecken können mit Speiseöl entfernt werden.
- *Backformen und Kochgeschirr* aus Kunststoff, die für die Mikrowelle geeignet sind, werden wie alle anderen Kunststoffe behandelt.
- Kunststoffbeschichtete *Backformen* vor dem ersten Gebrauch dünn einfetten.
- Zum *Herauslösen von Kuchen* nur Geräte aus Holz oder Kunststoff benutzen.
- Backformen nach dem Spülen gut abtrocknen. Besonders auf *trockene Falzen* achten.
- Kunststoffe, die lösungsmittelempfindlich sind, werden durch *Lösungsmittel* blind. (Achtung: *Fruchtöle,* z. B. Nelkenpulver, wirken wie Lösungsmittel!).
- Nicht jedes Kunststoffgeschirr oder Material eignet sich zur Vorratshaltung im *Tiefkühlgerät.*
- Geeignetes *Gefriermaterial* ermöglicht das Kochen des Gefriergutes in der Verpackung oder auch den direkten Einsatz in der Mikrowelle.
- Kunststoffe sind *nicht feuerbeständig,* daher Vorsicht bei heißen Kochplatten, Backöfen, Gasflammen.
- *Stockflecken* aus Kunststoff-Duschvorhängen entfernt man mit Natron, das in Zitronensaft gelöst wurde. Anschließend den Vorhang eine Stunde in Salzwasser einweichen und mit klarem Wasser nachspülen.

**Reinigung verschiedener Materialien**

Leder wird aus Tierhaut oder Fell gewonnen. Die Herstellung dauert lange und ist ganz auf den späteren Verwendungszweck abgestimmt.
Leder findet Verwendung für Schuhe, Taschen, Oberbekleidung, Polstermöbel und vieles mehr.
Dabei unterscheidet man je nach Oberflächenbeschaffenheit zwischen Glatt- und Rauleder. In den meisten Haushalten sind Lederwaren verschiedenster Arten zu finden, die alle eine spezielle Pflege benötigen. Eine Fülle an Pflege- und Reinigungsprodukten, die im Handel erhältlich sind, stellen richtig angewendet eine große Hilfe dar.
In der nachfolgenden Übersicht stellen wir Ihnen die richtigen Reinigungsmethoden vor und zeigen, wie Sie auch mit selbst hergestellten Mitteln ein optimales Pflegeergebnis erzielen.

# LEDERPFLEGE – TIERISCH EINFACH! Mit den richtigen Mitteln geht es Lederflecken ans Fell.

## LEDERMÖBEL

*Beispiel:* Sofa, Sessel
*Mittel:* Spezialmittel, feuchter Lappen, weiches Tuch oder Gummibürste, Staubsauger, Feinwaschmittel
*Reinigung/Pflege: Glattleder* mit feuchtem Lappen abwischen und mit einem weichen Tuch nachtrocknen. Zur Grundreinigung ein spezielles Pflegemittel benutzen. *Rauleder* mit dem Staubsauger entstauben. Fettflecken mit Feinwaschmittelschaum abwischen.

**!** Das Leder darf nicht nass werden! Nach dem Trocknen die Stelle mit einer Gummibürste wieder aufrauen.

### Tipps
- *Flecken von Flüssigkeiten* auf Ledermöbeln sofort mit einem saugfähigen Tuch oder Papier aufsaugen.
- *Fettflecken* müssen nicht behandelt werden. Das Fett dringt in das Leder ein.
- *Rauleder* wird mit dem Staubsauger abgesaugt.
- *Flecken auf Rauleder* werden mit Feinwaschmittelschaum abgewischt, ohne das Leder zu befeuchten. Nach dem Trocknen die Stellen vorsichtig aufrauen.
- *Kunstleder* wird mit verdünntem Neutralreiniger abgewischt. Bei hartnäckigen Flecken kann Neutralreiniger pur aufgetragen werden. Mit klarem Wasser nachbehandeln, damit keine Fleckenränder bleiben, und gut trocknen.

Leder

### Zur Pflege

von Ledermöbeln aus Glattleder mischt man 150 ml Wasser mit 150 ml Milch und rührt ein Eiweiß unter. Mit Hilfe eines Schwamms wird die Mischung dünn aufgetragen und poliert. Nach dem Trocknen kann man das Leder mit einer weichen Bürste nachbehandeln.

## Reinigung verschiedener Materialien

### BEKLEIDUNG

*Beispiel:* Lederjacke
*Mittel:* weiches Tuch oder Gummibürste, eventuell Feinwaschmittel
*Reinigung/Pflege: Glattleder* mit nebelfeuchtem Tuch abwischen und gegebenenfalls mit Feinwaschmittelschaum abreiben. *Rauleder* mit einer Gummibürste entstauben. Flecken in der Reinigung entfernen lassen. Sie dringen zu tief in das Leder ein.

*Beispiel:* Handschuhe
*Mittel:* Feinwaschmittel, Glycerin
*Reinigung/Pflege:* Den Handschuh anziehen, mit Feinwaschmittellösung von 30 °C unter Händereiben waschen und anschließend in klarem Wasser spülen. Glyzerin ins letzte Wasser geben und darin auswaschen.
Durch Massieren werden die Handschuhe nach dem Trocknen wieder geschmeidig.

### LEDERWAREN

*Beispiel:* Koffer, Taschen
*Mittel:* weiches Tuch, Emulsion (enthält Wachs, Lösungsmittel, Wasser, Silikon und hält das Leder geschmeidig)
*Reinigung/Pflege:* Innentaschen leeren und von innen entstauben. Anschließend das Leder dünn mit der Emulsion einreiben, einwirken lassen und polieren.

### SCHUHE

*Beispiel:* Nappaleder, Lackleder, Rindbox oder Mastbox (Glattleder)
*Mittel:* Schuhcreme, Bürste, eventuell Imprägniermittel
*Reinigung/Pflege:* Den groben Schmutz durch Bürsten entfernen oder feucht abwischen. Das Pflegemittel gleichmäßig hauchdünn auf den trockenen Schuh auftragen und einwirken lassen. Anschließend polieren und nach Bedarf zusätzlich imprägnieren.

*Beispiel:* Wildleder, Nubukleder, Veloursleder (Rauleder)
*Mittel:* Gummibürste, feines Schmirgelpapier, Aerosolprodukt (wachs- und fettfreie Substanzen, die wasser- und fettabweisend wirken)
*Reinigung/Pflege:* Den Schuh mit einer Gummibürste entstauben und glänzende Stellen mit Schmirgelpapier aufrauen. Anschließend mit einem Aerosolprodukt auffrischen und imprägnieren.

*Beispiel:* Kunststoffbeschichtung (Kunstleder)
*Mittel:* Reinigungslösung, Spezialmittel
*Reinigung/Pflege:* Die Schuhe mit tensidhaltiger Reinigungslösung abwischen und von Zeit zu Zeit mit einem Spezialmittel behandeln.

### Tipps

- *Lederschuhe* täglich reinigen. Bei Benutzung von farbigen Cremes Lappen und Bürsten getrennt benutzen.
- Schnürsenkel *vor dem Reinigen* entfernen, die Zunge gut mitreinigen.
- *Nasse Schuhe* mit Papier ausstopfen, damit die Form erhalten bleibt und der Schuh von innen trocknet.
- Leder nur *an der Luft* trocknen.
- *Schuhe* zum Trocknen nicht unter die Heizung stellen.
- Bei Schnee oder Tauwetter die Schuhe sofort nass abreiben, damit das Salz nicht trocknen kann. So werden *Schneeränder* vermieden.
- Schuhe vor dem ersten Benutzen *imprägnieren.*
- Schuhe nach dem Benutzen auf *Schuhspanner* ziehen.
- Schuhe immer *im Schrank aufbewahren.* So verstauben sie nicht und das Leder kann atmen.

Leder

*Reinigung verschiedener Materialien*

Haushalts- und Elektrogeräte erleichtern uns die tägliche Arbeit. Damit Sie weiterhin optimal einsatzbereit bleiben, bedürfen auch sie der gründlichen Reinigung. Wie das geht, das lesen Sie hier.

# Die halten jeder Inventarprüfung stand. So werden Ihre Haushaltsgeräte gereinigt.

## KLEINE ELEKTROGERÄTE IM KÜCHENBEREICH

### Eierkocher

- Netzstecker ziehen und Eierkocher abkühlen lassen.
- Stecker und Schnur feucht abwischen und trocknen.
- Kochschale abwischen und trocknen. Kalkrückstände mit einer Lösung aus Wasser und verdünntem Essig oder mit einem handelsüblichen Entkalkungsmittel behandeln.
- Mit klarem Wasser nachkochen und anschließend abtrocknen.
- Rillen eventuell mit Wattestäbchen oder Zahnstocher reinigen.
- Den Eierkocher nie ins Wasser tauchen!
- Gehäuse feucht abwischen und abtrocknen.
- Deckel und Eiereinsatz spülen und abtrocknen. Nicht in der Spülmaschine reinigen.
- Eiereinsatz bei Kalkansatz mit Essigwasser reinigen und nachspülen.

### Handrührgerät

- Das Gerät ausschalten und den Stecker ziehen, um Unfällen vorzubeugen.
- Schneebesen oder Knethaken aus dem Gerät lösen und in Reinigungsmittellösung spülen, klar nachspülen und abtrocknen.
- Kontaktstelle mit trockenem Wattestäbchen oder Holzspieß reinigen.
- Gehäuse nur mit feuchtem Tuch abwischen (nie unter fließendes Wasser halten) und abtrocknen.
- Keine aggressiven Reinigungsmittel verwenden. Sie können eine Verfärbung des Gehäuses bewirken.
- Stecker und Kabel feucht abwischen.
- Hartnäckige Verschmutzungen mit Schwamm, Essig und Salz oder Spülmittel (je nach Grad der Verschmutzung auch pur auf den Schwamm geben) behandeln.
- Vertiefungen, Rillen, Lüftungs-

Härtefall –

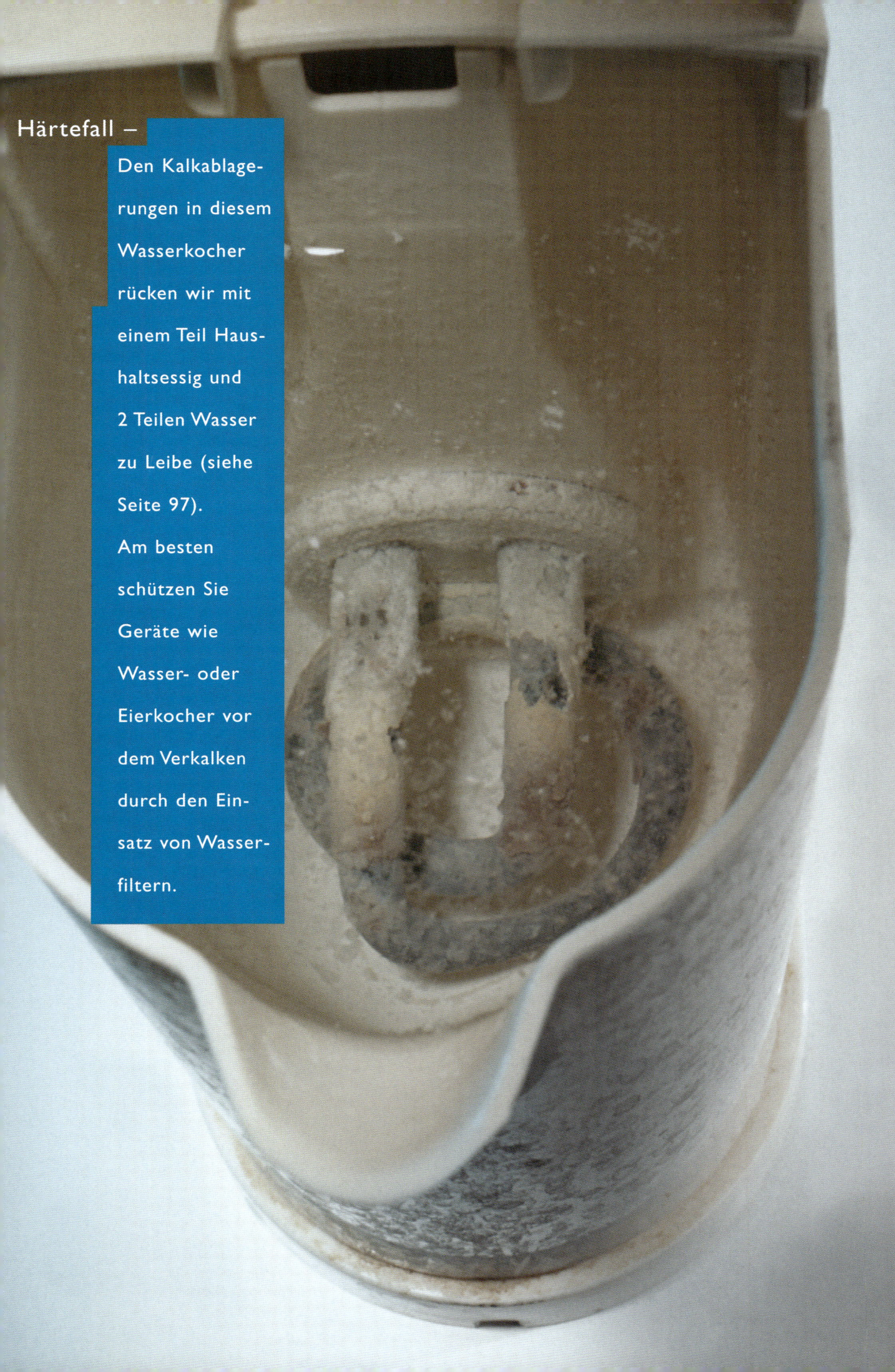

Den Kalkablagerungen in diesem Wasserkocher rücken wir mit einem Teil Haushaltsessig und 2 Teilen Wasser zu Leibe (siehe Seite 97). Am besten schützen Sie Geräte wie Wasser- oder Eierkocher vor dem Verkalken durch den Einsatz von Wasserfiltern.

Haushaltsgeräte

# Reinigung verschiedener Materialien

schlitze mit trockenem Wattestäbchen und Zahnstocher reinigen.
- Halterung feucht abwischen und gut trocknen.

## Kaffeemaschine

- Netzstecker ziehen, das Gerät muss ausgeschaltet sein.
- Kaffeekanne und alle losen Kunststoffteile gründlich spülen.
- Kalkflecken mit etwas Essig entfernen, nachspülen und gut trocknen.
- Wasserbehälter mit klarem Wasser ausspülen.
- Ecken und Kanten mit Zahnstocher oder Wattestäbchen reinigen.
- Edelstahlplatte abwischen. Bei stärkerer Verschmutzung mit Edelstahlreinigungsmittel oder Edelstahlpflegemittel behandeln.
- Mit klarem Wasser nachspülen und gut trocknen.
- Gehäuse von außen, Kabel und Stecker mit Spülmittel feucht reinigen. Alternativ mit einer Lösung aus Essig und Salz abwischen, klar nachwischen und gut trocknen.
- Kaffeekanne und Kunststoffteile einsetzen.

### Entkalken

- Nach Angaben des Herstellers Entkalkungsmittel verwenden. Statt Spezialmittel kann auch eine Lösung aus Wasser und Essig in den Wasserbehälter geschüttet werden. Die Glaskanne wird dazu auf die Wärmeplatte der Maschine gestellt. Aber Vorsicht: Kein Entkalkerwasser auf die Wärmeplatte tropfen lassen. Das greift die Wärmeplatte an.
- Einen Teil der Lösung durchlaufen lassen und die Maschine zwischendurch abschalten – zum Einweichen.
- Nach etwa 30 min kann der Rest der Lösung durchlaufen. Die Wasserlösung wird anschließend weggegossen.
- Dann füllt man den Behälter noch zwei- bis dreimal und lässt Wasser durchlaufen. Beim ersten Durchlauf 1 Teelöffel Salz hinzufügen, um eine Geschmacksbeeinträchtigung zu vermeiden.
- Zum Entkalken lässt sich auch Weinsteinsäure verwenden.

> **Elektrogeräte richtig behandeln**
> - Trocknen Sie Elektrogeräte unbedingt immer gründlich ab. Ansonsten besteht Stromschlaggefahr!
> - Zur Reinigung der Kunststoffflächen keine Scheuermittel und aggressiven Reiniger benutzen. Das greift die Oberfläche zu sehr an.
> - Verfärbungen des Kunststoffgehäuses (durch Karotten, Tomaten etc.) können Sie mit etwas Öl entfernen.

## Küchenmaschine

- Netzstecker ziehen, das Gerät muss ausgeschaltet sein.
- Küchenmaschine und alle Zubehörteile nach Angaben des Herstellers reinigungsgerecht zerlegen.
- Motorblock und Getriebeteile nur mit feuchtem Tuch abreiben und trocknen. Nie ins Wasser legen!
- Stark verschmutzte Stücke in Spülmittellösung einweichen, außer Messer und scharfkantige Teile.
- Stecker und Schnur mit feuchtem Tuch reinigen und trocknen.
- Vertiefungen, Rillen und Kontaktstellen mit trockenem Watte- oder Holzstäbchen behandeln.
- Flecken mit Spülmittel oder Salz und Essig entfernen.
- Farbspuren von Karotten und Tomaten mit etwas Öl abwischen, feucht nachwischen und trocknen.
- Rührschüssel, Rühr- und Knethaken können in der Spülmaschine gereinigt werden.
- Küchenmaschine nur im völlig trockenen Zustand wieder zusammenbauen.
- Küchenmaschine und Zubehörteile luftig aufbewahren, damit Restfeuchte entweicht.
- Keine scharfen und groben Reinigungsmittel verwenden.

## Stabmixer

- Netzstecker ziehen und den Mixstab vom Motorteil lösen.
- Mixstab unter fließendem, heißem Wasser sofort reinigen und abtrocknen (einige Mixstäbe lassen sich auch einfach in die Spülmaschine stecken; Gebrauchsanweisung beachten!). Achten Sie darauf, dass dabei kein Wasser in die obere Öffnung des Mixstabes gelangt.
- Lassen Sie den Mixstab nicht irgendwo liegen – das Messer ist sehr scharf.
- Motorteil nur mit feuchtem Tuch reinigen. Nicht ins Wasser tauchen!
- Stecker und Schnur ebenfalls mit feuchtem Tuch reinigen und anschließend trocknen.
- Bei Verfärbungen des Kunststoffgehäuses können Spuren von Karotten oder Tomaten mit etwas Öl entfernt werden. Mit einem feuchten Tuch mit Spülmittellösung abwischen und gut trocknen.

- Zur Reinigung keine Scheuermittel oder aggressiven Mittel benutzen. Das greift den Kunststoff an.
- Mixstab erst nach vollständiger Trocknung wieder anbringen.

### Toaster

- Netzstecker ziehen. Der Toaster muss abgeschaltet sein.
- Toaster mit den Öffnungen nach unten über einem Abfalleimer ausschütten, um die Krümel zu entfernen.
- Zur gründlichen Reinigung mit Hilfe eines Schraubendrehers die Bodenklappe ablösen. Falls vorhanden, Krümellade herausziehen und reinigen.
- Toastergehäuse, Stecker und Kabel mit feuchtem Tuch, eventuell mit Reinigungsmittel, abwischen, klar nachwischen und gut trocknen.
- Flecken mit Salz und Essig entfernen. Je nach Material kann notfalls ein flüssiges Scheuermittel genommen werden.
- Ecken und Kanten mit Zahnstocher oder Wattestäbchen säubern.
- Mit klarem Wasser nachwischen und trocknen.
- Brötchenaufsatz wie Toastergehäuse säubern, klar nachwischen und trocknen.
- Wichtig bei Elektrogeräten:
    ! Immer gut trocknen
    • (Stromschlag-Gefahr)

### Wasserkocher

- Netzstecker ziehen.
- Die äußere Oberfläche mit einem weichen Tuch oder Schwamm reinigen. Hartnäckige Verschmutzungen werden mit einem feuchten Tuch und einem milden Reinigungsmittel entfernt. Verwenden Sie keine aggressiven und groben Reinigungsmittel.
- Das Gerät nicht ins Wasser tauchen!
- Entkalken Sie das Gefäß bei Kalkablagerungen an der Gefäßwand. Den Wasserkocher dafür bis zum Maximalrand mit einer Mischung aus einem Teil Haushaltsessig und 2 Teilen Wasser füllen.
- Das Gerät einschalten und zum Kochen bringen.
- Das Gerät einige Zeit stehen lassen, damit der Kalk sich löst.
- Noch einmal mit Wasser bis zur Maximalhöhe füllen und zum Kochen bringen.
- Mit klarem Wasser ausspülen und trocknen.

## GROSSE ELEKTROGERÄTE IM KÜCHENBEREICH

### Backofen

- Notwendige Arbeitsmittel und Geräte sind: Eimer, Neutralreiniger, Scheuermittel flüssig, verseifte Stahlwolle, eventuell Backofenreiniger, Putztuch, Trockentuch, Bodenputztuch, Holzspieß.
- Zubehörteile, nach Möglichkeit auch Tür und Backwagen, herausnehmen und materialgerecht reinigen (eventuell mit Edelstahlpflege).
- Mit klarem Wasser nachspülen und trocknen.
- Hartnäckige Flecken mit flüssigem Scheuermittel entfernen.
- Eingebrannte Stellen unter Umständen mit Spezialbackofenreiniger behandeln
    🌳 (der Umwelt zu Liebe so selten wie möglich; Gebrauchsanweisung beachten!).
- Backofentür innen und mit Rahmen reinigen, klar nachwischen und trocknen (Dichtungsgummi nicht vergessen!).
- Frontseite, Türaußenseite und Außenwände mit Spülmittellösung oder Neutralreiniger abwaschen, klar nachwischen und trocknen.
- Backofentür und Backwagen gegebenenfalls einsetzen, ebenso die Zubehörteile.

*Backofen mit katalytischer Reinigungshilfe* (durch Spezialemaillierung)

Bereits während des Backens oder Bratens werden Fettverschmutzungen vom Ofen selbst weitgehend zersetzt. Bei größeren Verschmutzungen ist die Reinigungswirkung aber weniger stark, besonders bei zucker- oder säurehaltigen (z. B. von Obstkuchen). Die Flächen dürfen dann nicht mit Reinigungsmitteln behandelt werden. Benutzen Sie zur Reinigung weder scharfe noch kratzende Mittel (Scheuermittel, harte Schwämme).
Und erst recht keine Ofensprays! Denn die backofeneigene Reinigungskraft nimmt dann ab. Daher beim Kauf des Ofens schon auf die Möglichkeit achten, dass die beschichteten Flächen ausgetauscht werden können.

*Backofen mit pyrolytischer Selbstreinigung*

Hier werden die Verschmutzungen in einem eigenen Reinigungsgang durch Hitze zersetzt. Das Programm läuft automatisch ab (Gebrauchsanweisung beachten!) und dauert je nach Verschmutzung bis zu drei Stunden.

# Reinigung verschiedener Materialien

Anschließend kann der ascheähnliche Rückstand mit einem feuchten Tuch entfernt werden. Zwar sind derartige Backöfen teurer in der Anschaffung, aber man spart Zeit und jede Menge Spezialmittel zur Reinigung.

### Tipps

- Im Gegensatz zu Backöfen mit Ober- und Unterhitze herrscht im gesamten Umluftofen die gleiche Temperatur, sodass Sie gleichzeitig und gleichmäßig auf mehreren Etagen braten oder backen können. Das spart Zeit und Energie!
- *Grobe Verschmutzungen* im Backofen lassen sich vermeiden, wenn das Braten im geschlossenen Gefäß erfolgt.
- Statt Deckel kann man *Alufolie* benutzen.
- *Obstkuchen* vom Blech kann in der Fettpfanne gebacken werden. So läuft kein Fruchtsaft heraus.

### Elektroherd

- Arbeitsmittel und -geräte bereitstellen: Eimer, Neutralreiniger, Edelstahlreinigungs- und -pflegemittel, Kochplattenreinigungs- und -pflegemittel, verseifte Stahlwolle, Putztuch, Trockentuch, Küchenkrepp, Holzspieß.
- Alle Schalter auf Null stellen und überprüfen, dass die Platten nicht heiß sind.
- Falls vorhanden: Herdabdeckung mit Reinigungsmittellösung sauber wischen. Nicht mit Stahlwolle reinigen, da sonst Kratzer entstehen! Anschließend mit heißem, klarem Wasser nachwischen und trocknen. Eventuell gründlich polieren.
- Rand der Kochstellen mit Stahlwolle bearbeiten.
- Eventuell mit Holzspieß, Tuch und Edelstahlpflege reinigen.
- Kochplatte mit Regler nur feucht abwischen und mit Küchenkrepp trocknen, um Rostgefahr zu vermeiden.
- Ab und zu Herdplatten mit Spezialmittel behandeln. Dabei das Mittel in kreisförmigen Bewegungen auftragen (Rillen der Kochplatte!) und mit Küchenkrepp abreiben, um überflüssiges Pflegemittel zu entfernen und Flecken zu vermeiden.
- Herd außen abwischen, mit klarem Wasser nachwischen und gut trocknen. Ebenso mit Schalterblende, Tür und Rahmen verfahren.

#### Kochfelder aus Glaskeramik

- Zur einfachen Reinigung mit warmem Spülmittelwasser abwischen und trocknen. Zur gründlichen Reinigung werden Spezialmittel angeboten, die zusätzlich pflegen und schützen und mit Spezialschwämmchen aufgetragen werden können.
- Sind zuckerhaltige Speisen übergekocht, sollte die Verschmutzung mit einem speziellen Edelstahlschaber für Glaskeramikfelder im noch heißen Zustand entfernt werden.

### Tipps

- *Gusseiserne Platten* vor Rost schützen. Decken Sie feuchte Platten nicht ab, bevor sie nicht ganz ausgetrocknet sind. **Keine feuchten Deckel ablegen.**
- Statt Spezialmittel lassen sich die Platten mit *Vaseline* einreiben.
- Der *Edelstahlrand* kann mit einem Topfkratzer aus Edelstahl abgerieben werden.
- *Edelstahl-Kochmulden* sind besser zu reinigen, wenn sie ganz kalt sind.
- Zur Reinigung kann statt Scheuermittel oder Edelstahlreiniger auch Essig genommen werden.
- Mit einem Edelstahlschwamm und etwas Spülmittel lassen sich *Kochfelder aus Glaskeramik* mühelos reinigen. Klar nachwischen und trocknen.

### Gasherd und -backofen

- Gashaupthahn schließen, um Brandgefahr und Vergiftungsgefahr auszuschalten.
- Rippenplatte und Brenner abnehmen und in Spülmittellösung einweichen.
- Inzwischen Kochmulde reinigen und trocknen.
- Rippenplatte und Brenner reinigen, klar nachspülen, gut trocknen und wieder aufsetzen.
- Im Backofen alle fünf Innenseiten mit Spülmittellösung reinigen, klar nachwischen und trocknen.
- Frontseite, Schalter und Schaltertafel, Türaußenseite und Seitenaußenwände mit Spülmittellösung behandeln. Rillen und Ecken eventuell mit einem Holzspieß säubern.

### Tipps

- Vorteil von Gasherden: Bereits unmittelbar nach dem Zünden steht die Gaswärme, die sich stufenlos regulieren lässt, zur Verfügung. So entstehen keine Energieverluste durch Vor- bzw. Nachheizen.
- Beim Arbeiten am Gasherd unbedingt auf Frischluftzufuhr achten.

## Haushaltsgeräte

- Regelmäßige Reinigung vermeidet den Einsatz scharfer Mittel.

### Geschirrspülmaschine

- Arbeitsmittel und Geräte bereitstellen: Eimer, Neutralreiniger, flüssiges Scheuermittel, Spülmittel, Salz und Essig, Putztuch, Trockentuch, Spülbürste, Holzspieß, Wattestäbchen, Pinzette, Bodenputztuch, Abfalleimer.
- Wasserzulauf abstellen und Stromkontakt unterbrechen.
- Eimer mit heißem Wasser und Spülmittel oder Neutralreiniger vorbereiten.
- Geschirrkörbe herausnehmen und in der Spüle reinigen.
- Den Speiserestegrobfilter und den Feinfilter herausnehmen, über dem Abfalleimer mit der Spülbürste den groben Schmutz entfernen, in der Spüle reinigen und klar spülen, um die Spülmittelreste zu entfernen (es könnte später zu stark schäumen).
- Sprühöffnungen mit Holzspieß und Pinzette von Fremdkörpern reinigen.
- Kalkränder mit Essig und Salz entfernen.
- Innenraum der Spülmaschine auswischen.
- Dichtungsgummi, Türrahmen und die Tür innen reinigen.
- Kabel und Stecker mit feuchtem Tuch reinigen, anschließend trocknen.
- Außenflächen der Spülmaschine und Schalter reinigen und trocknen.
- Flecken mit Neutralreiniger entfernen, eventuell flüssiges Scheuermittel verwenden. Dann aber darauf achten, dass keine Kratzer entstehen.
- Ritzen, Kanten und Ecken eventuell mit Holzspieß oder Wattestäbchen behandeln.
- Die gereinigten Teile mit klarem Wasser nachspülen und trocknen. Die beiden Filter wieder einsetzen.
- Bei Bedarf Regeneriersalz und Klarspüler nachfüllen.
- Geschirrkörbe einsetzen.
- Kalkansatz an Heizspiralen bei Bedarf entfernen, nur feucht reinigen.
- Eventuell einen Spülgang mit Kalklöser durchführen, um die Heizspiralen zu schonen, denn Kalkansatz zerstört auf Dauer die Spiralen (Herstellerangaben beachten).
- Achten Sie darauf, dass das Typenschild beim Reinigen nicht beschädigt wird. Es ist wichtig für den Kundendienst.
- Stromkontakt und Wasserzulauf erst beim nächsten Gebrauch herstellen.

### Tipps

- Leichtes, empfindliches Geschirr am besten oben in den Korb stellen, schweres und stark verschmutztes unten einräumen, um ein *gutes Spülergebnis* zu erzielen.
- Räumen Sie das Geschirr *direkt nach Gebrauch in die Maschine* ein. So sieht Ihre Küche im Nu wieder ordentlich und aufgeräumt aus.
- Einige Geschirrspüler sind mit eigenen *Sparprogrammen* ausgerüstet. Setzen Sie diese so häufig wie möglich ein (für nicht stark verschmutztes Geschirr), das schont nicht nur die Umwelt.
- Geben Sie *Bestecke* ungeordnet in die Besteckkörbe, damit die Spülflüssigkeit alle Teile erreichen kann. Bei Tellern ebenso verfahren: Im Wechsel große und kleine hintereinander ordnen.
- Kontrollieren Sie regelmäßig *Klarspüler und Regeneriersalz*. Sind diese nicht passend dosiert, kann es zu mangelhaften Spülergebnissen kommen.

### Kühlschrank

- Arbeitsmittel und Geräte bereitstellen: Spültuch, Trockentuch, Putzlappen, Behälter für Eis, Auffangschale, Teigkarte, Spüle mit heißem Wasser, Spülmittel, Essig.
- Platz für den Inhalt des Kühlschranks schaffen: Tisch, Wagen, Tabletts, Körbe.
- Gerät ausschalten und wenn möglich Stromkontakt unterbrechen.
- Inhalt des Tiefkühlfachs vor dem Auftauen sichern: eventuell in Tiefkühltruhe umlagern oder in Zeitungspapier verpacken. Unterstützen Sie die Kühlung mit Kühlelementen.
- Fächeraufteilung entnehmen und zum Reinigen in die Spüle bringen.
- Kühlschrank mit Gefrierfach abtauen. Das geht schneller, wenn man für einige Minuten eine Schüssel mit heißem Wasser in den Kühlschrank stellt. Das gelöste Eis lässt sich dann leicht mit einer Teigkarte (alternativ: Eiskratzer) entfernen.

❗ Keine spitzen Gegenstände verwenden!

- Gefrierfach mit Spülmittel reinigen und mit Essigwasser nachwischen. So vermeidet man Verunreinigungen, Geruch und Bakterien.
- Mit einem Trockentuch gründlich nachtrocknen, um Reifbildung zu vermeiden.

## Reinigung verschiedener Materialien

- Kühlschrankinneres zuerst mit Spülmittelwasser und anschließend mit Essigwasser reinigen, klar nachspülen und trockenwischen.
- Kühlschrank offen lassen, damit die Restfeuchte entweichen kann.
- Fächereinteilung im Spülbecken reinigen, nachwischen und trocknen.
- Einteilung wieder einsetzen, Lebensmittel überprüfen und eventuell feucht abwischen oder neu verpacken. Geschmacksübertragung und Austrocknen der Lebensmittel lässt sich durch ordnungsgemäßes Verpacken weitgehend vermeiden (verhindert den Zerfall von Speisefetten). Auch der Reifansatz wird dadurch vermindert.
- Lebensmittel neu einordnen. Das ermöglicht eine bessere Übersicht, sachgemäße Lagerung und verringert die Öffnungszeit.
- Der Kühlschrank wird geschlossen und von außen feucht abgewischt und trocken gerieben, um Streifenbildung zu vermeiden.
- Das Gerät einschalten. Das Licht im Kühlschrankinneren sollte brennen und das Geräusch des Motors muss hörbar sein.

### Tipps
- *Warme Speisen* nicht direkt in den Kühlschrank stellen, sondern erst abkühlen lassen (Energieverlust).
- Nutzen Sie die verschiedenen *Zonen im Kühlschrank.* Besonders empfindliche Lebensmittel und solche, die nicht verpackt sind, in der Frischhaltezone bei 8-14 °C (Schublade unten) lagern. Die kühlste Zone liegt unmittelbar unter dem Verdampfer (oben).
- Beim *Aufstellen des Kühlschranks* auf die Umgebungstemperatur achten. Der Kühlschrank neben dem Herd verbraucht mehr Energie.
- Da *Motor und Kondensator* auf die Dauer verstauben, sollten sie mindestens einmal im Jahr mit einem Pinsel, Handfeger oder Staubsauger gereinigt werden. Das verlängert die Lebensdauer.
- *Kühlschrankgerüche* werden absorbiert, wenn man Natron auf einer Untertasse in den Kühlschrank stellt.
- *Gummidichtung* regelmäßig einpudern, damit sie geschmeidig bleibt.

### Mikrowellengerät
- Arbeitsmittel und Geräte bereitstellen: Eimer, Spülmittel, Scheuermittel flüssig, verseifte Stahlwolle, Spültuch, Putztuch, Trockentuch, eventuell Holzspieß.
- Gerät ausschalten und Stecker ziehen.
- Glasplatte herausnehmen, gründlich spülen und abtrocknen.
- Im Mikrowellengerät alle fünf Innenseiten und den Rahmen innen mit Spülmittellösung reinigen, klar nachwischen und trocknen.
- Soll der Innenraum besonders gründlich gereinigt werden (Verkrustungen), können Sie ein flüssiges Scheuermittel oder verseifte Stahlwolle zu Hilfe nehmen. Gut klar nachwischen und trocknen.
- Tür von außen, Außenwände, Stecker und Kabel mit Spülmittellösung feucht abwischen, mit klarem Wasser nachwischen und trocknen.
- Glasplatte wieder einsetzen.

### Tipps
- Alufolie und Metallgegenstände besser nicht in der Mikrowelle verwenden. Berühren sie die Garraum-Wände, kann es zu Funkenbildung kommen. Glas und Porzellan sind neben speziellem Mikrowellengeschirr am besten geeignet.
- Tauschen Sie, falls vorhanden, nach starker Verschmutzung den Luftfilter aus.

### Tiefkühltruhe, Tiefkühlschrank
- Alle drei bis vier Monate sollte die Reifschicht entfernt und das Gerät gereinigt werden.
- Einige Stunden vor der Reinigung den Inhalt noch einmal gut kühlen. Das Gefriergerät für vier bis fünf Stunden auf höchste Stufe stellen, um eine Kältereserve zu schaffen.
- Gerät abschalten und den Netzstecker ziehen.
- Stecker und Kabel mit feuchtem Tuch reinigen.
- Den Inhalt überprüfen und eventuell in Zeitungspapier gewickelt an einem kühlen Ort aufbewahren (Korb, Kiste). Legen Sie Kälteakkus auf das Gefriergut.
- Fächereinteilungen herausnehmen.
- Behälter mit heißem Wasser in das Gefriergerät stellen. Dann taut es schneller.
- Fächereinteilungen mit Spülmittellösung reinigen, eventuell mit Salz und Essig, gründlich nachspülen und gut trocknen.
- Sobald sich das Eis (Reifschicht)

lösen lässt, das Gefäß herausnehmen.
- Gefriergerät mit Teigkarte und/oder Eiskratzer vom Eis befreien.
- Keine Metallgegenstände zum Entfernen des Eises benutzen, um die Wände nicht zu beschädigen.
- Tauwasserablaufsteg herausklappen und ein Gefäß darunterstellen, um das Wasser aufzufangen.
- Zum Abtauen keine Abtausprays verwenden.
- Flecken können mit Salz und Essig entfernt werden. Gut nachwischen.
- Unter Umständen Ecken und Kanten mit Holzspieß bzw. Wattestäbchen oder Spülbürste reinigen.
- Mit klarem Wasser nachwischen und gut trocknen, um eine erneute Reifschicht zu vermeiden.
- Flächeneinteilungen wieder einschieben.
- Die Außenflächen des Gerätes samt Tür reinigen, klar wischen und trocknen.
- Gefriergut ordnungsgemäß wieder einlagern.
- Stromkontakt herstellen, einschalten und die Funktion des Gerätes überprüfen.
- Der Dichtungsgummi sollte immer sauber und trocken sein. Er bleibt länger geschmeidig, wenn er gelegentlich eingepudert wird.
- Zur Desinfektion das Innere des Gerätes, Tür, Türrahmen und Dichtungsgummi mit Essigwasser reinigen.

## Tipps

- Bei Tiefkühltruhen die *Deckeldichtung* nicht mit Öl oder Fett in Berührung bringen.
- *Sorgfältiges Einräumen* und Ordnung im Gerät (Kennzeichnung des Inhalts) verkürzt die Öffnungszeit.
- Lebensmittel sollten immer *fachgerecht eingefroren* werden. Nur Material verwenden, das zum Tiefkühlen geeignet ist. Kurzzeitiges Öffnen vermindert die Reifbildung.
- Am Tag der Reinigung sollten keine frischen *Lebensmittel* eingelagert werden.
- Gefriergeräte am besten in kühler Umgebung aufstellen. Beim *Aufstellen* in der Küche (Wohnung) nicht in unmittelbarer Nähe von Heizung, Herd, Spülmaschine, Waschmaschine aufstellen, um unnötigen Energieverbrauch zu vermeiden. Haben Sie keinen anderen Platz zur Verfügung, können die Zwischenräume durch Einlegen von Füllstoffen isoliert werden.
- Bei *Störungen* das Gerät geschlossen halten. Die Temperatur im Inneren nimmt pro Stunde 0,5 °C zu, wenn die Tür nicht geöffnet wird.
- Gefriergeräte, die in einem gut belüfteten und kühlen Raum stehen, sparen Energie.
- Achten Sie darauf, dass die frischen Lebensmittel, die eingefroren werden, nicht das Verhältnis 5 kg zu 100 l Nutzinhalt übersteigen. So wird ein *Ansteigen der Temperatur* in den bereits eingelagerten Lebensmitteln vermieden und die Qualität bleibt erhalten.
- Tiefkühllebensmittel *im Kühlschrank auftauen* lassen.

## ELEKTROGERÄTE IM WÄSCHEPFLEGEBEREICH

### Bügeleisen

- Arbeitsmittel und Geräte bereitstellen: Wanne oder Eimer mit heißem Wasser, Neutralreiniger, verseifte Stahlwolle, Salz und Essig, Holzspieß, Wattestäbchen, Putztuch, Trockentuch, Kunststoffunterlage.
- Netzstecker ziehen, Netzstecker und Kabel feucht wischen und abtrocknen. Textilkabel nur mit trockenem Tuch abreiben.
- Kunststoffteile mit Reinigerlösung feucht abwischen und klar nachwischen, trocknen.
- Flecken eventuell mit Salz und Essig entfernen.
- Verkrustungen auf der Bügelsohle mit verseifter Stahlwolle reinigen.
- Ecken und Kanten mit Holzspieß oder Wattestäbchen reinigen, gründlich nachwischen und gut trocknen.
- Kabel um die Halterung legen und unter Umständen mit einem Gummiband befestigen, damit es sich nicht aufrollt.

### Dampfbügeleisen

- Hier reinigen Sie ähnlich wie beim einfachen Bügeleisen.
- Bei verstopften Düsen einmal den vollen Tank durchdampfen lassen. Dabei das Bügeleisen so aufstellen, dass es waagerecht steht und der Dampf problemlos austreten kann.
- Die Bügelsohle nicht mit scharfen Gegenständen reinigen und vor Kratzern schützen.

**Haushaltsgeräte**

# Reinigung verschiedener Materialien

### Tipps
- Hat man einmal versehentlich *Kunstfasern zu heiß gebügelt*, lassen sich klebrige Reste an der Bügeleisensohle entfernen, indem man das heiße Eisen über ein grobes, feuchtes Tuch gleiten lässt.
- *Kalkreste* an der Bügeleisensohle lassen sich mit einem in Essig getränkten weichen Tuch entfernen: Sohle mehrmals damit abreiben.
- *Stärkerückstände* an der Bügelsohle lassen sich leicht mit einem feuchten Tuch entfernen, solange das Bügeleisen noch warm ist.
- Niemals Wasser in ein eingeschaltetes Bügeleisen geben – *Stromschlaggefahr!*
- *Bügelsohle* regelmäßig mit Schwamm und warmer Waschmittellauge reinigen; keine Scheuermittel verwenden!
- Tauschen Sie den *Bügelbrettbezug* aus, sobald er unansehnlich wird oder beginnt, sich aufzulösen. Bezüge gibt es separat in den verschiedensten Dessins zu kaufen.

## Waschmaschine

- Arbeitsmittel und Geräte bereitstellen: Bürste, Abfalleimer, Eimer, Neutralreiniger, Scheuermittel flüssig, Staubtuch, Putztuch, Trockentuch, Holzspieß, Wattestäbchen.
- Tür öffnen und Stromkontakt unterbrechen, Wasserzufuhr abstellen.
- Außenflächen der Maschine abstauben, eventuell Flusensieb herausnehmen und mit einer Bürste über dem Abfalleimer ausbürsten.
- Waschmaschinentrommel, Dichtungsringe, Bullauge, Tür innen, Einspülfach, Kabel, Stecker, Gehäuse von außen und Schalter reinigen.
- Flecken mit Neutralreiniger entfernen, eventuell Ritzen und Kanten, besonders das Einspülfach, mit Holzspieß und Wattestäbchen reinigen, alle gereinigten Teile mit klarem Wasser nachwischen und gründlich trocknen.
- Flusensieb einsetzen.
- Nach Beendigung der Reinigung die Tür offen stehen lassen, damit Restfeuchte entweicht und sich keine unangenehmen Gerüche bilden.

### Tipps
- Zum *Reinigen der Ritzen und Ecken* eignet sich auch eine alte Zahnbürste gut.
- Achten Sie darauf, dass aus dem Einspülfach alle Reste von Waschmitteln entfernt werden. *Feuchte Waschmittelreste* wirken aggressiv und zerstören die Materialoberfläche.
- *Waschmittelreste* auf dem Dichtungsring nach Gebrauch abwischen, sie greifen das Material an und der Ring wird undicht.
- Auch *Reste vom Neutralreiniger* sollten nicht in der Trommel bleiben. Das führt zu stärkerer Schaumbildung beim Waschen.
- *Wasserzulauf* nach dem Waschen immer abdrehen.
- *Wasserzulaufschlauch* (falls möglich) regelmäßig auf Schadstellen kontrollieren, um Wasserschäden zu vermeiden.

## Wäschetrockner

- Arbeitsmittel und Geräte vorbereiten: Eimer, Neutralreiniger, Scheuermittel flüssig, weiche Bürste, Putztuch, Trockentuch, Holzspieß, Wattestäbchen, Abfalleimer.
- Tür öffnen und Stromkontakt unterbrechen, Schalter auf Aus stellen.
- Außenflächen abstauben.
- Flusensieb herausnehmen und über dem Abfalleimer ausbürsten.
- Trommel, Dichtungsring, Bullauge, Tür von innen, Kabel, Stecker, Tür und Gehäuse von außen, Schalter und den Rahmen des Flusensiebs nacheinander feucht wischen, alles klar nachwischen und trocknen.
- Flecken mit Neutralreiniger (je nach Material) behandeln.
- Eventuell Ritzen und Ecken mit Holzspieß oder Wattestäbchen reinigen.
- Flusensieb einsetzen.
- Tür offen lassen, damit Restfeuchte entweicht.

### Tipps
- Nach dem *Trocknen von Stärkewäsche* sollte die Trommel mit einem weichen, feuchten Tuch ausgewischt werden.
- *Flusensieb* häufig leeren, damit keine Flusenablagerungen in den Innenraum des Gerätes gelangen und sich auf den Heizspiralen absetzen. Brandgefahr!
- *Kleine Teile* in einem luftigen Beutel trocknen. Man findet sie so leichter wieder und verhindert, dass sie in den Innenraum der Maschine gelangen.
- Kleine luftige Beutel kann man aus alten Gardinenstoffen selbst nähen.

## ELEKTROGERÄTE ZUR BODENPFLEGE

### Staubsauger

- Um die volle Funktionsfähigkeit des Staubsaugers zu erhalten, sollte der Staubbeutel regelmäßig entleert und gereinigt werden: Stoff- oder Papierfilter immer dann wechseln, wenn auf Grund der Füllmenge oder des Feinstaubs der Luftdurchzug behindert wird (Anzeige am Sauger beachten).
- Gehäuse öffnen, den Filterbeutel entnehmen und entsorgen. Bei Bedarf auch den Feinstaub-Ausblasfilter wechseln (Gebrauchsanweisung beachten!).
- Der Filterkorb lässt sich reinigen, indem Sie ihn ausbürsten und mit einem feuchten Tuch materialgerecht behandeln (Spülmittellösung oder Allzweckreiniger).
- Den Motorschutzfilter ausklopfen und/oder wechseln. Man kann ihn auch in Feinwaschmittellösung waschen, klar spülen und trocknen.
- Anschließend die Fußbodendüse reinigen. Die Düse dazu auseinander nehmen und die Staubpolster entfernen. Bei Bedarf den Fadenheber erneuern.
- Rohr und Schlauch auf Luftdurchgängigkeit prüfen. Entfernen Sie Hindernisse, die stecken geblieben sind.
- Gehäuse, Rohr, Griff und alle festen Teile mit Neutralreinigerlösung abwaschen, mit klarem Wasser nachwischen und trocknen. Sie können auch Kunststoffreiniger verwenden.
- Stecker und Schnur können mit einem feuchten Tuch gesäubert und anschließend getrocknet werden.
- Legen Sie einen neuen Filterbeutel ein und schließen Sie das Gehäuse.

### Tipps

- *Keine Scheuermittel* verwenden, denn sie können erhebliche Beschädigungen der Kunststoffoberfläche hervorrufen!
- Reinigen Sie von Zeit zu Zeit auch die Spezialdüsen bzw. -bürsten: auskämmen, in Feinwaschmittellösung waschen oder mit Kunststoffreiniger behandeln.
- Staubsauger sind meist mit einem Saugleistungswähler ausgestattet. So lässt sich bei schwach verschmutzten oder auf glatten Böden bei mittlerer Einstellung energiesparend saugen.

**Haushaltsgeräte**

Das Thema Textilien nimmt im Haushalt einen großen Raum ein. Gardinen, Tisch- und Bettwäsche sowie Ihre Kleidung wollen richtig gereinigt und gepflegt werden.
Das folgende Kapitel gibt Schritt für Schritt Anleitungen und Erklärungen zu den einzelnen Wascharten, Waschmitteln, zum Trocknen, Bügeln und der richtigen Pflege.

# REINIGUNG UND PFLEGE VON TEXTILIEN

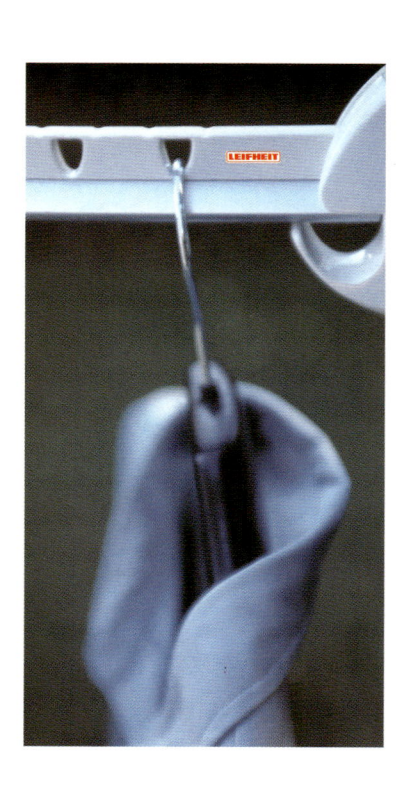

Auch hartnäckige Flecken brauchen Sie nicht mehr zu fürchten, denn wir zeigen Ihnen, wie man sie mühelos entfernt. Schmutzige Kinder- und Sportkleidung ist so bald kein Thema mehr. Dabei geben wir auch ein paar nützliche Umwelttipps, denn gerade Waschmittel und chemische Zusätze belasten die Umwelt sehr. Oft wirkt aber ein Hausmittel auf ganz natürlicher Basis wahre Wunder.
Und auch das lästige Bügeln geht mit der richtigen Technik plötzlich ganz einfach von der Hand. Mit der richtigen Trocken-Technik wird das Bügeln ein Kinderspiel oder entfällt ganz!

Reinigung und Pflege von Textilien

## Reinigung und Pflege von Textilien

Beim Wäsche waschen tauchen immer wieder Probleme auf: Der Lieblingspullover ist eingelaufen, die weiße Spitzenwäsche schimmert plötzlich rosa oder es wurde mal wieder ein Papiertaschentuch mitgewaschen. Keine Sorge. Wenn Sie dieses Kapitel gelesen haben, passiert das nur noch anderen!

# IMMER EINE WEISSE WESTE.
## So kann sich Ihre Wäsche sehen lassen.

**UNTERSCHIEDLICHE FASERARTEN ERFORDERN UNTERSCHIEDLICHE WASCHMETHODEN**

### Baumwolle

Die Faser ist nicht besonders empfindlich und hat Struktur. Wenn die Färbung es verträgt, kann man das Wäschestück bei der Handwäsche 20-30 min einweichen. Gewaschen werden darf so heiß wie möglich, denn warmes Wasser löst den Schmutz besser als kaltes Wasser. Man muss mit reichlich Wasser waschen und kann Feinwaschmittel oder Handwaschmittel benutzen. Nach Möglichkeit sollte Weichspüler vermieden werden. Bei der Handwäsche drückt man das Teil durch, bis die Wäsche sauber ist. Waschen Sie aber nicht länger als nötig, da die Farbstoffe auch in die Waschflüssigkeit (Flotte) übergehen. Die Farben wirken dann im Trockenzustand ausgewaschen. Auch in der Maschine wäscht Baumwolle sich problemlos. Das Wäschestück anschleudern, im Trockner, auf der Leine oder auf dem Bügel trocknen.

### Seide

Die Faser ist empfindlich gegen zu starke Mechanik, Hitze, Trockenheit beim Bügeln und Wassertropfen. Deshalb nur per Hand waschen. Sie darf nicht eingeweicht werden, wird in reichlich kaltem bis lauwarmem Wasser mit Feinwaschmittel gewaschen, das keine Enzyme enthalten darf (Gebrauchsanweisung wegen der Inhaltsstoffe des Waschmittels beachten!), vorsichtig, so kurz wie möglich durchgedrückt. Bei starker Verschmutzung sind zwei Waschbäder empfehlenswert. Dabei weder rubbeln, reiben oder wringen. Nach dem Waschen wird das Teil in ein Frottiertuch eingerollt und feucht gebügelt. Auf keinen Fall vor dem Bügeln (bei niedrigen Temperaturen) einsprengen, sonst bilden

### Wolle

Die Faser ist empfindlich gegen Hitze und Mechanik. Weichen Sie Textilien aus Wolle nicht ein. Gewaschen wird in reichlich kaltem bis lauwarmem Wasser. Bei verschmutzter Wäsche werden für den Handwaschgang zwei Waschbäder vorbereitet, denn eine zu intensive Waschflüssigkeit (Flotte) fördert das Verfilzen. Die Wollwaschmittel genau nach der Gebrauchsanweisung einsetzen, denn bei scharfem Mittel oder zu intensiver Waschmittellösung ist eine chemische Veränderung der Faser möglich. Die Flotte wird mit Fingerspitzengefühl vorsichtig durch das Gewebe gedrückt. Bei grober Mechanik verfilzt die Wolle, geht ein und verliert die Elastizität. Gewaschen wird so kurz wie möglich. Der Gegenstand wird in ein Frottiertuch eingerollt, um die Feuchtigkeit zu entfernen, eventuell auch kurz angeschleudert. Auf ein Frottiertuch legen und, in die richtigen Maße gezogen, trocknen lassen.

30 oder 40° C. Dazu sollten nur speziell empfohlene Flüssig- oder Feinwaschmittel verwendet werden, was auch für die Handwäsche gilt. Um alle Waschmittelreste zu entfernen empfiehlt es sich, einen zweiten Waschgang ohne Waschmittel durchzuführen. Auf keinen Fall Weichspüler verwenden. Bei starken Verschmutzungen kann mit geeigneten Mitteln vorbehandelt bzw. eingeweicht werden.

Nach dem Waschen empfiehlt sich eine Nachimprägnierung. Danach das Kleidungsstück nach Wunsch kurz anschleudern und entweder an der Luft oder bei geringer Trommelfüllung und niedriger Temperatur im Wäschetrockner antrocknen. Auf kleiner Stufe lassen sich Kleidungsstücke aus Goretex sogar bügeln.

Durch ein Trocknen im Wäschetrockner wird die wasserabweisende Wirkung wieder aufgefrischt. Textilien aus Microfasern können bei niedriger Temperatur gebügelt werden, und zwar am besten von der linken Gewebeseite.

### Synthetics und pflegeleichte Textilien

Synthetische Fasern sind empfindlich gegen Druck, Nässe und Hitze. Sie sind sehr glatt und trocknen daher schnell. Einweichen darf man nur bei besonders hohem Wasserstand (Gardinen) und bei guter Färbung der Faser. Gewaschen wird handwarm, das Spülwasser muss die gleiche Temperatur haben.

Auch um eine Knitterbildung zu vermeiden, ist viel Wasser nötig: Das Wäschestück sollte darin schwimmen. Benutzen Sie Feinwaschmittel oder Handwaschmittel, möglichst ohne Weichspüler. Bei der Handwäsche werden die Textilien leicht in der Waschflüssigkeit durchgedrückt. Es wird gewaschen, bis die Wäsche sauber ist, aber nicht länger. Wäschestücke tropfnass aufhängen oder in der Maschine kurz anschleudern. Wollähnliche Stücke besser liegend trocknen, damit sie sich nicht verziehen.

### Goretex

Diese so genannte Nässesperr-Membrane, bei der ein Wassertropfen etwa 20.000 Mal größer ist als eine ihrer Poren, lässt die Körperfeuchtigkeit zwar nach außen dringen, lässt jedoch kein (Regen-)Wasser nach innen. Im Allgemeinen erfolgt die Wäsche im Schonwaschgang, mit einer nur zu ²/₃ beladenen Trommel. Und zwar je nach Pflegesymbol bei

### Microfaser

Textilien aus Microfasern sollten nicht eingeweicht werden. Bei starker Verschmutzung oder Flecken lassen sich Schwerpunktverstärker einsetzen. Die Handwäsche erfolgt lauwarm in reichlich Wasser mit Spezial- oder Feinwaschmittellösung. In der Waschmaschine ist eine Behandlung bei niedrigen Temperaturen im Schonwaschgang möglich.

**Wäsche waschen**

# Reinigung und Pflege von Textilien

## VOR DEM WASCHEN

### Aufbewahren der Schmutzwäsche

Schmutzige Wäsche sollte nicht lange lagern, da eingetrocknete Verschmutzungen sich schlechter auswaschen lassen. Und außerdem lieben Bakterien den Schmutz. Ob Rattankorb oder durchlöcherte Edelstahltrommel: Luftdurchlässige Behälter eignen sich am besten, um gebrauchte Schmutzwäsche trocken, luftig (verhindert Stockflecken) und aus Gründen der Hygiene getrennt von der sauberen Wäsche aufzubewahren. Wird nach Waschverfahren sortiert gesammelt, so ermöglicht das den Überblick, ob die Menge für eine volle Beladung der Waschmaschine ausreicht. So genannte Wäschesammler gibt's zum Vorsortieren gleich mit mehreren Extra-Kammern zu kaufen.

Die schmutzigen Teile sollten locker in den Behältern liegen, um unnötige Knitterbildung zu vermeiden.

Wichtig: Säuglings-, Kranken- und Berufskleidung sollte man aus Gründen der Hygiene getrennt sammeln und waschen.

### Sortieren

Um zu vermeiden, dass sich der Reißverschluss nach der Wäsche nicht mehr schließen lässt oder das Gummibündchen vom Schlafanzug keinen Elan mehr hat, sollte man beim Sortieren der Wäsche gut aufpassen: Werden die Textilien materialgerecht gewaschen und gut vorbereitet, lassen sich Wäscheschäden schon im Vorhinein vermeiden. Die eingenähten Etiketten mit den internationalen Pflegekennzeichen und Angaben über die Faserbeschaffenheit sind dazu willkommene Helfer.

| Internationale Pflegesymbole für das Waschen von Textilien | | |
|---|---|---|
| | Temperatur- und Programmwahl | Textilien, Beispiele |
| Nicht waschen | | Evtl. festliche Kleidung |
| Handwäsche | Kalt bis 30 °C | Wolle, Seide |
| 30 °C-Wäsche pflegeleicht | 30 °C Schonprogramm | Weiße und farbige Feinwäsche aus Chemiefasern, Mischfasern, maschinengeeigneter Wolle und Seide |
| 30 °C-Wäsche | 30 °C-Wäsche Normalprogramm | Weiße und farbige Feinwäsche aus Chemiefasern und Mischfasern |
| 40 °C-Wäsche pflegeleicht | 40 °C-Wäsche Schonprogramm | |
| 40 °C-Wäsche | 40 °C-Wäsche Normalprogramm | Weiße und farbige Feinwäsche aus Naturfasern und Chemiefasern |
| 60 °C-Wäsche pflegeleicht | 60 °C-Wäsche Schonprogramm | Pflegeleichte Textilien (weiß und farbig) aus Baumwolle, Leinen, Chemiefasern und Mischfasern |
| 60 °C-Wäsche | 60 °C-Wäsche Normalprogramm | Farbige, normal verschmutzte, nichtkochbare Textilien aus Baumwolle, Leinen und Viskose |
| 95 °C-Wäsche pflegeleicht | 95 °C-Wäsche Schonprogramm | Veredelte Textilien aus Leinen und Baumwolle |
| 95 °C-Wäsche | 95 °C-Wäsche Normalprogramm | Weiße und bunte kochechte Textilien aus Leinen und Baumwolle |

Wäsche waschen

# Reinigung und Pflege von Textilien

Fehlen Pflegeetiketten, so wird nach Stoffart und Farbechtheit getrennt. Textilien aus Fasermischungen müssen nach den Pflegeeigenschaften der empfindlichsten Faser behandelt werden. Die Wäscheposten werden nach geeigneten Waschprogrammen zusammengestellt, denn die Textilfasern reagieren unterschiedlich auf Temperatur, Wasserstandshöhe, Beladung der Trommel und Trommelmechanik. Bei größeren Mengen anfallender Wäsche wird nach Textilarten gewaschen. Reine Posten Bettwäsche, Sportwäsche usw. erleichtern die Nacharbeiten.

*Vorsortieren lässt sich:*
- nach Farben (hell, dunkel)
- nach Textilarten (Bettwäsche, Blusen, Jeans …)
- nach Faserart (Baumwolle, Synthetics …)
- nach Pflegekennzeichnung und Waschverfahren (Normalprogramm, Schonwaschgang …)
- nach Verschmutzungsgrad (leicht, normal, stärker verschmutzt)

### Was heißt denn hier verschmutzt?

*leicht*
keine Flecken, Verschmutzung nicht deutlich erkennbar (Sportkleidung, Gästehandtuch)

*normal*
geringe Flecken, leichte Verschmutzung erkennbar (Geschirrtuch, Bettwäsche)

*stärker*
Flecken/Verschmutzung deutlich erkennbar (Fußballkleidung, Stoffservietten)

### Tipps
- Neue *farbige Wäsche* gesondert waschen, um die Farbüberschüsse zuerst zu entfernen.
- Jedes *neue pflegeleichte Kleidungsstück* vor Gebrauch waschen, um Reste von Formaldehyd, Farbstoffe, Haft- und Steifungsmittel oder Essigsäure (gegen Vergilben) zu entfernen.
- *Aufgekrempelte Ärmel,* umgeschlagene Hosenbeine und Strümpfe entrollen, damit sich keine unerwünschten Falten bilden und eine gute Durchflutung der Gewebe möglich wird.

### Vorbehandlung
Eine gründliche Vorbehandlung schützt vor Wäscheschäden und sorgt für prima Waschergebnisse.
- Beschädigte Wäschestücke grob ausbessern (sichern).
- Lange Bänder locker verschlaufen, damit sich die Wäschestücke nicht verknäulen und die Waschwirkung dadurch vermindert wird.
- Kissen- und Bettbezüge von der linken Seite waschen, bei Bettbezügen jeden zweiten Knopf schließen, damit sich kleinere Teile nicht im Bezug sammeln, Reißverschlüsse schließen.
- Cordhosen, Jeans und bedruckte Shirts werden nach links gezogen (vor allem alle weniger schmiegsamen Stücke), denn der Abrieb auf der linken Seite ist weniger sichtbar.
- Bei Gardinen das Bleiband entfernen, wenn es nicht fest eingenäht ist, denn ein schweres, rutschendes Bleiband verhindert die nötige Wäschebewegung.
- Gardinenröllchen aus Kunststoff, die fest eingenäht sind, können mitgewaschen werden.
- Sehr empfindliche und kleine Wäschestücke steckt man am besten in spezielle Wäschesäckchen, die es zu kaufen gibt.
- Nicht waschbare Wäschestücke bei Bedarf zur Reinigung bringen.

*Lieber nicht!*
- Überbeladen der Waschmaschine vermeiden. Es bilden sich Knitter, die schwer oder gar nicht zu beseitigen sind.
- Bei häufiger Unterdosierung der Waschmittellösung vergraut die Wäsche. Sie wird hart. Flecken werden nicht entfernt, was dann einen zweiten Waschgang erforderlich macht.
- Bei einer Überdosierung des Waschmittels wird die Umwelt stark belastet.

## DAS GEHT AM SCHNELLSTEN: AB IN DIE WASCHMASCHINE …

Bei den meisten Waschmaschinen können folgende Einstellungen vorgenommen werden: Waschprogramm, Wassertemperatur, Wasserstand (lässt sich teilweise verändern), Kurzprogramme, Spülstopp. Moderne Waschmaschinen sind inzwischen so ausgestattet, dass sie sich mit relativ wenig Wasser und Waschmittel zufrieden geben.

🌳 Einen besonders geringen Wasserverbrauch haben sowohl Geräte mit Oberwasser- und Jetsystem als auch Maschinen, die elektronisch die Wassereinlaufmenge steuern und die Wasserbewegung der Füllmenge anpassen.

Die Wassermenge richtet sich nach dem jeweiligen Programm: Je höher die Wassermenge, desto schonender wird gewaschen, denn die Bewegung der Wäsche erfolgt besonders sanft. Im Wollwaschgang beispielsweise ist die Wassermenge doppelt so groß wie im Normalprogramm.

Das Einspülen der Waschmittel ist automatisch geregelt, es richtet sich nach dem Waschprogramm, das gewählt wird: Vorwäsche, Hauptwäsche und Nachbehandlung.

Die Zeit für den Ablauf des Programms hängt vom Waschprogramm ab, das ausgewählt wurde, und wird für gewöhnlich automatisch nach dem Einschalten geregelt. Bei einigen Waschmaschinen-Modellen kann die Zeit auch nach Wunsch eingestellt werden. Das hat den Vorteil, dass nach Verschmutzungsgrad differenziert und auch die Art der Faser berücksichtigt werden kann.

### Vorwäsche

Als zusätzlicher Gang zum Normalprogramm ist die Vorwäsche nur bei stark verschmutzter Wäsche erforderlich und ersetzt das Einweichen, indem sie den Prozess der Schmutzlösung verlängert. Diese Zusatzfunktion, die beim Normalprogramm etwa 10-20 min dauert, ist im Pflegeleichtprogramm ebenfalls vorhanden, entfällt aber im Schonprogramm ganz.

### Hauptwäsche

Nachdem das Waschmittel eingespült wurde und die entsprechende Wassermenge in die Trommel eingelaufen ist, wird die Waschflüssigkeit auf die eingestellte Temperatur erwärmt. Im Normalprogramm ist die Kochwäsche ein Waschprogramm für besonders stark verschmutzte Wäsche oder Baby- und Krankenwäsche (95 °C). Je nach Faserart und Ausrüstung wird sie auch im Schonwaschgang behandelt. Dabei unbedingt auf Farbechtheit achten!

Die Pflegeleichtprogramme finden bei Textilien Anwendung, die eine höhere Knitterempfindlichkeit haben: synthetische Fasern, Naturfasern mit spezieller Ausrüstung und empfindliche Textilstrukturen.

Die Feinwäsche ist ein Waschverfahren für Textilien mit empfindlicher Farbgebung, entsprechender Faserart und Struktur.

Sie dürfen nur bei maximal 40 °C gewaschen werden.

**Wäsche waschen**

# Reinigung und Pflege von Textilien

> Durchschnittliche Dauer der Hauptwäsche
>
> * im Normalprogramm:
> bei 90 °C => 60 min
> bei 60 °C => 45 min
>
> * im Pflegeleichtprogramm:
> bei 60 °C => 45 min
> bei 30 °C => 25 min
>
> * im Schonprogramm:
> bei 30 °C => 15 min

### Spülen und Schleudern

Durch das Spülen der Wäsche sollen der gelöste Schmutz und die Waschmittelbestandteile möglichst vollständig entfernt werden. Im Normalprogramm wird drei- bis viermal mit oder ohne Zwischenschleudern gespült, im Pflegeleichtprogramm drei- bis viermal ohne Zwischenschleudern, mit Spülstopp, und im Schonprogramm drei- bis viermal ohne Zwischenschleudern, mit Spülstopp. Durch den mehrmaligen Wasserwechsel erreicht man einen Verdünnungseffekt in der Waschlauge.

Dem letzten Spülbad können in allen Programmen Nachbehandlungsmittel zugegeben werden. Das Entwässern erfolgt im Normalprogramm durch Schleudern mit zunehmender Umdrehung bis zur höchsten Umdrehungszahl, im Pflegeleichtprogramm durch Abpumpen oder verkürztes Schleudern und im Schonprogramm durch Abpumpen oder spezielles Schleudern.

Die Füllmenge der Trommel ändert sich je nach Programm: Normalprogramm 4,5-5 kg und niedriger Wasserstand, im Pflegeleichtprogramm 2,5 kg bei mittlerem Wasserstand und im Schonprogramm 1 kg bei hohem Wasserstand. Die Trommelbewegung ist im Normalprogramm stark, im Pflegeleichtprogramm vermindert und im Schonprogramm gering, denn das schont die Wäsche. Zeitweilig steht die Trommel sogar still.

## WASCHMITTEL

Waschmittel werden heute in Pulverform, flüssig, kompakt oder als Konzentrate angeboten.

### Universalwaschmittel

Diese auch Vollwaschmittel genannten Helfer werden für stark verschmutzte Wäsche angeboten. Sie lassen sich vielfach für alle Waschverfahren von 30-90 °C einsetzen. Es sind All-Temperatur-Waschmittel, die für jedes Waschverfahren und für jede Art von Verschmutzung geeignet sind. Diese Waschmittel enthalten allerdings einen hohen Anteil an Bleichmitteln und optischen Aufhellern. Durch Bleichaktivatoren können sie selbst bei 60 °C bleichen.

🌳 Sie sind auf Grund der vielen Inhaltsstoffe (siehe Packung) nur für stark verschmutzte weiße Wäsche einzusetzen. Vorsicht vor Überdosierung, auch bei hartem Wasser. Die im Handel ebenfalls angebotenen Kompaktwaschmittel haben weniger Füllstoffe, kleinere Verpackungen und entlasten dadurch die Umwelt.

*Colorwaschmittel* waschen besonders gewebeschonend, denn sie vermeiden ein Abfärben der Buntwäsche, wobei Schmutz und Flecken auch bei niedrigen Temperaturen entfernt werden.

🌳 Colorwaschmittel helfen umweltschonend zu waschen. Diese Waschmittel enthalten Enzyme und lösen – obwohl sie bis zu einer Temperatur von 95 °C eingesetzt werden können – den Schmutz schon bei 30 °C. Bleichmittel und optische Aufheller sind nicht enthalten.

Ein Zusatzstoff erreicht, dass Farbpartikel im Waschwasser (Flotte) schweben und sich nicht auf dem Wäschestück festsetzen – einem Verfärben wird so entgegengewirkt.

### Feinwaschmittel

Feinwaschmittel lassen sich für alle bunten Textilien verwenden – ob stark oder weniger stark verschmutzt (Temperaturbereiche 30 °C, 40 °C, 60 °C).

🌳 Sie sind auf das Waschen mit niedrigeren Temperaturen abgestimmt und deshalb besonders umweltschonend.

Pulverförmige Produkte eignen sich speziell für Wolle und Seide (bei Seide auf keinen Fall enzymhaltige Waschmittel anwenden). Flüssigwaschmittel sind für alle Temperaturen erhältlich. Sie enthalten allerdings einen höheren Anteil an Tensiden, von denen die nichtionischen Tenside nur schwer abbaubar sind. Die flüssigen Saubermacher, deren Waschkraft selbst bei niedrigen Temperaturen sehr gut ist, entfernen fetthaltigen

Schmutz aus Synthetikfasern ganz ausgezeichnet, denn sie lösen sich auch in kälterem Wasser schnell auf. Flüssigwaschmittel sind allerdings teurer als pulverförmige Mittel und ihre Kunststoffverpackungen machen bei der Entsorgung mehr Probleme als die Pappverpackungen der pulverförmigen Waschmittel.

Zu den Feinwaschmitteln zählen auch die Spezialwaschmittel für Wolle, Seide, Daunen, Gardinen und die Waschmittel auf Seifenbasis. Sie haben zwar selbst bei weichem Wasser eine gute Waschwirkung, es kann jedoch sein, dass Verfleckungen in der Wäsche bleiben. Bei hartem Wasser dient ein Teil der Seife als Enthärter. Ist die Konzentration der Waschlauge zu gering oder wird nicht genügend gespült, kann sich Kalkseife im Gewebe absetzen. Flecken sollten dann mit Gallseife vorbehandelt werden. Nach mehreren Wäschen kann ein Grauschleier auftreten, weil optische Aufheller ausgewaschen wurden.

**Wäsche waschen**

*Wollwaschmittel* sind speziell auf die Zusammensetzung der Wollfaser abgestimmt, um ein Verfilzen und Schrumpfen zu verhindern. Seidenwaschmittel sind für Seidenstoffe zusammengestellt, die stark ausbluten. Verfärbungen und Verblassen werden weitestgehend verhindert.
*Gardinenwaschmittel* enthalten eine spezielle Kombination von optischen Aufhellern und erreichen, dass Polyestergardinen nach dem Waschen wieder weiß werden.
*Handwaschmittel* enthalten hautfreundliche Substanzen und schonen die Hände.
*Spezielle Waschmittel* für Daunen, Füllvliese und Membranen bewirken, dass diese weich und bauschig werden. Die wasserabstoßende Eigenschaft des Oberstoffes bleibt dabei erhalten.

### Waschhilfsmittel

Waschhilfsmittel erleichtern das Waschen bei starker Verschmutzung, wobei besonders fett- und farbhaltiger Schmutz gelöst wird. Auch zur Bekämpfung eiweißhaltiger Flecken werden Waschhilfsmittel erfolgreich eingesetzt.
*Einweichmittel*
Einweichen ersetzt die Vorwäsche: Besonders fest haftende Flecken werden gelöst.
Im Normalwaschgang lässt sich die Waschmittelmenge dann reduzieren.
*Schwerpunktverstärker* dienen zur Vorbehandlung von Flecken und Schmutzrändern an Kragen, Manschetten und Hosen. Die Mittel auf die angefeuchtete Verschmutzung gegeben, kurze Zeit einwirken lassen und dann wie gewohnt waschen.
Auch *Vorwaschsprays* dienen zur Vorbehandlung starker Verschmutzungen.

Ebenso sind *Gallseifen* Waschhilfsmittel zur Vorbehandlung von starken Verschmutzungen. Die enthaltene Gallsäure bewirkt eine gute Lösung lästiger Fettflecken.
*Fleckensalze* sollten nur als Bleichmittel im Baukastensystem eingesetzt werden. Sie lassen sich verwenden, wenn eine bleichende Wirkung gewünscht ist.
Aber Vorsicht: Bei falschem Einsatz können sie Löcher im Gewebe erzeugen.

### Nachbehandlungsmittel

Sie werden nach dem Waschen angewendet, um die Textilien in ihrem Aussehen und im Griff zu verbessern.
Weichspüler verhindern elektrostatische Aufladung bei Textilien aus synthetischen Fasern. Das Gewebe wird weich im Griff, verliert aber einen Teil seiner Saugfähigkeit.
*Formspüler* bewirken eine Festigung der Innenpartien des Gewebes und verbessern Form und Sitz. Sie sind besonders geeignet für pflegeleicht ausgerüstete Bekleidung wie Herrenhemden.
Die *Feinappretur* bewirkt Oberflächenschutz, das Gewebe wird elastischer und fülliger im Griff. Man wendet die Appretur bei Bettwäsche, Blusen und Tischwäsche an.
*Steife* (Dauerappretur) bewirkt Oberflächenschutz bei Schürzen und Tischwäsche. Sie ist waschbeständig.
*Stärke* bringt Oberflächenschutz für Tischwäsche und Berufskleidung.
*Weißbad* erzeugt strahlendes Weiß auf weißen Synthetics und pflegeleichten Fasern (Gardinen-Stores).

## SO GEHT'S LEICHT VON DER HAND ... DIE HANDWÄSCHE

Um Verfärbungen bei verschiedenfarbigen, kleineren Gegenständen zu vermeiden, beginnt man am besten mit dem hellsten Teil (immer von hell nach dunkel). Vor dem Waschen alle Anstecknadeln und nicht waschechtes Zubehör entfernen, Taschen und Aufschläge gut ausbürsten. Handwäsche kommt bei Oberbekleidung hauptsächlich für leichte Blusen, Hemden, Kinderbekleidung und Stricksachen in Frage. Wirk- und Strickwaren, vor allem Wolle, sollten immer in kaltem bzw. lauwarmem Wasser gewaschen werden. Einweichen sowie starkes Reiben oder Wringen mögen diese Textilien gar nicht. Stark verschmutzte Wäschestücke lieber zweimal waschen. Zu starkes Reiben hat Verfilzen zur Folge.

**Tipp:** Ist dennoch einmal etwas schief gegangen und der gute Wollpullover sieht verfilzt aus: Das Ganze über Nacht in mit Haarshampoo präpariertes Wasser legen und am nächsten Tag gut ausspülen.

### Vorteile der Handwäsche

Leicht verschmutzte Textilien sind schnell ausgewaschen. Es können auch nur Teilbereiche gesäubert werden wie Kragen und Flecken. Die Textilien sind schnell wieder tragebereit, denn die Wartezeit für eine volle Maschinenfüllung entfällt.
Das bekommt der Wäsche besonders gut: Da die Textilien entsprechend ihrer speziellen Eigenschaften gewaschen werden können, lässt sich ganz individuell

auf die jeweilige Empfindlichkeit und den Verschmutzungsgrad eingehen.

### Nachteile der Handwäsche

Im Durchschnitt ist der Wasserverbrauch höher als bei der Maschinenwäsche, da die Wäsche im Waschbad und im Spülwasser schwimmend liegt. Größere Wäschemengen erfordern zudem viel Zeit- und Kraftaufwand.
Die Arbeit, bei oft schlechter Körperhaltung, ist anstrengend. Auch sind die Spülgänge sehr platzaufwändig.

### Vor dem Waschen ...

das Wäscheteil gegen das Licht halten, um Flecken zu entdecken, da diese im nassen Zustand oft nicht zu erkennen sind. (Die Stellen sollten Sie sich merken oder einfach mit einem Faden kennzeichnen.)
Weisen Kragen oder Manschetten von Hemd bzw. Bluse starke Schmutzränder auf oder sind Flecken in Sicht, diese einfach anfeuchten (mit einem nassen Schwamm), Waschmittelverstärker sparsam auftragen und verteilen und das Ganze einige Minuten einwirken lassen. Dadurch, dass Waschmittelverstärker den Schmutz aus dem Gewebe lösen, wird ein kräftiges Reiben überflüssig. Statt des Verstärkers kann übrigens auch Gallseife eingesetzt werden. Sind die Teile sonst nur wenig verschmutzt, entfällt dann sogar der Zusatz des eigentlichen Waschmittels. Verträgt die Faser des Gewebes es, kann die schmutzige Wäsche auch etwa 30 min eingeweicht werden. Das erspart Arbeit und Kraft, denn die waschaktiven Substanzen lösen den Schmutz selbsttätig aus dem Gewebe, tragen ihn ab und halten ihn in der Schwebe im Wasser. Um bei der Arbeit auch noch Zeit zu sparen, lässt man, nachdem die Wäschestücke vorbereitet sind, das Wasser zum Waschen und zum Spülen gleichzeitig einlaufen. Die Wassertemperatur richtet sich dabei nach den Pflegeeigenschaften des Textils. Sollen mehrere Teile gewaschen werden, muss die Wassermenge entsprechend

**Wäsche waschen**

## Reinigung und Pflege von Textilien

groß sein. Und damit die Wäschestruktur stabil bleibt, darf das Spülwasser nicht heißer sein als das Wasser zum Waschen.

🌳 Die Waschmittel genau dosieren, um Schäden zu vermeiden. Waschmittel sind teuer und belasten die Umwelt. Eine richtige Dosierung gewährleistet auch eine gute Wirkung der Waschsubstanzen, die den Schmutz vom Gewebe ins Wasser tragen.

Die Waschmittel-Dosierung bei der Handwäsche richtet sich ebenfalls nach dem Härtegrad des Wassers. Faustregel: 10 l Wasser und 100 ml oder 6-7 gestrichene Esslöffel Feinwaschmittel. Das Waschmittel muss gut aufgelöst sein, denn Pulverrückstände beschädigen das Gewebe.

### Beim Wäsche waschen ...

müssen weiße und farbige Wäsche stets getrennt werden, um Verfärbungen zu vermeiden. Zuerst also die weiße Wäsche waschen. Zusätzlich bestimmt der Verschmutzungsgrad die Reihenfolge bei der Wäsche der Textilien: zunächst also die weniger schmutzige Wäsche waschen, da die waschaktiven Substanzen nur ein bestimmtes Schmutztragevermögen besitzen.

Stets sollten nur ein oder zwei Gegenstände im Wasser liegen und gesäubert werden, ansonsten hat die Wäsche nicht genügend Platz und die Arbeit wird unnötig erschwert.

Das Wäscheteil langsam durchdrücken, damit das Wasser durch das Gewebe flutet. Pflegeleichte Textilien nicht rubbeln oder reiben, lieber weniger stark durchdrücken, denn viele Stoffe vertragen keine starke Mechanik (Reibung und Stauchung der Wäschestücke).

Reiben Sie Manschetten und Kragen nur vorsichtig aneinander, da innen liegende Einlagen leicht ihre Form verlieren können. Leichter geht's, wenn man dafür einen Schwamm nimmt und damit leicht über den Schmutz reibt – das schont das Gewebe.

> **Reihenfolge bei Hemden und Blusen**
> Beim Waschen von Kleidungsstücken per Hand sollte eine bestimmte Reihenfolge eingehalten werden, denn das systematische Arbeiten erspart unnötiges Wenden und Drehen und sorgt dafür, dass man kein Teil vergisst:
> 1. Auf Flecken prüfen
> 2. Flecken behandeln
> 3. Vorderteil
> 4. Manschette
> 5. Kragen

Hat trotz aller Vorsicht die Waschflotte Farbe angenommen, muss besonders zügig gewaschen werden. Das Wasser wird nicht mehr weiter benutzt, da die Farbteilchen in der Flüssigkeit schweben und sich sonst an den Wäschestücken festsetzen können. Einige Stoffe, die so genannten Farbstoffschlucker, nehmen besonders schnell Farbe an und geben diese nicht mehr ab – alle weißen Stoffe beispielsweise.

Bei hochveredelten Baumwollstoffen sollte man besonders darauf achten, dass sich in der Waschflotte keine Flusen von anderen Wäscheteilen befinden, denn Flusen (weiße sind da extrem hartnäckig) setzen sich schnell auf einem spezialbehandelten Gewebe ab und lassen sich nur mühevoll entfernen. Immer so kurz wie möglich waschen, die Wäsche zwischendurch auf Sauberkeit prüfen, denn durch zu langes Waschen oder zu starke Waschmittellösung können Farbverschiebungen eintreten. Die Wäsche wirkt dann wie verwaschen.

### Spülen zum Schluss

Da sich bei Synthetics und pflegeleichten Textilien durch Nässe, Druck und Wärme Knitter bilden, die sich häufig nicht mehr entfernen lassen oder die Bügelarbeit erheblich erschweren, sollte man nasse und feuchte Wäsche nicht aufeinander legen, sondern sofort ins Spülwasser geben.

Zum Wäsche spülen empfiehlt es sich, reichlich Spülwasser zu nehmen, was die Spülgänge deutlich verkürzt. Vermeiden Sie bei Synthetikfasern einen starken Wechsel von warm zu kalt, um eine chemische Veränderung des Materials zu verhindern, die dazu führen kann, dass sich Sitz und Fall des Stoffes negativ verändern.

Die Wäsche wird solange gespült, bis das Wasser klar ist, denn Waschmittelablagerungen im Gewebe beeinträchtigen die Reißfestigkeit und die Trageeigenschaften.

Kann nicht auf Weichspülen oder Stärken und Appretieren verzichtet werden, so kommen diese Mittel in das letzte Spülwasser. Die Gewebe werden weich im Griff oder erhalten Stand. Durch Weichspüler wird die elektrostatische Aufladung der Textilien aus Polyester vermindert, die Saugfähigkeit jedoch wird stark herabgesetzt.

Wäsche waschen

Ebenso wichtig wie das Waschen ist das Trocknen der Wäsche. Bietet der Handel eine große Auswahl an elektrischen Trockengeräten, so ist auch das Trocknen an der Luft noch immer aktuell – und natürlich besonders umweltfreundlich. Je nach Wäscheart und Wohnraum hat jede Methode ihre Vor- und Nachteile. Allen gemeinsam ist jedoch eines: Bei richtig getrockneter Wäsche können Sie später eine Menge Zeit beim Bügeln sparen oder sogar ganz darauf verzichten.

# SO BRINGEN SIE IHRE WÄSCHE INS TROCKENE.
## Es gibt verschiedene Arten, Wäsche zu trocknen. Entscheiden Sie selbst.

Nach dem Waschen muss das Wäschestück entwässert werden. Dies geschieht zunächst mechanisch, durch die Zentrifugalbeschleunigung der Waschmaschinentrommel, oder, nach der Handwäsche, indem man das Wasser ablaufen lässt, das Wäschestück herausnimmt, es wringt, presst, in Tücher rollt, leicht zusammendrückt oder tropfnass aufhängt. Die Vorgehensweise richtet sich nach der Faser bzw. der Pflegevorschrift des Wäschestücks. Maschinell kann das Entwässern auch in der Standschleuder erfolgen. Bei gleichlaufender Trommel wird das Wasser bei hoher Umdrehungszahl aus den Textilien gedrückt. Die verbleibende, mehr oder weniger große Restfeuchte, wird schließlich manuell durch Trocknen an der Luft oder maschinell im Trockner entfernt.

### LUFTTROCKNUNG

Erfolgt das Trocknen unter freiem Himmel, so wird die Wäsche ihren frischen Duft voll entfalten, im Wind wird sie zusätzlich weich.
Wird die Wäsche innerhalb des Hauses getrocknet (Badezimmer, Dachboden o. a.), sollte man immer darauf achten, dass die Räume gut belüftet sind, da sich die Feuchtigkeit sonst an Wänden oder Inventar absetzt und Schimmelflecken entstehen können.

Das Trocknen an der Luft hat grundsätzlich den Vorteil, dass keine Kosten entstehen und man der Umwelt einen großen Gefallen tut, denn Energie wird dabei nicht verbraucht. Trocknet die Wäsche ohne jede Luftbewegung, wird sie leicht starr (Frotteehandtücher beispielsweise verlieren ihre Flauschigkeit).
Ein weiterer Nachteil beim Trocknen an der Luft besteht im Zeitaufwand für das Auf- und Abhängen der Wäsche.

### Trocknen auf Wäscheleine oder Wäschespinne

Die Wäschestücke sollten gut ausgeschlagen werden. So wird vermieden, dass sie sich verziehen. Für 5 kg Wäsche benötigt

**Wäsche,** die draußen an der frischen Luft getrocknet ist, riecht frisch und rein. Bei der Wäschespinne Linomatic verschwinden die Leinen im geschlossenen Zustand in den Armen. Das hält sie sauber und erspart Ihnen das Reinigen der Leinen vor jeder Benutzung.

Trocknen

## Reinigung und Pflege von Textilien

man etwa 15-20 m Wäscheleine. Wer es ganz genau nimmt, hängt die Wäschestücke fadengerade auf, sodass die Webkante seitlich verläuft. Große Teile sollten etwa 20 cm überhängen, kleine Teile werden mit Klammern befestigt, damit sie bei Wind nicht in den Dreck fallen und man mit der Wäsche gleich wieder von vorn beginnen kann ... Damit die Form erhalten bleibt, empfiehlt es sich, Latzhosen beispielsweise am Bund anzuklammern, Röcke ebenso. Und logisch: Bettbezüge und Kopfkissen sollten Sie mit der Öffnung zur Seite aufhängen, damit der Wind durchstreift und sie schneller trocknen.

Werden gleichartige Teile zusammen aufgehängt, so erleichtert das später das Abhängen und Zusammenlegen der Wäscheteile. Und wenn Bettbezüge und Kopfkissen vor dem Aufhängen zusätzlich in den Nahtbrüchen ausgestrichen werden, kann die Bügelarbeit häufig sogar entfallen. Wäscheteile aus dehnbarem Material werden leicht zusammengeschoben, damit die Form erhalten bleibt.

Wäscheteile, die nicht gleich geglättet werden, lässt man völlig trocknen, damit keine Stockflecken entstehen.

Pflegeleichte Textilien werden sofort tropfnass oder kurz geschleudert auf Bügel oder Leine aufgehängt. Die Wäscheteile dürfen nicht im nassen Zustand liegen bleiben, da sich sonst sofort Knitter bilden, die oft nur schwer zu beseitigen sind. Kleidung ausstreichen und Nähte glatt streichen, damit Sitz und Fall des Stoffes bestmöglich sind. Dadurch wird die Bügelarbeit erleichtert oder sie kann ganz entfallen. Kragen und Manschetten glatt ziehen, eventuelle Knitterbildung kann man mit der Handfläche ausstreichen.

Wird im Freien getrocknet, muss die gewöhnliche Wäscheleine vor dem Aufhängen abgewischt werden. Und vergessen Sie die Klammern nicht, denn auch diese dürfen keine Schmutzstellen hinterlassen. Wenn Sie allerdings die Wäschespinne Linomatic von Leifheit Ihr Eigen nennen, entfällt das lästige Abwischen der Leinen, denn diese verschwinden beim Zusammenklappen in den Tragarmen.

### Trocknen auf Wäscheständer, Trockennetz oder Trockengitter

Diese speziellen Trockenmöglichkeiten lassen sich für Wäscheteile verwenden, die nicht aufgehängt werden können und dennoch schonend an der Luft getrocknet werden sollen – Wäscheteile aus hochwertigen, empfindlichen Materialien wie Seide oder Wolle, die sich durch Hängen verziehen bzw. durch Klammern brechen können.

Hochwertige Wollpullover oder Wolljacken werden auf dem Netz oder auf einem Frotteetuch liegend getrocknet. Wer es ganz genau nimmt, misst sie an den Nähten und zieht sie entsprechend in Form.

Da nasse Wollsachen andere Maße aufweisen als trockene, sollte vor und nach dem Waschen gemessen werden. Streichen Sie eventuelle Knitterstellen mit der Handfläche glatt.

> Das Angebot an Trockenständern und -geräten ist so vielseitig, dass jeder die passende Lösung für seine Räumlichkeiten findet.
> Als Faustregel gilt: Eine Waschmaschinenfüllung = 10 m Leine.

## MASCHINEN-TROCKNUNG

In Privathaushalten, die wenig Platz zum Trocknen der Wäsche haben, sind elektrische Wäschetrockner zweckmäßig. Sie arbeiten hygienisch, es kann auf kleinstem Raum getrocknet werden und man ist unabhängig vom Wetter. Da das Aufhängen und Abnehmen der Wäsche entfällt, werden Kraft und Zeit gespart. Dadurch braucht man auch weniger Wäsche, denn sie ist schneller wieder zum Tragen vorbereitet. Ein weiterer angenehmer Effekt: Die Textilien werden weich und flauschig – Frotteehandtücher beispielsweise. Nachteilig sind der hohe Preis und die Betriebskosten eines Wäschetrockners. Bei nicht sachgemäßer Benutzung besteht auch die Möglichkeit, dass besonders empfindliche Textilien schrumpfen. Zusätzlich ist unter Umständen der Verschleiß durch Wäscheabrieb größer.

Wie funktioniert so ein Trockner eigentlich?
Der Durchmesser der Trommel im Wäschetrockner ist größer als in der Waschmaschine. Dadurch wird ein hoher Luftdurchzug erreicht. Während sich die Wäsche locker in der rotierenden Trommel bewegt, wird ihr durch warme Luft die Feuchtigkeit entzogen. Ein riesengroßer Vorteil: Die einzelnen Wäscheteile werden weitgehend glatt und brauchen kaum gebügelt zu werden! Der Trocknungsgrad ist frei wählbar. Als vorteilhaft erweist sich außerdem, dass Buntwäsche nicht ausbleicht, was bei direkter Sonnenbestrahlung unter freiem Himmel gelegentlich vorkommt. Auch ein Verschmutzen der Wäsche durch Rückstände aus der Luft (von Vögeln nicht ausgeschlossen) entfällt.

Um Wäscheschäden zu verhindern, ist ein sorgfältiges Sortieren der Wäsche erforderlich. Als nachteilig erweist sich das maschinelle Trocknen häufig bei Synthetics. Sie können durch starke Wärme und Wäschebewegung erweichen und sich dadurch verformen. Zudem laden sich synthetische Fasern gerne statisch auf, was dazu führt, dass der Stoff knistert, klebt und nicht gut fällt. Je nach Art der Heizung, der Luftzuführung und der Feuchtigkeitsabgabe unterscheidet man zwischen Abluft- und Kondensationstrocknern.

### Ablufttrockner

Die aus dem jeweiligen Raum angesaugte Luft wird durch die Heizung bis auf 70 °C erhitzt und in die Wäsche geleitet, um das Wasser daraus aufzunehmen. Die feuchte Luft wird über ein Flusensieb in den jeweiligen Raum oder aber durch einen Abluftschlauch nach außen geblasen. Wird die feuchte Luft in den Raum geleitet, muss dieser gut belüftet sein, da sich ansonsten Kondenswasser an den Wänden niederschlägt. Je nach gewünschtem Trockengrad dauert der Vorgang 65-90 min. Ablufttrockner haben im Vergleich zu Kondensationstrocknern die kürzere Trocknungszeit und den geringeren Stromverbrauch.

### Kondensationstrockner

Hier wird die Luft in einem geschlossenen Kreislauf umgewälzt. Sie wird bis 75 °C aufgeheizt und durch den Kondensator geleitet. Die Feuchtigkeit aus der Luft kühlt dann im Kondensator ab und wird zu Wasser. Dieses pumpt die Maschine in einen Behälter und sammelt es schließlich im Auffanggerät.

Das Kondenswasser lässt sich für Dampfbügeleisen nutzen oder auch direkt über einen Schlauch in die Abwasserleitung führen. Um ein Überlaufen zu verhindern, muss der Wasserbehälter regelmäßig entleert werden. Kondensationstrockner können ohne besondere Umbaumaßnahmen für die Abluftführung in Küchen, Hausarbeits- oder sonstigen Räumen aufgestellt werden.

### Der richtige Umgang mit dem Wäschetrockner

Die Wäsche sollte bereits vor dem Trocknen gut durchgeschleudert werden, um später Energie einzusparen. Ein einheitliches Trockenergebnis lässt sich erreichen, wenn die Wäsche nach Trockenzeiten sortiert ist. Schütteln Sie die Wäscheteile aus und legen Sie sie in die Trommel, die allerdings nicht zu voll sein darf. Die Trocknungszeit richtet sich ganz nach der Wäscheart, der Menge an Wäsche und dem angestrebten Trocknungsgrad.

🌳 Soll die Wäsche sofort nach dem Trocknen gebügelt oder gemangelt werden, kann man sie bereits bügel- oder mangelfeucht aus der Maschine nehmen. Das spart Arbeit und Energie.

Denken Sie nach Beendigung des Trockenvorgangs daran, das Flusensieb zu reinigen, damit die weitere Funktion sichergestellt ist. Die Tür einfach offen lassen, damit die Restfeuchte entweichen kann. Um eine Knitterbildung zu vermeiden, sollte die Wäsche sofort nach Programmende aus dem Trockner genommen werden.

Für viele ist das Thema Bügeln ein heißes Eisen. Aber Sie werden sehen, dass die richtigen Geräte und Techniken die Arbeit unglaublich erleichtern und so das Bügeln sogar Spaß machen kann.

# MAL SO RICHTIG DAMPF ABLASSEN. Mit der richtigen Bügeltechnik sparen Sie glatt Zeit.

## ZUBEHÖR – DAS WIRD ZUM BÜGELN GEBRAUCHT

### Bügeltisch

Mit den richtigen Hilfsmitteln wird das Bügeln fast zum Kinderspiel. Schaffen Sie sich am besten einen in der Höhe verstellbaren Bügeltisch an, der eine Abstellmöglichkeit für das Bügeleisen bietet und eine Kabelführung besitzt, damit man nicht aus Versehen die Schnur bügelt. So lässt sich der Arbeitsplatz ganz individuell an Ihre Bedürfnisse anpassen. Das Airboard von Leifheit beispielsweise ermöglicht das Bügeln mit der Luftkissentechnik: Das Bügelgut wird von beiden Seiten gleichzeitig bedampft und somit deutlich schneller glatt. Das Bügeleisen schwebt auf dem selbsterzeugten Luftkissen, was eine Kraftersparnis von bis zu 35 % zur Folge hat. Ist dann auch noch das Untergestell ergonomisch geformt, lässt sich sogar besonders gut im Sitzen, Stehen oder auf einem Stehsitz bügeln.

Es gibt Multisitze, die höhenverstellbar sind und eine Stehhilfe bieten.

Ärmelbretter erleichtern als zusätzliche Hilfe das Bügeln der lästigen Ärmel von Hemden und Blusen. Sie sind in den verschiedensten Ausführungen im Handel erhältlich und lassen sich teilweise mit einer Klemmvorrichtung am Bügeltisch befestigen, sodass nichts verrutscht. Nach Gebrauch können die Ärmelbretter flach zusammengeklappt und gut verstaut werden.

### Bügeleisen

Das gewöhnliche *Bügeleisen* wird elektrisch beheizt und ist mit einem Temperaturregler ausgestattet. Der eingebaute Thermostat sorgt für eine optimale Temperaturregelung, die konstant eingehalten wird. Der Griff ist wärmeisoliert, die Griffmulde dient als Daumenstütze. Ein sicheres, bequemes Halten und Bewegen des Bügeleisens ist so gewährleistet. Die Kontrolllampe leuchtet auf, wenn die eingestellte Temperatur erreicht ist.

Die Bügelsohle besteht meist aus Leichtmetall oder Edelstahl und ist häufig beschichtet, um die Gleitfähigkeit zu verbessern. Die Sohle lässt sich auch mit Wachs (Bügelwachs oder Kerzenwachs) bestreuen und abbügeln. Sorgen Sie immer für einen festen Stand des Bügeleisens, um Verbrennungen oder gar Zimmerbrände zu vermeiden. Kabellose Bügeleisen werden über einen Aufheizsockel erhitzt.

Das *Dampfbügeleisen* ist ähnlich wie das einfache Bügeleisen aufgebaut, nur, dass es für das Anfeuchten der Wäsche zusätzlich einen Wassertank beinhaltet. Verwenden Sie destilliertes Wasser oder eine Mischung mit Leitungswasser (Verhältnis 1:1), da sonst die Düsen durch Kalkablagerung verstopfen. Moderne Bügeleisen sind allerdings schon so konstruiert, dass auch reines Leitungswasser eingefüllt werden kann. Die Dampfaustrittsdüsen sollten gelegentlich gereinigt

Bügeln

## Reinigung und Pflege von Textilien

**Leifheit** hat das Thema Bügeln völlig neu überdacht und mit dem Airboard eine Weltneuheit geschaffen. Die Bügelflächenpolsterung dieses Bügeltisches reflektiert den Dampf und die Wärme und glättet so die Wäsche von beiden Seiten gleichzeitig.

werden, da sie sonst verstopfen und die Dampfentwicklung beeinträchtigt ist.

Der Dampf wird erst bei einer Temperatur von über 100 °C erzeugt und braucht nach dem Einschalten etwa 2 min, um sich zu entwickeln.

Der Wasserverbrauch beim Bügeln mit dem Dampfeisen ist immens: Innerhalb von 20 min wird etwa ½ l Wasser benötigt. Nicht so bei Airboard, hier bügeln Sie energiesparend ohne Dampfverlust mit etwa der halben Wassermenge. Wird das Bügeleisen senkrecht abgestellt, unterbricht das den Dampffluss.

Der Dampf entweicht bei hoher Temperatur durch die Düsen, wobei das Dampfventil die Dampfmenge reguliert. Durch die Betätigung des Sprühstrahls kann Wasser auf das Bügelgut gesprüht werden, wenn Kniffe oder trockene Stellen behandelt werden.

Dampfbügeleisen lassen sich aber auch ohne Dampfbildung einsetzen. Das ist wichtig, damit auch pflegeleichtes Material geglättet werden kann, da dieses nur im untersten Temperaturbereich gebügelt werden darf, der aber nicht zur Dampfbildung ausreicht. Bei einigen Dampfbügeleisen lässt sich der Wassertank entfernen. Sie sind dann leichter. Dampfbügeleisen mit antihaftbeschichteter Sohle gleiten leicht, sind einfach zu reinigen, aber sehr kratzempfindlich.

---

**Das heiße Eisen – Temperatureinstellungen beim Bügeln**

- 80–105 °C Chemiefasern
- 130–165 °C Seide, Wolle
- 165–220 °C Baumwolle, Leinen

**Achtung:** Zu heiße Temperaturen beim Glätten versengen die Wäsche oder lassen Fasern schmelzen.

---

### SO BÜGELN SIE ALLES GLATT ...

Um rationelles Arbeiten zu ermöglichen, sollten zunächst alle Arbeitsmittel und Geräte bereitgestellt werden. Zur Einrichtung des Arbeitsplatzes werden der Bügeltisch, der Arbeitsstuhl, je eine Ablage für die vorbereitete und die gebügelte Wäsche, das Bügeleisen und der Wäschekorb ökonomisch positioniert.

Beginnen Sie dann mit der Wäsche, die mit der niedrigsten Bügeltemperatur gebügelt wird – das spart Energie.

Bügeln Sie trockene Teile mit dem Dampfbügeleisen, die bügelfeuchten mit dem einfachen Bügeleisen.

#### Kleine glatte Teile

Durch Einstellen der entsprechenden Bügeltemperatur wird das Material geschont. Auf welcher Stufe ein bestimmtes Kleidungs-

Bügeln

stück gebügelt werden darf, findet sich meist auf dem innen eingenähten Pflegeetikett.

Mit Airboard und einem Dampfbügeleisen können Sie meist mit der nächst niedrigeren Stufe energiesparend zum gleichen Bügelergebnis kommen.

Legen Sie das Wäscheteil mit der linken Stoffseite nach oben, die lange Seite parallel zur Arbeitsfläche. Wer es ganz vorschriftsmäßig mag, geht wie folgt vor: das bügelfeuchte Teil gut ausstreifen und in Form ziehen. Dabei von sich weg bügeln, sodass das gebügelte Teil nach hinten hängt und ein besseres Arbeitsergebnis erreicht wird. Zunächst alle Säume, Kanten und Aufhänger bügeln, dann die Mitte des Teils, jeweils in gleichförmigen Bewegungen entlang des Fadenverlaufs. So verzieht sich das Wäschestück weniger. Die gebügelte Fläche jeweils nach hinten schieben, eventuell das Teil noch auf die rechte Seite wenden und entsprechend verfahren.

Durch Einbehaltung derselben Reihenfolge beim Bügeln kann rationell gearbeitet und Zeit gespart werden.

Die trocken gebügelten Teile werden abgelegt oder eventuell auch über eine kleine Stange gehängt, damit sie ausdampfen und sich so keine Knitterfalten bilden.

Bügeln Sie nach Möglichkeit die gesamte Wäsche ohne Unterbrechung, um Energie zu sparen. Dabei die Bügeltemperatur je nach Material allmählich erhöhen. Bügelfeuchte Wäsche wird mit dem einfachen Bügeleisen, trockene Wäsche mit dem Dampfbügeleisen gebügelt.

Hat man versehentlich eine Falte eingebügelt wo keine hingehört: Die Stelle anfeuchten (mit einem Schwämmchen beispielsweise) und die Falte glatt bügeln.

🌳 Schalten Sie das Bügeleisen rechtzeitig aus, um Energie zu sparen und die Restwärme zu nutzen.

*Legen kleiner glatter Teile*

Die gebügelte Wäsche sollte man zunächst ausdampfen lassen. Danach kann sie ordentlich gefaltet werden, was im Fachjargon auch als Legen bezeichnet wird. Ganz klassisch wird dabei wie folgt vorgegangen: Taschentücher, Servietten oder Mitteldecken beispielsweise mit der linken Seite nach oben legen, von unten nach oben zur Hälfte falten und glatt streichen, dann von links nach rechts zur Hälfte legen und wieder glatt streichen. Die geschlossene Kante sollte vorne, die offene Ecke rechts oben liegen. Sind beim Wäscheteil Saumkanten und Webkanten sichtbar, werden diese zuerst halbiert. Die obere Seite sollte alle Kanten überdecken. Ist ein Monogramm eingestickt, liegt dieses rechts oben auf dem Deckblatt. Sind die Wäscheteile längs gestreift oder gemustert, ist darauf zu achten, dass die Muster einheitlich liegen. Beim Legen der Wäsche sollte man sich auch nach den Maßen des Schrankes richten, in dem sie später aufbewahrt wird.

Kleine Teile lassen sich ebenso gut vierteln: die linke Seite liegt oben, dann von unten nach oben zur Hälfte zusammenlegen und noch einmal zur Hälfte von unten nach oben. Danach legt man wieder

**Schon** richtig professionell. Komplette Bügelstation mit Airboard, Stehhilfe, Kleiderständer und Rollwagen.

125

## Reinigung und Pflege von Textilien

von links nach rechts bis zur Hälfte und noch einmal von links nach rechts zur Hälfte. Auch hier liegt das Teil so, dass die geschlossene Kante vorne, die offene Ecke aber rechts oben liegt. Überlange oder überbreite Teile kann man nochmals falten, entsprechend der Schrankmaße. Dabei ist zu beachten, dass die Grundform Quadrat oder Rechteck erhalten bleibt.

- **Glätten von Kissenbezügen**

Das Kopfkissen wird mit der Knopfseite nach oben auf die Bügelfläche aufgelegt, parallel zur Arbeitsfläche. Man beginnt mit der Knopfleiste und bügelt von sich weg, sodass das gebügelte Teil nach hinten hängt. Das Kissen sollte man vorher gut in Form ziehen und glatt streifen, damit die Form erhalten bleibt. Nach der Knopfleiste wird die Knopflochleiste gebügelt, dann die restliche Fläche mit gleichförmigen Bewegungen im Fadenlauf, damit das Kissen sich nicht verzieht. Ist die restliche Fläche gebügelt, wird das Kissen gewendet. Die rechte Stoffseite liegt nach oben. Ist das Teil trocken gebügelt, wird es auf die Ablage gelegt bzw. gehängt und kann ausdampfen.

- **Legen der Kissenbezüge**

Der Kissenbezug wird gedrittelt: mit der Rückseite nach oben legen, sodass sich die Knopfleiste an der linken Seite befindet, dann von unten her knapp ein Drittel nach oben falten und glatt streichen. Die Bruchkante nach oben legen und von links nach rechts zweimal dritteln. Das Kissen liegt dann so, dass sich die geschlossene Kante vorne, die offene Ecke rechts oben befindet. Auch hier gilt, dass die Grundform erhalten bleiben sollte. Die Schrankmaße dabei nicht vergessen!

### Große Wäscheteile

Zum Bearbeiten größerer Wäscheteile sollten Sie ihren Arbeitsplatz zusätzlich präparieren: Stellen Sie eine Wanne oder eine sonstige Unterlage auf den Fußboden hinter dem Bügeltisch, damit das Teil nicht schmutzig wird, wenn es herunterhängt. Vor dem Bügeln sollte man das bügelfeuchte Teil gut ausstreifen und in Form ziehen, um ein besseres Arbeitsergebnis zu erreichen. Das vorbereitete Tuch wird dann halbiert und doppellagig parallel zur Bügelfläche gelegt. Und zwar so, dass sich der Bruch links, die Webkanten aber rechts befinden. Immer von sich weg bügeln, sodass das Teil nach hinten herunterhängt. Mit gleichförmigen Bewegungen in Fadenrichtung arbeiten. Die gebügelte Fläche dabei nach hinten schieben. Später wird das Tuch gewendet und ein zweites Mal gebügelt bis es trocken ist. Danach auf die Ablage legen oder aufhängen. Dicke Säume, Monogramme oder Stickereien zuerst ausbügeln.

### *Legen großer Wäscheteile*

Große glatte Teile wie Bettbezüge werden zunächst einmal geviertelt. Dabei liegt die Rückseite oben, die Knopfseite links. Man faltet dann von unten nach oben zur Hälfte zusammen, streicht die Wäsche glatt, legt die Bruchkante von unten nach oben zur Hälfte zusammen und streicht wieder glatt. Dann wird von links nach rechts zur Hälfte gelegt und glatt gestrichen. Das Wäschestück in gleicher Weise ein weiteres Mal halbieren und glatt streichen. Der Bettbezug liegt dann so, dass sich die geschlossene Kante vorne, die offene Ecke jedoch rechts oben befindet. Überlange bzw. überbreite Bezüge oder Tücher werden nochmals entsprechend gefaltet, wobei auch hier wieder darauf geachtet werden sollte, dass die Grundform (Quadrat/Rechteck) erhalten bleibt.

- **Legen geformter Teile**

Geformte Teile wie Spannbetttücher legt man zunächst quer zusammen, indem man zwei Ecken in die jeweils gegenüberliegenden Ecken steckt. Je nach gewünschter Größe (eventuell Schrankbreite) längs und quer falten, sodass schließlich wieder eine Rechteck- bzw. Quadratform entsteht.

### Glätten von Hemden und Blusen

Stellen Sie zunächst die passende Bügeltemperatur ein. Das Hemd kurz ausschlagen und so auflegen, dass die linke Kragenseite nach oben liegt. Kragen und Kragenbündchen werden glatt gezogen und auf der linken Seite von beiden Ecken zur Mitte hin gebügelt. Dann die Knopflochseite von links bügeln, danach die Knopfleiste und eventuell vorhandene Taschen. Taschenklappen erst von links, dann von rechts bügeln. Kragen und Kragenbündchen immer von der rechten Gewebeseite bügeln und zwar von der rechten Ecke zur linken Ecke. Dabei zieht die linke Hand den Kragen und das Bündchen leicht glatt. Legen Sie das Hemd so auf den Bügeltisch, dass der rechte Ärmel am Bügeltisch liegt. Ärmelbündchen bzw. Manschette werden von links, in Richtung von außen zur Mitte gebügelt, der Schlitzbesatz von rechts. Den Ärmel in die Naht legen. Dann wird die Ärmelunterseite (der Schlitz liegt jetzt oben) vom Wei-

Bügeln

**Tipp**
Die Schulterpartie bügeln Sie optimal, wenn Ihr Bügeltisch eine spezielle Leifheit Schulterpassform aufweist.
Damit geht das Hemdenbügeln viel einfacher und schneller, lästiges Ziehen und Zupfen entfällt.

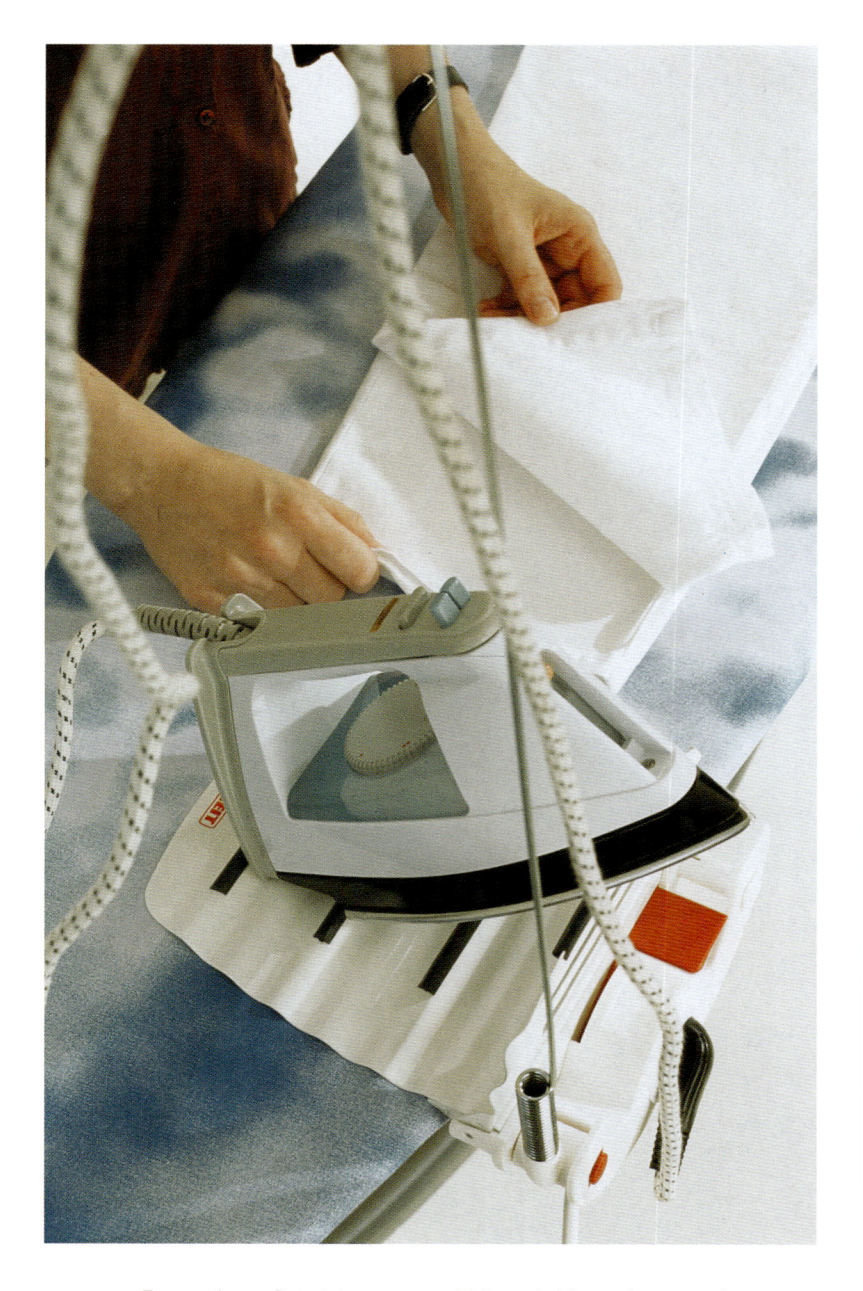

**Die etwas andere Reihenfolge – eine Alternative**

*1. Passe und Kragen:* Die Passe wird erst von links, dann auf dem Rückenteil aufliegend von rechts gebügelt. Danach die Unterseite des Kragens, dann die Oberseite bügeln.

*2. Knopflochleiste:* Von links glätten.

*3. Linker Ärmel:* Manschette mit Unter- und Obertritt erst von links, dann von rechts, anschließend die Vorderseite des Ärmels und abschließend die Rückseite bügeln.

*4. Knopfleiste:* Von links bearbeiten.

*5. Rechter Ärmel:* In der gleichen Reihenfolge wie den linken Ärmel bügeln.

*6. Knopfvorderteil:* Das Hemd dazu so zurechtlegen, dass man über die ganze Länge bügeln kann, wobei die Spitze des Bügeltisches ausgenutzt wird.

*7. Rückenteil und Knopflochvorderteil:* Wie das Knopfvorderteil bearbeiten.

ten zum Engen (zum Bündchen hin) gebügelt. Mit der Bügeleisenspitze in die Falten hinein bügeln. Der Ärmel wird bis zur Schulter, die Ärmeloberseite entsprechend gebügelt. Mit dem linken Ärmel ebenso verfahren. Danach das rechte Vorderteil auf der rechten Seite von unten nach oben bügeln. Beginnen Sie mit der Knopfleiste. Um die Knöpfe nicht zu beschädigen, sollten Sie darum herum bügeln. Achten Sie besonders auf den obersten Knopf. Auch hier wieder nur von sich weg bügeln, sodass das gebügelte Teil nach hinten herunterhängt. Als nächstes schließt sich die Bearbeitung des Rückenteils an. Eingelegte Falten werden angebügelt, auch im Schulterteil. Auf die Naht ist dabei besonders zu achten. Daran schließt sich das linke Vorderteil an. Die Knopflochleiste wird zuletzt gebügelt. Wichtig ist, dass alle doppelten Teile erst von der linken Gewebeseite und dann von der rechten gebügelt werden. Das gebügelte Hemd zum Ausdampfen einfach auf einen Kleiderbügel hängen.

*Zusammenlegen eines Hemdes*

Das Hemd mit dem Vorderteil nach oben auf dem Bügeltisch positionieren. Den obersten Knopf schließen, danach jeden weiteren zweiten Knopf. Das Hemd gleichmäßig glatt ziehen und mit dem Vorderteil nach unten längsseitig auf den Bügeltisch legen. Die Vorderteile gleichmäßig in Ärmelbreite einschlagen und beide Ärmel sorgfältig darüberlegen.

Das Hemd zweimal der Länge nach zusammenfalten. Hilfreich ist dabei, eine Hand auf die Umbruchstelle zu legen, um dann mit der anderen Hand das freie

Ende des Hemdes aufzunehmen und umzulegen.
Mit der Hand in der Umbruchstelle lassen sich durch das Knicken möglicherweise entstandene Falten ausstreichen.

*Glätten einer Hose*
Die Hose zunächst ausschlagen, Nähte und Reißverschluss ausstreichen und den Bund glatt ziehen. Dann die Hosentaschen trocken bügeln. Der Hosenbund wird zuerst von links, dann von rechts trocken gebügelt. Das Hosenoberteil über den Bügeltisch ziehen und vom weiten Bereich zum engeren hin bügeln. Die Nähte straff ziehen und trocken bügeln.
Wird eine Hose ohne Bügelfalte bearbeitet, legt man das Hosenbein so auf den Bügeltisch, dass die Rückseite nach oben weist und die Seitennaht sich parallel zur Bügeltischkante befindet. So lässt sich zuerst die Rückseite des Hosenbeins bügeln, die Vorderseite danach entsprechend. Das Ganze beim zweiten Hosenbein wiederholen.
Feuchtet man vor dem Einbügeln der Falten den Stoff von links etwas an, werden die Falten stabiler.
Wird eine Hose mit Bügelfalte gebügelt, legt man das linke Hosenbein mit der Außenseite so auf den Bügeltisch, dass beide Nähte genau aufeinander liegen. Dabei gilt es, die vorhandene Bügelfalte zu berücksichtigen. Zunächst die Hoseninnenseite bügeln, dann ebenso die Außenseite. Um ein besseres Ergebnis zu erzielen, werden die Falten bei Bedarf eingebügelt. Die Hose sollte dabei möglichst wenig bewegt werden, damit der Knick gleichmäßig ausfällt. Die Hose nach getaner Arbeit zum Ausdampfen auf einen Hosenbügel hängen.

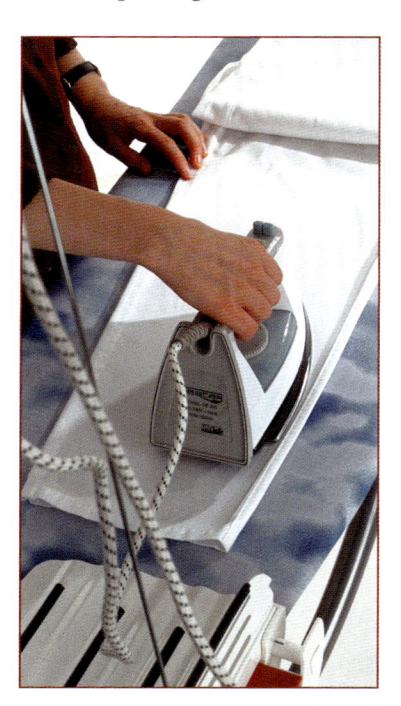

## Tipps

- *Kräuselkrepp* und andere Strukturgewebe sollten nur leicht mit einem feuchten Tuch von links gebügelt werden, damit die Struktur erhalten bleibt. Bei Feuchtigkeit gehen echte Kreppstoffe stark ein.
- *Pflegeleichte Textilien* erfordern meist kein Bügeln, wer es ganz genau nimmt, kann die Nähte nachbügeln.
- *Spitzen* werden nach Möglichkeit mit der Breitseite des Bügeleisens geglättet, damit sie keinen Schaden nehmen.
- *Wollstoffe bzw. Strickwaren* sollten genau in Form gezogen und danach nur leicht gedämpft werden. Der Dampf nimmt die Faser mit nach oben, so dass keine Glanzstellen entstehen. Bügeln Sie den Stoff aber nie ganz trocken.
- Zum *Einbügeln von Falten* den Stoff erst glatt bügeln. Dann die Falten einzeln einlegen, die Knicke befeuchten (am besten von links) und festbügeln. Bei Wollstoffen nur dämpfen. Vergessen Sie dabei nicht, ein feuchtes Tuch zwischen Bügeleisen und Kleidungsstück zu legen.
- *Knitterfalten und Druckstellen* sollte man in feuchter Luft aushängen lassen. Dann erst bügeln oder dämpfen. Das ist besonders bei Florgewebe wichtig (Samt z. B.). In den meisten Fällen ist nach dem Aushängen allerdings kein Bügeln mehr erforderlich.
- Bei *Abnähern oder Ärmeleinsatznähten* kann zum Formen des Materials Stoffweite eingebügelt werden.
- *Einlegematerial* lässt sich am Oberstoff anbügeln oder auch einbügeln. Die Hersteller geben für die Einlagearten besondere Hinweise, die beachtet werden sollten.
- Das *Ausbügeln von Nähten* wird auf links ausgeführt. Dafür legt man unter die Nahtzugabe dünne Zwischentücher oder Seidenpapier, damit sich die Nahtränder nicht nach rechts durchdrücken.
- Auch *Samt* lässt sich gut ausbügeln. Man legt ihn über eine Bürste oder eine weiche Schaumstoffunterlage und bügelt auf links mit einem feuchten Tuch.

*Reinigung und Pflege von Textilien*

Damit Sie lange Freude an Ihrer Wäsche haben, sollte diese nicht nur gepflegt aussehen, sondern auch gepflegt sein. Wenn Sie unsere Ratschläge befolgen, werden Sie sehen, dass Ihre Lieblingsstücke ganz einfach in Schuss zu halten sind.

# REINE FORMSACHE.
## Waschen und Bügeln allein reicht oft nicht aus, um die Wäsche optimal zu pflegen. Wir zeigen Ihnen, wie's geht.

### DAS MACHEN SIE SELBST – EXTRAS IN SACHEN WÄSCHEPFLEGE

**Aufbügeln – Aufdämpfen**

Dämpfen Sie nur gewaschene, saubere und trockene Kleidungsstücke, um das Material zu schonen. Gedämpft werden kann mit dem Dampfbügeleisen direkt, bei empfindlichen Gegenständen übernimmt ein feuchtes Baumwolltuch die Schutzfunktion. So vermeidet man Druck- und Glanzstellen. Beim Dämpfen mit einem feuchten Tuch ist zu beachten: feuchtes Tuch auf den ausgestreiften Gegenstand glatt auflegen, dann das Bügeleisen auf das feuchte Tuch stellen bis dieses nicht mehr dampft und trocken ist. Der Vorgang wird wiederholt, bis das Kleidungsstück fertig bearbeitet ist. Aufbügeln oder Aufdämpfen verbessert die Form und beseitigt Glanzstellen. Der gedämpfte Gegenstand wird aufgehängt, damit die Restfeuchte austrocknet.

Die saubere Kleidung aufgehängt oder zusammengelegt aufbewahren, und zwar luftig, trocken, staubfrei und vor Ungeziefer geschützt.

**Ausbürsten**

Durch Ausbürsten lassen sich einige Wasch- und Reinigungsprozesse vermeiden, was ebenso zur Materialschonung wie auch zum Umweltschutz beiträgt. Die Kleidungsstücke werden mit einem „nebelfeuchten" Frottierlappen, einer Kleiderbürste oder einem Schwamm ausgebürstet, die man zuvor mit Essig, Salmiak- oder Feinwaschmittellösung benetzt. Taschen, Ärmel oder Hosenaufschläge erfordern beim Ausbürsten besondere Vorsicht. Bessern Sie schadhafte Stellen sofort aus oder sammeln Sie gleich mehrere und verschieben das Flicken auf später. Flecken in Kleidungsstücken sollten allerdings möglichst sofort entfernt werden.

## Wäschepflege

### Auslüften – Aushängen

Zur Formerhaltung werden die Kleidungsstücke auf Bügel gehängt. Das Auslüften der Kleidung erfolgt am besten im Freien, denn es bezweckt eine Geruchsverbesserung. Um ein Ausbleichen zu vermeiden, sollte die Kleidung jedoch vor Sonne und Regen geschützt werden. Feuchte Luft unterstützt das Auslüften und Aushängen. Knitter und ausgebeulte Stellen bilden sich zurück, denn durch die Aufnahme der Luftfeuchtigkeit in das Gewebe nimmt das Kleidungsstück seine ursprüngliche Form wieder an.

### Vorbereitung für die Reinigung

Wertvolle Kleidung mit schwer entfernbaren Flecken sollte man in die Reinigung geben. In jedem Fall von Vorteil ist, wenn Sie dort die Art der Flecken angeben können. Dadurch entfällt das Ausprobieren verschiedener Mittel und Gewebe samt Farbe werden geschont.
Achten Sie unbedingt auf die internationalen Pflegekennzeichen (siehe unten), um festzustellen, ob das Kleidungsstück überhaupt gereinigt werden darf. Die Beachtung der Pflegesymbole dient der materialgerechten Behandlung der Kleidung.

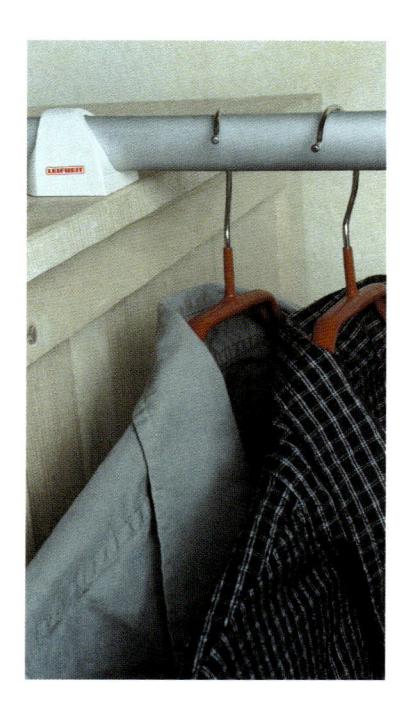

### Tipps

- *Knöpfe, Schnallen, Gürtel* und Zubehör, die nicht reinigungsbeständig sind, sollte man vorher entfernen.
- *Flecken* und *besondere Schmutzstellen* können mit weißem Faden gekennzeichnet werden. So lassen sie sich leichter erkennen.
- Taschen leeren und gründlich durchsehen.
- Reinigungsbeständige Gürtel und andere lose Teile sollten am Kleidungsstück befestigt werden, damit sie nicht verloren gehen.
- *Beschädigungen* schon vor der Reinigung ausbessern.
- Bereits beim Einkauf sollte darauf geachtet werden, dass die Textilien möglichst maschinenwaschbar sind. Die Chemiereinigung ist teuer und belastet die Umwelt.
- Beim Abholen des gereinigten Kleidungsstücks sollte dieses genau kontrolliert werden, damit, falls nötig, direkt eine Reklamation erfolgen kann.
- Nach der *Chemiereinigung* müssen die Kleidungsstücke gelüftet werden, bevor man sie im Schrank verstaut.

### Die wichtigsten Pflegesymbole

◯     Chemische Reinigung ist möglich.

⊗     Chemische Reinigung ist nicht möglich. Es dürfen keine lösungsmittelhaltigen Fleckentfernungsmittel verwendet werden.

Die Buchstaben im Kreis geben dem Chemiereiniger den Hinweis über die in Frage kommenden Lösungsmittel.

Ⓐ     Normalreinigungsverfahren, Kiloreinigung und Reinigung in Münzautomaten sind möglich.

Ⓟ     Handelsübliche Fleckentfernungsmittel können mit Einschränkung verwendet werden.

Ⓟ     Reinigungsverfahren für empfindliche Stoffe.

Ⓕ Ⓕ     Kiloreinigung und Reinigung in Münzautomaten sind nicht möglich.

Es passiert immer wieder: Ein Glas Rotwein kippt um, die Bratensoße spritzt aufs Hemd. Doch Sie müssen nicht gleich zum Fleckenteufel greifen oder Ihre Wäsche zum selbigen jagen. Wir zeigen Ihnen hier die effektivsten Hausmittel.

# PORENTIEF REIN. So rücken Sie selbst den hartnäckigsten Flecken zu Leibe.

### FLECKENTFERNUNG

Aus nicht waschbaren Kleidungsstücken können kleinere Verschmutzungen selbst entfernt werden. Besonders hilfreich ist es, wenn Sie den Flecken nach seiner Zusammensetzung bestimmen können und das Material des Kleidungsstückes genau kennen. Die Flecken so schnell wie möglich nach ihrer Entstehung entfernen, da frische Flecken noch nicht so tief in den Stoff eingedrungen sind und sich besser behandeln lassen. Arbeiten Sie am besten bei Tageslicht und sorgen Sie für ausreichend Frischluftzufuhr. Beachten Sie unbedingt die Dosierungsangaben und Vorschriften auf der Verpackung der Fleckenmittel, um Unfälle zu vermeiden.

Bestehen Ihre Flecken aus mehreren Substanzen (Fett und Farbstoffen beispielsweise), müssen eventuell mehrere Mittel verwendet werden. Achten Sie besonders auf die Verträglichkeit der Substanzen untereinander! Haben Sie die Fleckenart bestimmt, sollten zuerst milde, und wenn diese nicht wirken, dann stärkere Produkte probiert werden.

Um kein Risiko einzugehen, wertvolle Textilien besser in die Reinigung geben, ohne es vorher selbst zu probieren. Chemische Spezialmittel, die man selbst anschafft, sind teuer, und die professionelle Reinigung ist oft doch die sicherere Methode.

### Weg mit dem Fleck ...

Den Flecken zuerst mit saugfähigem Papier (Löschpapier) oder einem Lappen abtupfen, um den losen Schmutz zu entfernen. Verschmutzungen, die auf der Oberfläche haften, sollten abgeschabt werden (Kaugummi, Ei, harter Wachs), das erleichtert die Weiterbehandlung.

Versuchen Sie anschließend zunächst einmal, den Flecken mit

einer Feinwaschmittellösung vorsichtig auszureiben. Gelingt dies nicht, so müssen spezielle Fleckenmittel angewendet werden.

Das Fleckenmittel auf einen Lappen geben und auf seine Verträglichkeit hin an einer unsichtbaren Stelle (z. B. am Saum) überprüfen. Chemische Fleckenmittel nur bei hartnäckigen Verschmutzungen und besonders sparsam einsetzen.

Fleckenstelle auf eine saugfähige Unterlage legen, verfleckte Stelle mit einer Hand leicht spannen, mit der anderen Hand Fleckenmittel mittels eines Lappens in kreisenden Bewegungen leicht betupfen, aber nicht reiben. Das Lösungsmittel nie auf den Flecken schütten, sondern ein Tuch möglichst aus dem gleichen Material mit dem Lösungsmittel anfeuchten, um das Textil schonend zu behandeln. Dabei die Fleckenstelle auf der Unterlage verschieben, damit diese den Schmutz aufnehmen kann. Jedes Fleckenmittel muss vollständig aus dem Gewebe entfernt sein, bevor ein anderes zur Anwendung kommt.

### Nach der Fleckentfernung ...

das Kleidungsstück gut lüften, Fleckenmittel trocknen lassen und die Stelle eventuell zusätzlich überbürsten.

Im Handel werden verschiedene Fleckenmittel für die einzelnen Fleckenarten angeboten. Da sie meist umweltschädliche Stoffe enthalten, sollten sie erst dann angewendet werden, wenn alle Hausmittel versagt haben. Dies gilt gleichermaßen für die Verwendung von Löse- und Bleichmitteln. Außerdem lassen sich die Reaktionen von Fleckenentfernungsmitteln auf Stoff und Flecken oft nur schwer abschätzen. Häufig sind Ausrüstungsart der Gewebe und die Zusammensetzung der Flecken unbekannt. Fleckenbehandlung mit chemischen Mitteln wegen der eventuell giftigen Dämpfe nur am offenen Fenster durchführen. Arbeiten Sie nicht bei offenem Feuer (Zigarette oder Kerze), halten Sie diese Mittel unter Verschluss und bewahren Sie sie stets in der Originalverpackung auf.

## FLECKENMITTEL

**Was Großmütter noch wussten ... alte Hausmittel gegen Flecken**
- *Buttermilch* zum Einweichen von Obst und Farbflecken, Stockflecken (Schuss Essig), Tinte, Margarine
- *Schmalz* zum Aufweichen von Teerflecken oder Fahrradschmiere
- *Gall-/Kernseife* gegen Fettflecken, Kugelschreiber, Likör
- *Salz* zum Aufsaugen und Bleichen von Rotwein, Obstflecken
- *Salzwasser* gegen eingetrocknete Blutflecken
- *Essig* und *Zitronensaft* gegen Obstflecken, Kalkflecken, Rasierschaum, Schweiß, Tinte, Rost

**Schonende, selbst hergestellte „Fleckenwasser"**
- *Ungesalzenes Kochwasser* von weißen Bohnen und Kartoffeln
- *rohe Kartoffeln* gegen Jodflecken; anschließend in kaltes Wasser legen
- *Spinat, Zwiebel (Saft)* gegen Versengungen durch Bügeleisen oder Zigaretten

### Lösemittel
- Waschbenzin gegen Fettflecken
- Aceton gegen Klebstoffreste und Nagellack. Aber Vorsicht: Nicht bei Acetatseide verwenden.
- Terpentingeist gegen Ölfarbe, Harze, Druckerschwärze
- Glyzerin gegen Harzflecke, Fettflecke, Kaffee, Lippenstift, Parfüm
- Salmiakgeist gegen Farbflecke, Butter, Eiweiß, Lakritz, Maschinenöl, Senf, Speiseeis
- *Fleckenwasser* für empfindliche Stoffe: ein Teil Salmiakgeist, 8 Teile Wasser

### Bleichmittel
- Eau de Javel (Chlorbleiche) gegen Stockflecken, Grasflecken, Tee, Kaffee, Lippenstift
- Wasserstoffperoxid gegen Stockflecken, Grasflecken, Tee, Kaffee, Lippenstift
- Borax (Natronbleiche) gegen Stockflecken, Grasflecken, Tee, Kaffee, Lippenstift
- Entfärber gegen Stockflecken, Grasflecken, Tee, Kaffee, Lippenstift

*Bleichmittel immer mit Vorsicht anwenden!*

Reinigung und Pflege von Textilien

## FLECKENTFERNUNG VON A-Z

### Alkohol
mit Geschirrspülmittel abtupfen und mit warmem Wasser ausspülen.

### Beeren – Früchte
Textilien sofort in kaltem Salzwasser auswaschen.
Statt Salzwasser kann man auch Essiglösung verwenden.
*Eingetrocknete Flecken* mit Glyzerin einweichen. *Hartnäckige Flecken* lassen sich mit Äthanol oder Wasserstoffperoxid entfernen. Das Kleidungsstück sollte anschließend mit Waschpulver gewaschen werden.
Flecken von *Blaubeeren* in saurer Milch einweichen und mit warmem Wasser auswaschen.

### Benzin, Petroleum, Heizöl
*Kochwäsche* kann mit einem Brei aus Schlämmkreide und Eukalyptusöl eingerieben werden. An der Luft trocknen lassen. Restflecken mit Seife einreiben und waschen. Sehr *hartnäckige Flecken* mit Terpentinöl einreiben und waschen.
Bei *Buntwäsche, Seide* und *Wolle* lässt sich ebenso verfahren.

### Bier
kann man mit lauwarmem Wasser auswaschen oder das Kleidungsstück mit *Geschirrspülmittel* behandeln. Besonders hartnäckige Flecken mit *Essiglösung* entfernen. Flecken mit verdünntem *Salmiakgeist* einweichen und dann waschen.
*Alte Flecken* in Buntwäsche werden vor dem Waschen mit Glyzerin aufgeweicht.
*Bierflecken in Wolle* reibt man mit *Salzwasser* ein und spült sie in warmem Wasser aus.
*Bierflecken in Seide* kann man mit einer Mischung aus einem Teil Weingeist und einem Teil Wasser einreiben und anschließend waschen.

### Bleistift
Flecken können mit warmem *Wasser* entfernt werden. Bleistiftflecken auf Leder lassen sich ausradieren.

### Blut
sofort unbedingt in **kaltem** Wasser einweichen. Kommt Blut nämlich mit warmem Wasser in Berührung, gerinnt es direkt. Die Flecken sind dann besonders hartnäckig und lassen sich nur schwer entfernen.
*Eingetrocknete Blutflecken* in Salzwasser einweichen und später in warmer Waschlauge waschen. Blutflecken kann man auch in *Sodawasser* einweichen und später materialgerecht in die Wäsche geben.
*Alte Flecken* mit verdünntem Salmiakgeist betupfen und waschen.
*Blutflecken auf Seide* lassen sich mit einem in Alkohol getränkten Lappen betupfen und mit Löschpapier oder Küchenkrepp einige Male absaugen.

### Bowle
mit *Seifenwasser* auswaschen. Empfindliche Stoffe mit verdünntem *Salmiakgeist* behandeln.

### Brand-/Sengflecken
Ist *Kochwäsche* betroffen, sollten Sie den Stoff anfeuchten und mit Salz, Zitronensaft, Essigwasser und Puderzucker bestreuen. Einige Zeit in der Sonne einwirken lassen und ausspülen. Dann eventuell wieder in der Sonne bleichen.
Ist ein Brandfleck in der *Buntwäsche,* diesen einfach mit Boraxwasser abwischen, mit Glyzerin einreiben und waschen. Die Prozedur bei Bedarf wiederholen. Sengflecken in heller *Seide* mit einem Brei aus Natron und Wasser bestreichen und in der Sonne trocknen. Danach sofort mit einer Mischung aus Wasser und Spiritus abreiben und auswaschen.

### Butter
kann mit verdünntem Salmiakgeist entfernt werden.

### Coca Cola
sollte sofort in kaltem Wasser eingeweicht werden, um die Wäsche anschließend materialgerecht zu waschen. *Hartnäckige Flecken* können mit Wasserstoffperoxid entfernt werden. Mit warmem Wasser abtupfen und mit Feinwaschmittel nachbehandeln.

### Druckerschwärze
Flecken mit Terpentin auswaschen.

### Eigelb
Eigelbflecken erst trocknen lassen, später die trockene Schicht abschaben. Waschen Sie den Flecken danach mit Reinigungsbenzin aus.

### Eiweiß
Frische Eiweißflecken in kaltem Wasser auswaschen. Ältere Flecken in verdünntem Salmiakgeist einweichen und dann in kaltem Wasser auswaschen.

### Eis
Flecken mit kaltem Salzwasser tränken. *Hartnäckige Flecken* mit Perchloräthylen entfernen.

### Erdbeeren
Frische Flecken lassen sich mit lauwarmem Wasser auswaschen,

Fleckentfernung

# Reinigung und Pflege von Textilien

ältere Flecken mit Seifenwasser. Bei empfindlichen Stoffen wird der Flecken mit reinem Alkohol befeuchtet und mit Wasser gespült.

## Farben
Flecken sofort behandeln: Wasserlösliche *Anstrichfarben* mit kaltem Wasser entfernen. Nichtwasserlöslichen Farben rückt man mit Reinigungsbenzin zu Leibe.
*Angetrocknete Flecken* können mit Terpentin entfernt werden. Ölfarbflecken sofort mit Terpentinöl beträufeln und mit Küchenkrepp aufsaugen.
*Acrylfarben* mit einer Mischung aus Spiritus und etwas Salmiakgeist betupfen und mit Küchenkrepp aufsaugen. Das Ganze mehrmals wiederholen und dann waschen.
*Alte Flecken in Wolle* mit einer Mischung aus einem Teil Terpentinöl, einem Teil Seifenspiritus und einem Teil Salmiakgeist betupfen und mit Küchenkrepp aufsaugen. Mit Wasser ausspülen und waschen.

## Fensterkitt
Flecken können mit Terpentin ausgewaschen werden. *Ältere Flecken* kann man in Petroleum einweichen und auswaschen.

## Fett, Öl
in *Baumwolle* und *synthetischen Geweben* mit Kernseife oder Gallseife einreiben und materialgerecht waschen.
Bei *Wolle und Seide* mit Feinwaschmittel oder Reinigungsbenzin waschen.
Man kann die Flecken auch mit Kartoffelmehl oder Kreide bedecken und nach 15 min ausbürsten.
*Hartnäckige Flecken* werden in Reinigungsbenzin eingeweicht und später gewaschen. Statt Benzin kann auch Perchloräthylen genommen werden – oder Fleckenwasser.

## Gras
Weiße *Baumwolle* und *Leinen* bei 95 °C waschen. Die Flecken können eventuell auch mit Alkohol und Spiritus entfernt werden.
*Wolle* und *Seide* mit Feinwaschmittel und Alkohol auswaschen.
*Weiße Gewebe* können mit Entfärber behandelt werden. Weiße Textilien können mit einer Lösung aus 50 g Wasser, 50 g Salmiakgeist und 5 g Wasserstoffsuperoxid eingerieben werden. Danach in kaltem Wasser auswaschen.
Andere Stoffe lassen sich mit einer Mischung aus heißem Wasser mit einem Schuss Spiritus und einigen Tropfen Salmiakgeist reinigen.
Man kann die Stoffe auch in Salmiakseifenlösung einweichen und die hartnäckigen Flecken mit Äthanol behandeln. Danach muss unbedingt noch nachgewaschen werden.
*Kochwäsche* lässt sich auch mit Zitronensaft einreiben, gut ausspülen und in der Sonne bleichen.
*Alte Flecken* können in Sauermilch eingeweicht und mit frischer Milch gespült werden. Danach die Textilien waschen.
*Wolle* mit verdünntem Salmiakgeist behandeln. Dabei nicht reiben, sondern nur betupfen und mit kaltem Wasser auswaschen.
*Seide* kann man mit einer Mischung aus 3 Teilen Seifenspiritus und einem Teil Salmiakgeist behandeln und sofort mit kaltem Wasser auswaschen.

## Haarspray
lässt sich mit kaltem Wasser und etwas Äthanol mit einem Schwämmchen abwischen.

## Harz
*Alte Flecken* mit Terpentin einweichen und waschen.
Harz in *Kochwäsche* zunächst abschaben, dann mit reinem Alkohol, Spiritus oder Terpentinöl abreiben. Die Flüssigkeit aus dem Gewebe mit Küchenkrepp aufsaugen, mit Terpentinöl nachreiben und waschen.
*Buntwäsche* nur mit Spiritus abreiben, den Rest auf Küchenkrepp ausbügeln.
Harz in *Wolle* abschaben und dann mit Schmalz und Seife bestreichen und einwirken lassen. Mit warmem Wasser und einigen Tropfen Terpentinöl behandeln, danach auswaschen.
Bei *Seide* den Harzflecken mit Butter bestreichen und einwirken lassen. Den Butterflecken wiederum mit einer Mischung aus Kartoffelmehl und Alkohol bestreichen und trocknen lassen. Dann auf Küchenkrepp ausbügeln.

## Hautcreme
Flecken abschaben und in verdünntem Salmiakgeist einweichen.
*Eingetrocknete Flecken* mit Glyzerin tränken.
Flecken in empfindlichen Stoffen durch Aufstreuen von Kartoffelmehl oder Kreide entfernen.

## Holzleim
kann mühelos mit Seifenwasser ausgewaschen werden.

## Holunderbeeren
mit Wasserstoffsuperoxid auswaschen und mit kaltem Wasser spülen.

Fleckentfernung

137

Reinigung und Pflege von Textilien

### Honig

in Seifenlösung einweichen. *Hartnäckige* Flecken mit Reinigungsbenzin oder mit Perchloräthylen behandeln.

### Joghurt

*Alte Flecken* mit einer Mischung aus Spiritus und Salmiakgeist abwischen und mit Wasser auswaschen.

### Jod

Flecken sofort mit einer rohen Kartoffel einreiben und dann ins Wasser legen. *Ältere Flecken* lassen sich mit verdünntem Salmiakgeist entfernen.

### Johannisbeeren

mit Zitronensaft einweichen und mit lauwarmem Wasser auswaschen.

### Kaffee

Den Flecken mit Salmiakseifenlösung tränken und mit heißem Wasser auswaschen.
*Alte Flecken* entweder in Glyzerin einweichen und auswaschen oder in lauwarmem Salzwasser einweichen und dann mit Eigelb und Glyzerin einreiben. Danach erst kalt, dann lauwarm auswaschen.
*Frische Flecken* lassen sich leicht mit lauwarmem Salzwasser behandeln und anschließend heiß auswaschen.
Bei *Buntwäsche* wird der Stoff zunächst in Milch gelegt, bis die Milch sauer ist. Mit lauwarmem Wasser auswaschen.
Einen Kaffeeflecken in *Wolle* mit Glyzerin befeuchten und in lauwarmem Wasser waschen. Der Fleckenrest kann dann zwischen Küchenkrepp ausgebügelt werden.
Kaffee auf *Seide* wird mit Eigelb und Glyzerin eingerieben. Nach 30 min mit lauwarmem Wasser ausspülen.

### Kaugummi

Der Fleck wird mit Eiswürfeln gekühlt, bis der Kaugummi hart ist. Anschließend kann er abgehoben werden. Verbleibende Reste lassen sich mit Reinigungsbenzin oder Perchloräthylen entfernen. Eine andere Möglichkeit: Das Kleidungsstück in einen Plastikbeutel legen und für eine Stunde in die Tiefkühltruhe geben. Später lässt sich der Flecken dann ausbürsten. Bei *Wolle* kann der Flecken abgekratzt werden. Auch bei *Seide* den Flecken vorsichtig abkratzen. Anschließend vorsichtig mit Alkohol abreiben.

### Kerzenwachs

Wachs zuerst hart werden lassen. Man kann ihn dann mit einem Messerrücken abschaben oder brechen.
Alternativ lässt sich das Wäschestück in kaltes Wasser geben, bis der Wachs hart ist und bricht. Anschließend Küchenkrepp über und unter den Flecken legen, darauf ein Seidenpapier und so den Fleckenrest abbügeln. Dabei das Papier öfter wechseln.
*Fleckenränder* lassen sich mit Spiritus entfernen. Auch *farbige Wachsflecken* vor dem Waschen mit Spiritus einreiben.
Bei *Wolle* oder *Seide* lässt man heißes Wasser auf die Rückseite des Stoffes träufeln, um das Wachs zu schmelzen. Den flüssigen Wachs dann mit Küchenkrepp aufnehmen.

### Ketchup

mit Waschmittel einweichen und waschen. *Eingetrocknete Flecken* lassen sich mit Reinigungsbenzin entfernen.

### Klebstoff

Einige Klebstoffe sind durch Einweichen in lauwarmem Essigwasser zu entfernen, die meisten Klebstoffe lassen sich allerdings nur durch Einweichen in Spiritus beseitigen. Danach muss gut ausgespült werden.
Achten Sie bei der Verwendung von Aceton darauf, dass das Gewebe nicht aus *Acetat* oder *Triacetat* besteht.
Eventuell kann auch Nagellackentferner eingesetzt werden.

### Kugelschreiber

Meist lässt sich der Flecken mit Alkohol behandeln, mit Kernseife einreiben und waschen.
Man kann den Flecken aber auch in Reinigungsbenzin oder in einer Essiglösung einweichen, mit Gallseife betupfen und gründlich mit Wasser nachspülen.
*Empfindliche Stoffe* werden mit reinem Alkohol behandelt.
*Frische Flecken* lassen sich oft schon mit Seifenwasser auswaschen.

### Lakritz

Flecken lassen sich mit einer Salmiakgeistlösung entfernen. Danach gut auswaschen.

### Likör

Likörflecken lassen sich mit Gallseife beseitigen. Danach gründlich waschen.

### Limonade

Den Flecken möglichst bald mit Salzwasser oder Essiglösung behandeln und auswaschen.
*Eingetrocknete Flecken* kann man in Glyzerin einweichen und entfernen. Anschließend auswaschen.

### Lippenstift

Flecken mit Glyzerin einweichen

und dann waschen oder direkt mit kaltem Salzwasser behandeln. Man kann auch Essigwasser nehmen. Reste von Lippenstiftflecken mit Salmiakgeist betupfen und in Seifenwasser waschen.

### Marmelade
in Seifenwasser einweichen und anschließend waschen. Bei *hartnäckigen* Flecken kann man Perchloräthylen anwenden.

### Maschinenöl
Der Flecken wird in Salmiakgeistlösung eingeweicht und dann mit lauwarmem Wasser ausgespült.

### Milch
Milchflecken erst in kaltem, dann in heißem Seifenwasser waschen. *Alte Flecken* auf *Seide* mit einer Mischung aus Spiritus und Salmiakgeist betupfen und dann mit Wasser auswaschen.

### Möhren
Den Flecken vor dem Waschen mit etwas Schmierseife behandeln, kurz einweichen und auswaschen, oder Wäscheteil vor dem Waschen in die Sonne hängen.

### Nagellack
Mit Nagellackentferner behandeln. Vorsicht bei Acetat!

### Obst
Diese Flecken vor dem Waschen mit Salz bestreuen, einige Zeit einwirken lassen und dann auswaschen.
*Alte Flecken* kann man mit einer stark verdünnten Salmiakgeistlösung behandeln. Anschließend in heißer Milch einweichen und mit Salzwasser ausspülen.
Flecken in *Wolle* lassen sich mit Alkohol abreiben. Bei weißer Wolle kann man auch Zitronensaft benutzen.
Obstflecken auf heller *Seide* mit Zitronensaft oder Salmiakgeistlösung betupfen und sofort mit Spiritus nachreiben.

### Öl
Mit Kartoffel- oder Roggenmehl bestreuen, trocknen lassen und ausbürsten.
Bei *Seide* frische Flecken mit Kölnisch Wasser abreiben. Schwarze Seide mit Salmiakgeist behandeln. Anschließend zwischen zwei Tüchern ausbügeln.
Eventuell mit Salmiakgeist abreiben und waschen.

### Parfüm
mit Glyzerin entfernen. Parfümflecken mit Alkohol betupfen und mit Wasser auswaschen.

### Petroleum
Der Flecken wird mit Speisestärke bestreut. Dann legt man ein Küchenkrepp darauf und bügelt über das Papier. Anschließend wird die Stärke abgebürstet und das Kleidungsstück noch einige Zeit gelüftet.

### Puder
Puder wird zunächst abgebürstet. Reste von Puder lassen sich mit Reinigungsbenzin ausbürsten.

### Rost
Gegen Rostflecken hilft Zitronensaft. Man kann aber die Textilien auch mit Oxalsäure behandeln (Kleesalz). Anschließend wird gut warm ausgespült und textilgerecht gewaschen.

### Rote Beete
Zunächst wäscht man den Flecken mit warmem Seifenwasser aus. Entfernen kann man ihn dann mit Salmiakgeistlösung.

### Rotkohl
Flecken lassen sich mit warmem Seifenwasser entfernen.

### Rotwein
Sofort Salz auf den Flecken streuen, denn es absorbiert einen Teil des Fleckens. Eine andere Möglichkeit: Weißwein auf den Flecken gießen.
Auf *alte Rotweinflecken* vor dem Waschen Salz aufstreuen und einwirken lassen.
Eventuell kann man nach der Behandlung mit Salz noch Zitronensaft dazugeben und heiß auswaschen.
Rotweinflecken in *Buntwäsche* lassen sich mit Kartoffelmehl bestreuen, ausbürsten, mit Boraxlösung abwischen und anschließend waschen.
Bei *eingetrockneten Flecken* kann man auch Glyzerin benutzen.
Rotweinflecken in *Wolle* bestreut man mit Salz und wäscht mit stark verdünntem Salmiakgeist aus.
*Hartnäckige Flecken* lassen sich mit dem Kochwasser von Salzkartoffeln nachbehandeln und waschen.
*Seide* wird bei Rotweinflecken mit saugendem Material bestreut. Man lässt es trocknen und bürstet es aus. Helle Seide kann man auch mit Seifenlösung einschmieren. Dazu etwas Pottasche auf den Flecken streuen und das Ganze zwei Tage liegen lassen, bis die Seide gewaschen wird.

### Sahne, Kondensmilch
in Wolle oder Seide wird mit Feinwaschmittel gewaschen oder mit Kernseife eingerieben.

Fleckentfernung

Reinigung und Pflege von Textilien

## Schokolade

Derartige Flecken weicht man in etwas Glyzerin ein und wäscht sie anschließend mit warmem Seifenwasser aus. Man kann den Flecken auch in warmer Salmiakgeistlösung einweichen und später auswaschen.
*Hartnäckige Flecken* lassen sich mit Waschbenzin entfernen. Schoko-Flecken können auch in Weingeist eingeweicht werden, danach gründlich auswaschen.

## Schuhcreme

*Kochwäsche* wird mit Seifenspiritus, Weingeist oder Terpentinöl eingerieben und anschließend gewaschen. Dem Waschwasser einen Schuss Salmiakgeist zugeben.
Flecken auf nicht farbechter *Buntwäsche* werden in einer Mischung aus Seifenspiritus und Salmiakgeist ausgewaschen und gut mit warmem Wasser gespült.
*Wollsocken* kann man mit verdünntem Weingeist oder erhitztem Alkohol einreiben. Danach mit verdünntem Salmiakgeist auswaschen.

## Schweiß

Flecken werden mit Spiritus betupft und gewaschen. Bei *hartnäckigen Flecken* wird das Kleidungsstück in Kristall-Soda-Lösung behandelt.
Flecken in *Buntwäsche* werden zuerst mit Wasser, dann mit Salmiakgeist und Wasser betupft und gewaschen.
*Alte Flecken* kann man mit Essig betupfen, auswaschen und in die Wäsche geben.
Empfindliche Farben werden mit verdünntem Essig betupft.
Schweiß kann *Seide* zerstören. Deshalb sollte Seide möglichst schnell mit ungesalzenem Kochwasser von Kartoffeln, dem ein Schuss Salmiakgeist zugegeben wurde, gewaschen werden.
Besonders *hartnäckige Flecken* lassen sich mit Äthanol vorbehandeln.
Flecken vor dem Waschen einige Zeit in Essigwasser einweichen und die Flecken verschwinden.

## Senf

Senf lässt sich mit Geschirrspülmittel entfernen. Senfflecken kann man auch mit warmem Seifenwasser behandeln und anschließend mit etwas Salmiakgeistlösung bearbeiten.
*Ältere Flecken* weicht man in Glyzerin ein und wäscht dann mit warmem Seifenwasser aus.

## Spinat

Die Flecken mit einer rohen Kartoffel einreiben und danach in warmem Seifenwasser auswaschen.

## Stockflecken

Die Kleidung wird in einer Lösung aus Buttermilch mit einem Schuss Essig eingeweicht. Man lässt das Kleidungsstück über Nacht darin liegen und wäscht dann materialgerecht.

## Tee

*Frische Teeflecken* lassen sich mit warmem Seifenwasser auswaschen.
*Ältere Teeflecken* werden mit Glyzerin oder mit mit Wasser verdünntem Zitronensaft behandelt. Anschließend gut mit warmem Wasser auswaschen.

## Teer

Teerflecken mit Seifenwasser auswaschen und mit Reinigungsbenzin nachbehandeln.

## Tinte

Mit kaltem Wasser und Waschmittellösung waschen oder den Stoff auf eine saugende Unterlage legen und mit Seifenspiritus einreiben. Sofort waschen und spülen.
Tinte in *Buntwäsche* wird mit Buttermilch oder Glyzerin aufgeweicht.
*Hartnäckige Flecken* vor dem Waschen in Essig oder Milch einweichen, dann gründlich waschen.
Tinte in *Wolle* mit Milch betupfen und mit Küchenkrepp aufsaugen.
Tinte auf *Seide* 24 Stunden lang in Milch einweichen, danach erst mit kaltem, dann mit warmem Seifenwasser waschen und spülen.

## Tomaten

*Frische Flecken* mit warmem Seifenwasser auswaschen.
*Ältere Flecken* vor dem Waschen in Sodawasser einweichen und dann gründlich auswaschen.

## Tusche

Flecken in kaltem Wasser auswaschen.

## Vogeldreck

Nach Möglichkeit sofort entfernen, abschaben und in Geschirrspülmittel oder Salmiakgeist einweichen. Mit Zitronensäure bzw. Essiglösung nachbehandeln.

Die Feste feiern wie sie fallen – das ist einfacher gesagt als getan!

# „FESTE SOLL MAN FEIERN…"

Doch mit der richtigen Vorbereitung ist selbst ein Abend mit sehr vielen Gästen ganz einfach über die Bühne zu bringen. Und das auch noch bei passender Kulisse! Wir zeigen Ihnen ganz einfache, aber sehr wirkungsvolle Tipps und Tricks, mit denen Sie Ihren Speisen das gewisse Etwas verleihen und Ihren Gästen Komplimente entlocken können.

Außerdem geben wir Anregungen für schöne Tischdekorationen, zeigen wie eine Tafel „richtig" eingedeckt wird und haben wundervolle Vorschläge für Tisch- und Menükarten für Sie zusammengestellt.
Zudem haben wir uns ganz ausführlich mit dem Thema „Backen" auseinandergesetzt und geben neben tollen Rezeptideen eine Übersicht über alle gängigen Backzubehöre. Nach diesen Seiten werden Sie sicherlich richtig Lust verspüren, mal wieder eine Party oder ein schönes Essen für Ihre Freunde zu planen. Legen Sie ruhig los – denn Gründe zum Feiern gibt es schließlich genug, ob nun ein Familienfest oder ein Geburtstag anstehen – oder eben einfach nur so!

## Schon

die Tischdekoration macht aus einem einfach nur gedeckten Tisch einen echten Augenschmaus. Farben, Stoffe und kleine Deko-Elemente unterstreichen die Stimmung und betonen den Anlass, zu dem eingeladen wurde. So lässt sich mit Blättern, Zapfen und Platzunterlagen aus Bambus eine wunderschöne Herbsttafel herrichten. Frische Farben und Blüten zaubern den Frühling auf den Tisch. Lassen Sie Ihrer Phantasie freien Lauf – Sie werden sehen, wie viel Spaß das Tischdecken plötzlich macht!

„Feste soll man feiern…"

"Feste soll man feiern..."

Sie haben Gäste zu einem festlichen Essen eingeladen. Doch wie planen Sie diesen Event richtig, wie viel müssen Sie einkaufen und wie schaffen Sie ein richtig edles Ambiente? Und wie war das nochmal mit den vielen Bestecken? Welches Glas gehört zu welchem Getränk? Sind Servietten aus Stoff noch zeitgemäß? Mit unseren Tipps und Tricks kann Ihr gedeckter Tisch es mit jedem Gourmet-Tempel aufnehmen.

## TISCHLEIN DECK DICH ...
## An einer schön dekorierten Tafel fühlen sich Ihre Gäste noch mal so wohl.

### ZEITPLAN

Feste zu feiern, ist immer zeitaufwändig. Rechtzeitige Planung und Vorbereitung sind deshalb unerlässlich, zumal Gastgeber oder Gastgeberin nicht die ganze Zeit in der Küche stehen möchten. Sie selbst sollten am Tisch, in der Runde der Familie und Freunde nicht fehlen und ganz entspannt mitfeiern.

Lassen Sie ihrer Kreativität freien Lauf und planen Sie: Ob außergewöhnliches Menü, Kaffeetafel oder Finger-Food-Party – gut geplant ist halb gewonnen. Anregungen aus Kochbüchern, Anlass und Jahreszeit können dabei zur eingebenden Inspiration werden.

Sie haben sich entschlossen, eine Party zu organisieren, aber ohne Stress? Dann lesen Sie weiter, wir sagen Ihnen, wie Sie das schaffen.

**Welche grundlegenden Gesichtspunkte gilt es zu beachten, wenn Sie eine Party vorbereiten wollen?**

Zuerst muss ein Zeitplan her, um sich eine gute Übersicht zu schaffen. Dazu sind folgende Vorüberlegungen wichtig und entscheidend:

- Was für ein Anlass soll gefeiert werden?
- Wie viele Leute lade ich ein – und wen?
- Habe ich genügend Platz zu Hause oder miete ich einfach einen großen Raum?
- Welchen Stil soll die Feier haben? Buffet, Gartenparty oder festlich gedeckter Tisch?
- Wer kann mir bei den Vorbereitungen helfen?
- Welche Dienstleistungen kann ich zu Hilfe nehmen? Bestelle ich alles beim Partyservice oder kaufe ich beim Fleischer fertig angerichtete Platten und mache selbst Salate dazu?
- Welche Mahlzeiten biete ich überhaupt an?
- Was kann ich selbst machen und was muss ich aus Zeit- oder Platzgründen kaufen?
- Wie viel Geld habe ich zur Verfügung?
- Wie lade ich die Gäste ein, mit schriftlichen oder mündlichen Einladungen?
- Wie sollen Raum- und Tischgestaltung aussehen? Hierfür entscheidend: Anlass, Personenkreis, persönlicher Geschmack und Größe samt Einrichtung des Raumes.

**Tisch decken**

**Zum Frühstücksgedeck** sollten auch Müslischale und ein Glas für frisch gepressten Saft gehören. Besonders witzig macht sich eine Zeitung an Stelle eines Platzdeckchens.
Für die größere Runde ebenfalls nett: Tischkärtchen, die zusammen mit der Serviette „angeklammert" werden.

**Korrekt eingedeckt** fürs klassische Menü: Zu jedem Gedeck gehören Rotwein-, Weißwein- und Wasserglas. Das Besteck liegt immer in der Reihenfolge, in der gegessen wird, und zwar von außen nach innen.
Das Dessertbesteck liegt oberhalb der Teller. Werden Brot und Butter gereicht, deckt man einen kleinen Brotteller links neben den Gabeln ein.

147

## „Feste soll man feiern..."

### MENGENPLAN

Sobald Sie wissen, wie viele Gäste kommen werden, können Sie sich an die Berechnung der benötigten Zutatenmenge machen. Das ist nicht so einfach, denn einerseits soll jeder satt werden, andererseits will man nicht tagelang von den Resten essen – selbst wenn die Speisen besonders gut gelingen. Richten Sie sich bei der Berechnung der Mengen nach den Rezeptangaben. Schwierig wird es, wenn Sie mehrere Personen bekochen wollen und eine dementsprechend große Auswahl an Speisen anbieten möchten. Dann gilt es, im passenden Verhältnis umzurechnen. Da zudem der Hunger der Gäste nicht unbedingt vorhersehbar ist, was von den verschiedensten Faktoren abhängen kann (Wetter, persönliches Befinden, Alkoholkonsum), sollten Sie sich immer einen „Puffer" einbauen: Eine Käseplatte mit Brot und Butter, mit Früchten dekoriert beispielsweise stellt diejenigen, die noch nicht ausreichend satt geworden sind, noch nachträglich zufrieden. Haben Sie gleich eine größere Gesellschaft eingeladen, kann nachts ein Mitternachtssüppchen angeboten werden. Sollte von diesen Zugaben noch etwas übrig bleiben: Reste lassen sich hervorragend einfrieren.

### EINDECKEN DES TISCHES

Die Größe des Tischtuches richtet sich nach der Form des Tisches: rund, quadratisch oder rechteckig. Besonders harmonisch sieht es aus, wenn das Tischtuch an allen Seiten gleichmäßig etwa 25 bis 30 cm überhängt. Breiten Sie die Tischdecke so aus, dass die Brüche parallel zu den Tischkanten verlaufen.
Je nach Oberfläche der Tischplatte lässt sich bei Bedarf eine Tischtuchunterlage (meist aus Molton) auflegen. Diese sorgt dafür, dass das Tischtuch nicht verrutscht, das Geschirr nicht klappert und die Tischoberfläche vor Flecken und Kratzern geschützt ist. Die Unterlage kann mit Hilfe von Bändern an den Tischbeinen oder mittels eines Gummizuges an der Tischplatte befestigt werden.
Ob Sie ein unifarbenes, ein bunt gemustertes oder ein hauchzartes Tischtuch wählen: Es sollte in Farbe und Art zum Geschirr passen, aber auch in den ganzen Rahmen (Anlass, Raum usw.). Bereits durch die Wahl des Tischschmuckes schaffen Sie ein besonderes Ambiente.

#### Das Gedeck
*Frühstücksgedeck*
Frühstücksteller, Untertasse mit Tasse, kleines Messer, Kaffeelöffel
*Erweitertes Frühstücksgedeck*
Frühstücksteller, Untertasse mit Tasse, evtl. Eierbecher, kleines Messer, kleine Gabel, Eierlöffel, Kaffeelöffel
*Kaffeegedeck*
Frühstücksteller, Untertasse mit Tasse, Kaffeelöffel, Kuchengabel, evtl. Dessertbesteck statt Kuchengabel
*Gedeck für Grundmenü*
Flacher Teller mit Weinglas, Wasserglas, Frühstücksteller oder Glasteller für Süßspeise, Messer und Gabel, Dessertmesser und -gabel oder Kaffeelöffel für Süßspeise
*Gedeck mit Suppe*
Flacher Teller, Suppenteller, Frühstücksteller oder Glasteller, Weinglas, Wasserglas, Menübesteck, Suppenlöffel, Dessertmesser und -gabel oder Kaffeelöffel
*Gedeck mit Vorspeise*
Statt Suppenteller Vorspeisenteller auf den flachen Teller stellen, Besteck zusätzlich für Vorspeise ohne Suppenlöffel
*Erweiterte Menüs*
Für jeden Gang müssen der entsprechende Teller und das entsprechende Besteck eingedeckt werden.

#### Gedeckanordnung
*Kleines Gedeck*
Suppe, Hauptgang, Dessert
Die Serviette wird auf den Platzteller gelegt, links Gabel, rechts Messer. Neben das Messer den Suppenlöffel. Dieser kann auch oberhalb des Tellerrandes liegen, darunter der Löffel zum Dessert. Oben links ein Brotteller mit Buttermesser, oben rechts Wasser- und Weinglas (von unten nach oben).
*Mittleres Gedeck*
Gibt es außer Suppe und Hauptgang noch ein Fischgericht, kommt ein Fischbesteck und ein zweites Weinglas hinzu. Die Bestecke liegen in der Folge der Gänge, von außen nach innen, wie sie genutzt werden. Die Gläser kommen von rechts nach links zum Einsatz.
*Großes Gedeck*
Bei mehrgängigem Menü wird wie folgt eingedeckt: Drei Bestecke für die Vorspeise, den Fisch und den Fleischgang, jeweils rechts und links vom Teller, sowie ein komplettes Dessertbesteck. Ganz rechts unten steht das Wasserglas, gefolgt vom Sherryglas zur Vorspeise, dem Weißweinglas zum Fisch, dem Rotweinglas zum Fleischgericht. Zum Dessert kommt das Sektglas.

## Tisch decken

### Tipps
- Beim Decken sollte darauf geachtet werden, dass die Entfernung von der Mitte des Platztellers zur Mitte des nächsten Tellers 70-80 cm beträgt. So ist Ellbogenfreiheit gewährt.
- Mehrere Gläser können auch so angeordnet werden, dass sie in Gruppen zusammenstehen, man sollte aber immer daran denken, dass das Glas, was zuerst benutzt wird, leicht zu erreichen ist. Das Wasserglas kann als letztes Glas eingedeckt werden.

### Die Serviette

Auf den Farbton des Tischtuches oder das Geschirr abgestimmt, hat die Serviette neben der nützlichen immer auch eine dekorative Wirkung – und die Dessins sind zahllos.

Stoffservietten werden in den Größen 40 × 40 cm und 50 × 50 cm verwendet. Die größeren Servietten sind für ein warmes, festliches Essen gedacht, kleinere Servietten beispielsweise fürs Frühstück, zum Kaffee oder zum Imbiss.

Das Falten der Serviette kann auf verschiedenste Weisen erfolgen: Die Palette reicht von der so genannten Bischofsmütze über die Lotosblüte bis hin zum Schmetterling und sonstigen Falt-Kunstwerken. Verlieren Sie dennoch nie aus dem Auge, dass die Serviette in erster Linie zum Benutzen da ist. Entscheidend für ihr gutes Aussehen: Sie sollte sorgfältig gestärkt und exakt gebügelt sein. Dann genügt oft schon eine einfache Form der Gestaltung – einrollen und mit einem schönen Band eine Schleife binden, oder längs falten und mit einem dekorativen Blatt schmücken. Die Serviette sollte entweder links neben dem Teller liegen oder auf dem Teller, bei festlichen Essen auch auf dem Platzteller, stehen.

---

**Es gibt viele Möglichkeiten, eine Serviette schön zu falten. Hier zeigen wir Ihnen, wie man eine tolle „Tulpe" gestaltet.**

1. Legen Sie die geöffnete Serviette diagonal hin.

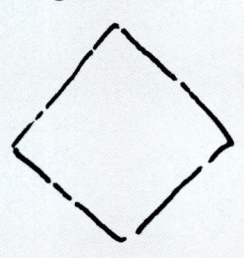

2. Falten Sie das Tuch dann zur Hälfte nach oben, sodass ein Dreieck entsteht.

3. Dann falten Sie die rechte und linke Ecke in Richtung der oberen Spitze.

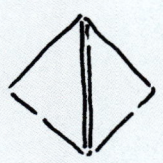

4. Drehen Sie die Serviette um. Die geschlossene untere Spitze falten Sie nun nach oben.

5. Dann führen Sie die rechte und linke Ecke zur Mitte und stecken diese ineinander.

6. Nun können Sie die Serviette umdrehen und aufstellen. Dann ziehen Sie die beiden losen Spitzen nach unten – fertig.

## „Feste soll man feiern …"

### Tisch- und Menükarten

Tisch- und Menükarten sind sehr dekorativ und gehören nicht nur bei formellen Anlässen und großen Gesellschaften auf einen festlich gedeckten Tisch. Sie sind eine Hilfe für den Gast, der so den Namen seines Tischnachbarn erkennen kann, den er nach der gegenseitigen Vorstellung möglicherweise vergessen hat. Dem Gastgeber ermöglichen die Tischkarten, Personen zusammenzubringen, von denen bekannt ist, dass sie sich etwas zu sagen haben, oder Gäste getrennt zu setzen, die sich nicht leiden können. Platzieren Sie die Karten rechts neben dem Gedeck. Die Beschriftung erfolgt ohne Berufsangabe, der akademische Grad eines Gastes allerdings wird vor den Namen gesetzt. Bei Familienfeiern reichen die Vornamen der Verwandten.

Tischkarten sollten so groß wie Visitenkarten sein, aufklappbar und zum Hinstellen. Für die Gestaltung gibt es vielerlei Möglichkeiten, stimmen Sie die Platzanweiser einfach auf Ihre Tischdekoration ab. Wie wäre es z. B. einmal mit einem rotbackigen Apfel, in dem das Platzkärtchen steckt, oder mit einer Rose (mit Schleifenband ein Kärtchen anhängen), die neben dem Gedeck liegt? Vielleicht gefällt Ihnen auch die Idee, an der Stuhllehne jedes Gastes einen mit Helium gefüllten, beschrifteten Metallic-Luftballon zu befestigen, der schon von weitem erkennen lässt, wer wo sitzen soll? Je nach Anlass: Ihren Ideen sind keine Grenzen gesetzt …

### *Die klassische Menükarte*

Auf einen festlich gedeckten Tisch gehört natürlich unbedingt die Menükarte. Sie sollte entweder bei jedem Gedeck links auf der Serviette oder aber auf dem Teller liegen.

Die klassische Menükarte erwähnt auf der Vorderseite Anlass, Ort und Datum der Feierlichkeit. Innen ist auf der linken Seite die Getränke-, auf der rechten Seite die Speisenfolge einzutragen.

Besonders schön ist es, dem ganzen Menü auch einen Namen zu geben. Dies kann die Nennung des Anlasses sein, z. B. „Verlobungsmenü von Ute und Tom", oder aber das Thema des Abends, z. B. „Frühlingsmenü", „Italienischer Abend", „Karibische Nacht" usw.

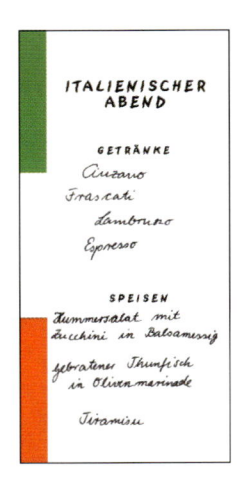

| Beispiel: Menükarte „Italienischer Abend".
Geben Sie Ihrer Menükarte einfach einen landestypischen Anstrich.
Benutzen Sie z. B. die Farben der Nationalflagge, zeichnen Sie den Schiefen Turm von Pisa … lassen Sie Ihrer Phantasie freien Lauf.

| Beispiel: Menükarte „Frühlingsmenü".
Schneiden Sie zwei Kerben in die Karte und stecken Sie eine Blume passend zum Thema durch; für Weihnachten z. B. einen Tannenzweig.

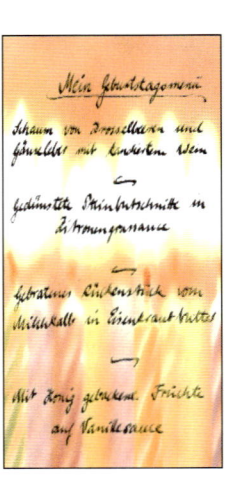

| Beispiel: Menükarte „Geburtstag".
Sie können aus einer Zeitschrift einen schönen Bildhintergrund ausschneiden und auf die Menükarte kleben.
Oder aber Sie basteln sich eine Collage aus vielen Bildern, die Sie anschließend kopieren, auf die Karte kleben und dann beschriften.

## Tisch decken

### Tipps

Ist die eigene Handschrift vielleicht nicht ganz so schön, eignen sich Abreibebuchstaben zur Gestaltung von Tischkärtchen besonders gut. Sie sind in vielen verschiedenen Schriftarten und -größen erhältlich und ganz einfach anzuwenden. Die Buchstaben werden einfach auf die gewünschte Stelle gelegt und dann auf das Papier gerieben.

### Klebetrick

Sie führen eine Tube Klebstoff wie einen Stift und schreiben damit den Namen auf das Tischkärtchen. Anschließend streuen Sie Glitzerstaub darauf und pusten den Überschuss einfach weg.

### Super stimmungsvoll

Tischdekorationen, die zum servierten Essen passen. Hier wurde fernöstliches Ambiente auf den Tisch geholt. Einfach eine breite Bahn Reispapier als Tischläufer auf dunklem Grund auslegen. Der Clou sind die Beschriftungen der Tischkärtchen, die japanischen Schriftzeichen nachempfunden sind. Die Tischkärtchen à la Japan oben und unten einschlitzen und über die Ess-Stäbchen ziehen.

„Feste soll man feiern..."

Kennen Sie nicht auch die wunderschönen Buffetplatten, auf denen das Gemüse aussieht wie von Meisterhand geschnitzt? Wir stellen Ihnen hier das richtige Handwerkszeug vor. Sie werden sich wundern, was für wundervolle Effekte Sie ohne großen Aufwand erreichen können.
Ihre Gäste werden begeistert sein!

# ES IS(S)T ANGERICHTET ...
Wenn Gäste kommen, essen die Augen mit. Deshalb hier ein komplettes Schönheitsprogramm für Ihre Speisen.

Anrichten

**Antipasto**

**Italiano** Käsegrissini mit Parmaschinken und Büffelkäse umwickelt. Melonenscheibchen, Parmesankäse, Salami, Mozzarellakugel und Tomate im Basilikumblatt.

**Avocadofisch**

Flusskrebssalat in Radicchioblatt – Lachsröllchen mit Kartoffel und grünem Spargel, Lachssalat, Crème fraîche und Lachskaviar.

"Feste soll man feiern…"

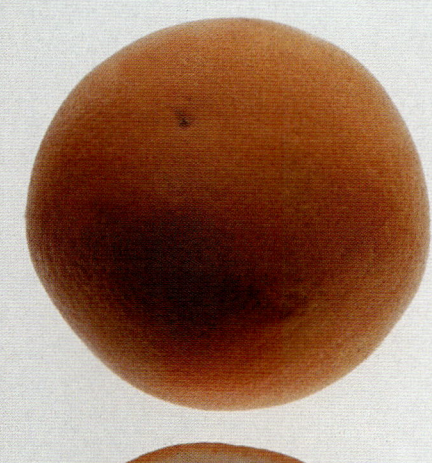

### Das Tourniermesser

hat eine kurze, leicht säbelartige Klinge und wird zum Schälen von Kartoffeln, Obst und Gemüse benutzt. Das Spezialmesser passt sich jeder Rundung an und eignet sich besonders zum Schneiden von Gemüse auf gleichmäßige Größen sowie zum dekorativen Einriefen bzw. Formen.

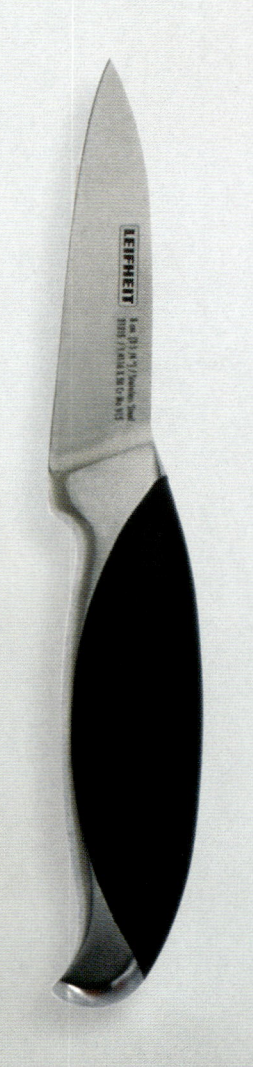

### Das Kochmesser

hat eine mittellange, breite, spitz zulaufende und schwere Klinge. Die Schneide ist leicht gebogen (rückenspitz), um das Messer auch als Wiegemesser verwenden zu können. Man benutzt es zum Hacken und Wiegen von Kräutern, Zwiebeln, Knoblauch, Speck, Nüssen und Mandeln etc. und zum Schneiden von Fleisch, Fisch, Obst und Gemüse.

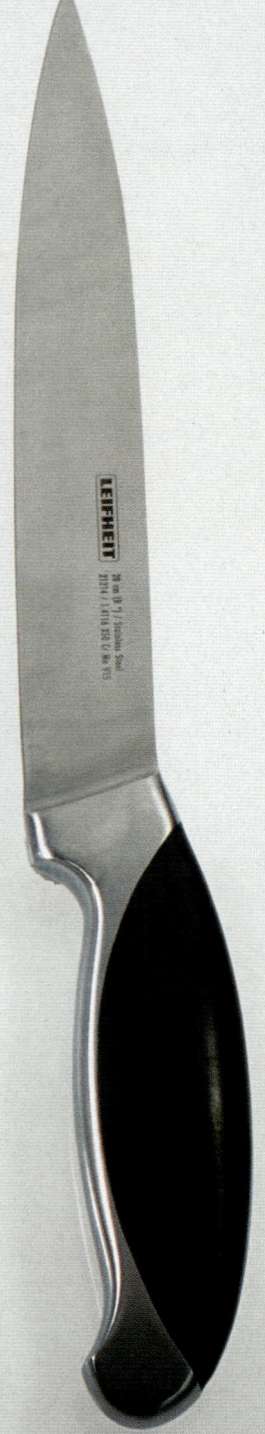

Anrichten

### Der Sparschäler

befreit Kartoffeln von der Pelle oder Kiwis von der Schale. Ganz dünn und sauber, ohne viel „Material" zu verlieren. Mit der Spitze können Sie Unsauberkeiten wie „Augen" in Kartoffeln entfernen.

155

"Feste soll man feiern..."

### Die Rettichspirale

Dieses Gerät ist korkenzieherähnlich konstruiert. Der Dorn des Rettichschneiders wird in die obere, abgeschnittene Fläche des Rettichs eingedrückt. Durch gleichmäßiges Drehen lässt sich eine saubere Spirale herausschneiden.

**Tipp:** Die Spirale geht besonders schön auseinander, wenn sie eine Zeit lang in kaltes Wasser gelegt wird.

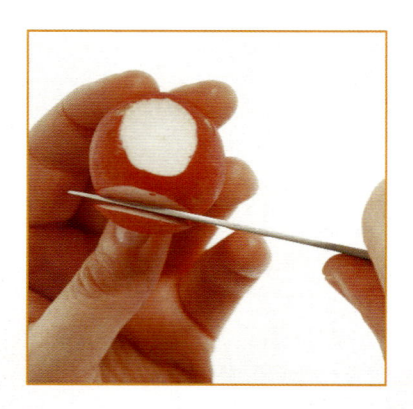

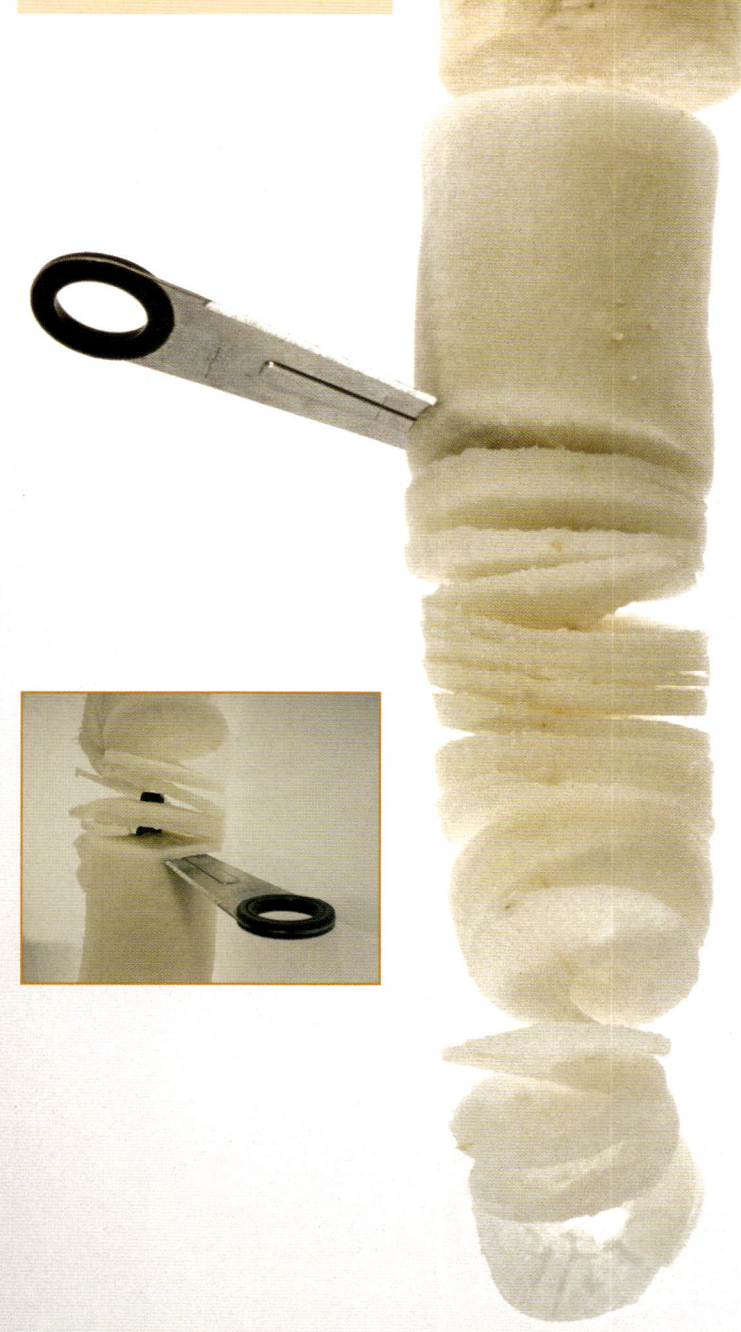

Anrichten

### Das Gemüsemesser

(auch Officemesser) hat eine kurze, elastische Klinge, die es in spitzer oder gerader Ausführung gibt, und dient dem Zerkleinern und Putzen von Gemüse, Salat, Zwiebeln und Kartoffeln.

**Tipp:** Nur so viel wie nötig, aber so wenig wie möglich von den essbaren Teilen entfernen, verwelkte Bereiche immer abschneiden. Bei nitratreichem Gemüse wie Spinat, Endivie oder Kopfsalat die äußeren Blätter entfernen. Der Nitratgehalt wird so gesenkt.

„Feste soll man feiern..."

### Das Buntmesser

(Buntschneidemesser) wird mit seiner einseitig zackig eingeschliffenen Klinge zum Schneiden von rohem und gekochtem Gemüse in gewellte Scheiben, Stifte und Würfel benutzt. Außerdem eignet es sich zum Portionieren von Butter.

### Der Apfelausstecher

(Fruchtentkerner) hat einen Ring an der Spitze der ansonsten halbrund gebogenen, offenen Klinge. Damit lässt sich durch leichtes Drehen das Kerngehäuse aus Äpfeln oder anderem Kernobst lösen.

### Das Grapefruitmesser

Das Messer hat eine leicht gebogene und gewellte Klinge. Es eignet sich hervorragend dazu, bei rundem Obst das Fruchtfleisch aus der Schale zu lösen. Außerdem verwendet man es zum Filetieren von Orangen.

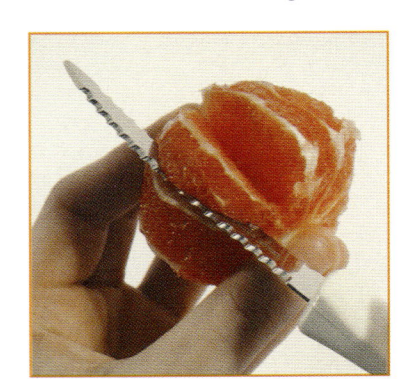

**Der Fadenschneider**

(Julienneschneider) hat eine kurze Stahlklinge, die an der Spitze mit gebogenen, scharfen Zacken versehen ist. Damit lassen sich ganz einfach gleichmäßig geschnittene, zarte Gemüsestreifen (Julienne) herstellen. Eine andere Möglichkeit: Mit dem Fadenschneider die oberste Schicht von Zitronen- und Orangenschalen (unbehandelt) abziehen und als natürliches Aroma für Saucen und Cremes verwenden.

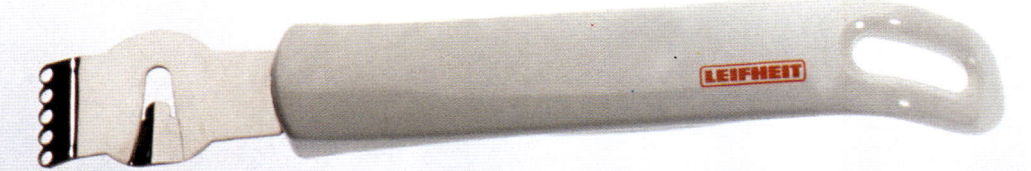

Anrichten

"Feste soll man feiern..."

### 1 Der Butterroller

Mit diesem Gerät lassen sich Butterrollen herstellen. Dazu ein Pfund Butter auf die lange, schmale Seite stellen und auf der obenliegenden Seite das Gerät zügig von einem Ende zum anderen ziehen. Die fertigen Butterröllchen dann in Eiswasser legen.

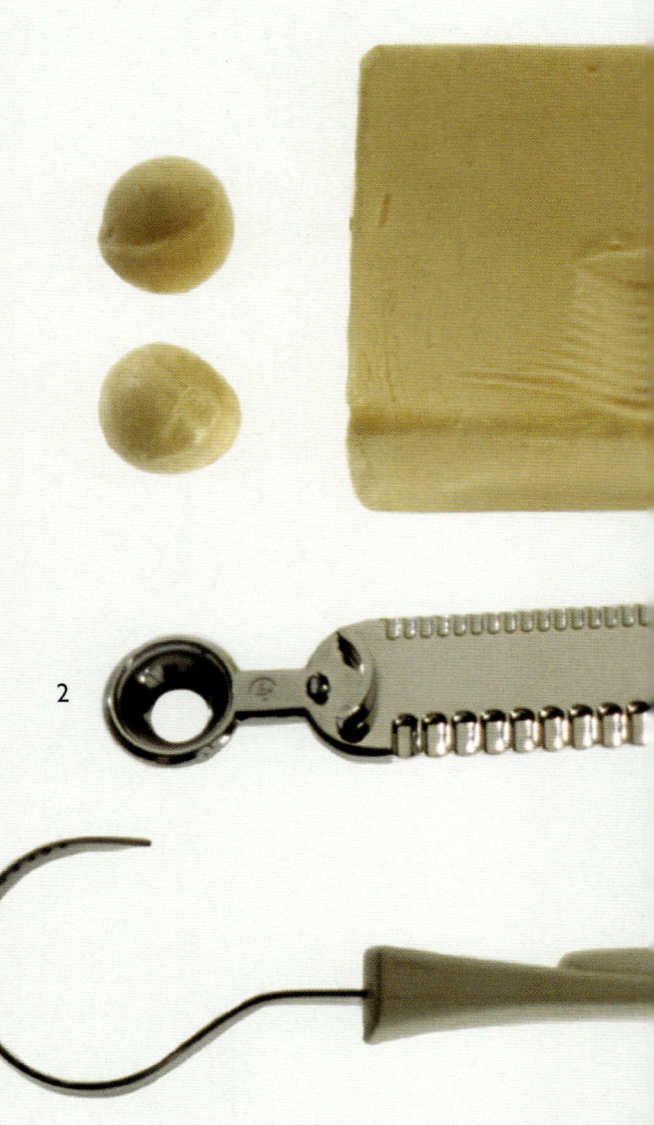

## 2 Der Universalgarnierer

bietet 7 Einsatzmöglichkeiten.
Er kann verwendet werden als:
1. Streifengarnierer für Butter und Torten
2. Butterroller
3. Kapselheber
4. grober Wellenschneider für Sellerie, Möhren u. ä.
5. feiner Wellenschneider
6. Dosenlocher
7. Kugelformer für Butter, Melonen und ...

## 3 Der Eierschneider

Mit dem Eierschneider lassen sich gekochte Eier zum einen problemlos sechsteln und zum anderen in gleichmäßige runde oder ovale Scheiben schneiden. Außerdem eignet er sich hervorragend dazu, gekochte Kartoffeln und andere weiche Zutaten (z. B. Champignons) für einen Salat o. ä. in Scheiben zu schneiden.

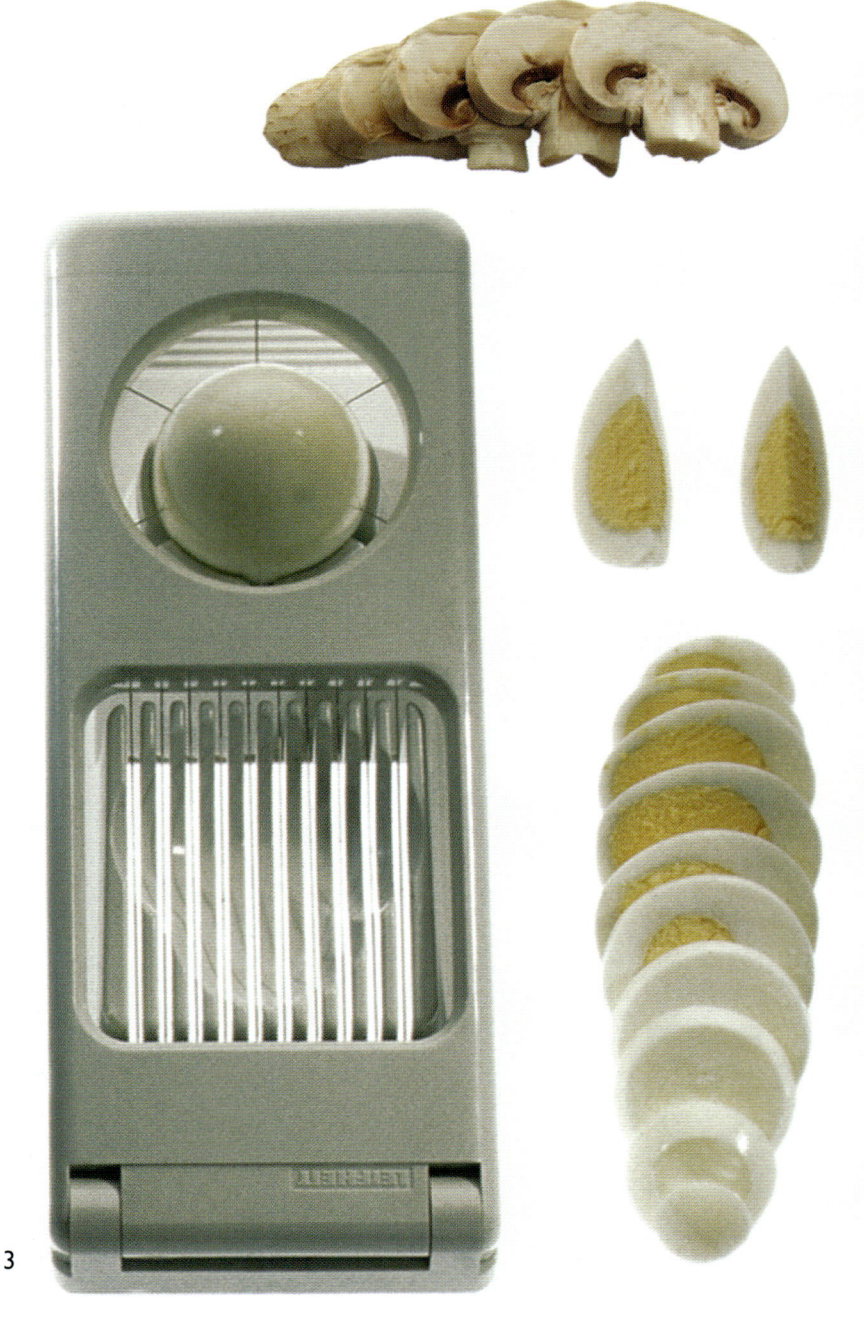

Anrichten

"Feste soll man feiern..."

Gemüse in hauchdünne Scheiben schneiden, Kräuter hacken und Knoblauch pressen – mit den richtigen Arbeitsgeräten gelingt das Zubereiten von Speisen wirklich im Handumdrehen!

## HOBELN, RASPELN, SCHNEIDEN & CO. Vor dem Festmahl steht die Zubereitung. Und mit den richtigen Helfern klappt das auch reibungslos.

Ganz klar: Es kommt auf das richtige Handwerkszeug an. Besonders wenn's mal schnell gehen muss oder größere Mengen zu verarbeiten sind. Natürlich kann man Gemüse mit dem Messer in hauchdünne Scheibchen schneiden, und für Geübte sind auch Massen sicher kein Problem. Wir empfehlen jedoch, auf Küchenhelfer zurück zu greifen. Mit einer Küchenreibe lassen sich Möhren, Gurken und andere Gemüse in Windeseile in gleichmäßige Scheiben reiben. Besonders sinnvoll ist eine Allzweckreibe mit Restehalter. Damit kann das Gemüse wirklich bis zum letzten Rest verbraucht werden, und Ihre Finger bleiben geschützt. Allzweckreiben verfügen außerdem über verschiedene Klingeneinsätze, die für unterschiedliche Arbeiten geeignet sind. Auch eine Knoblauchpresse gehört in jede Küche. Besonders wichtig: Der Einsatz sollte herausnehmbar sein, damit Sie ihn leicht reinigen können. Für das Hacken von Kräutern kann man ein Wiegemesser oder spezielle Kräutermühlen verwenden.

Auf den folgenden Seiten stellen wir Ihnen viele flinke Helfer vor, die die Küchenarbeit erleichtern und sie schneller von der Hand gehen lassen.

Zubereiten

163

"Feste soll man feiern..."

| Hebegriff | | Rührgriff |

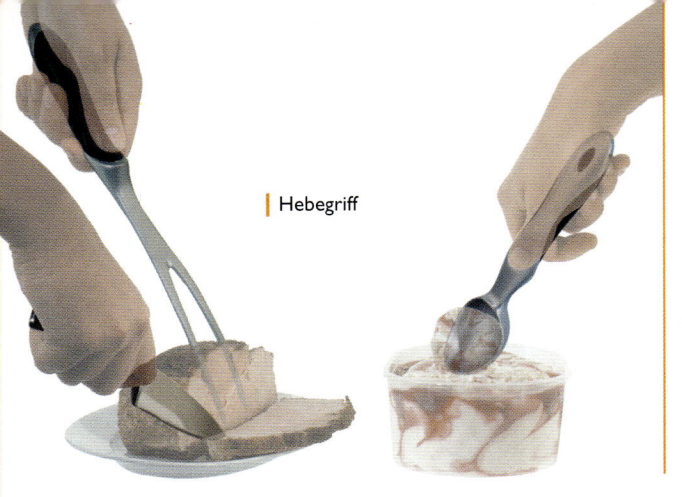

## ERGONOMIE HAT EINEN NEUEN NAMEN

Mit „Feel it" hat die Firma Leifheit ein bekanntes Serienproblem in den Griff bekommen. Während üblicherweise eine Küchenhelferserie immer mit dem gleichen Griff ausgestattet wird, werden bei „Feel it" die Griffe unter dem Aspekt des jeweiligen Arbeitseinsatzes eingesetzt. Durch Ergonomiestudien wurden die jeweils optimalen Griffformen ermittelt.

### Hebegriff
Der Hebegriff bietet der Hand die optimale und rutschfeste Haltung.

### Rührgriff
Der Rührgriff bietet genau die richtige Form, um ohne große Kraftanwendung Kneten oder Rühren zu können.

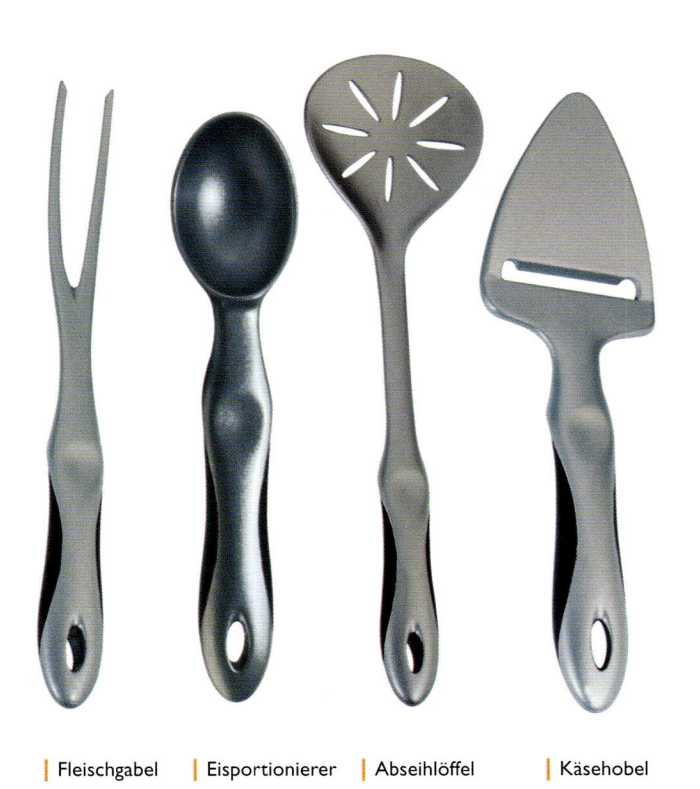

| Fleischgabel | Eisportionierer | Abseihlöffel | Käsehobel | Kartoffelstampfer | Schneebesen |

| Serviergriff     | Schneidegriff     | Kompaktgriff

Zubereiten

### Schneidegriff

Der Schneidegriff von Messern und dem Pizzarädchen bietet genau die richtige Fläche, um genügend Druck zum sauberen Schneiden ausüben zu können ohne abzurutschen.

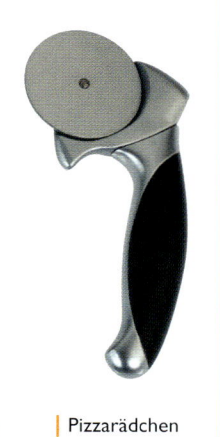

| Pizzarädchen

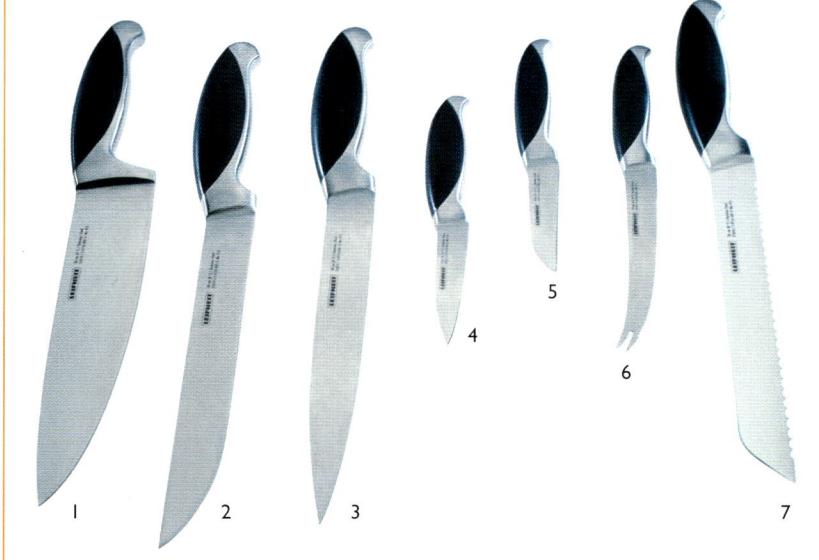

1  2  3  4  5  6  7

| 1) Kochmesser
2) Küchenmesser
3) Schinkenmesser
4) Spickmesser
5) Gemüsemesser
6) Tomatenmesser
7) Brotmesser

### Serviergriff

Der für den Schöpf- und Gemüselöffel eingesetzte Serviergriff lässt einen bequem „auslöffeln".

### Kompaktgriff

Dieser Griff lässt einen locker aus dem Handgelenk heraus jede Flasche öffnen.

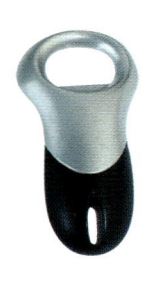

| Schöpflöffel    | Gemüselöffel, gelocht    | Gemüselöffel    | Kapselheber    | Pendelschäler

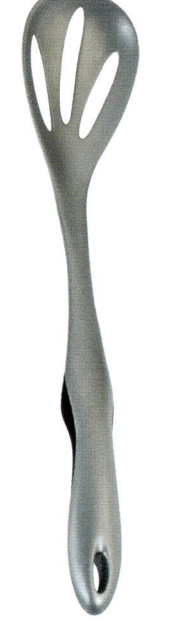

"Feste soll man feiern..."

Backen ist das Beste, was man in einer Küche machen kann – das sagen diejenigen, die sich damit auskennen. Backen ist das Schwierigste, was die Kochkunst uns abverlangt. Das ist die Meinung derjenigen, die gerade erst anfangen oder die nach einem (vielleicht sogar missglückten) Versuch aufgegeben haben. Zugegeben, es ist noch kein Meister vom Himmel gefallen, aber mit unseren Tipps ist das Backen eigener Kuchen und Torten wirklich nicht so schwer – und Sie werden feststellen, dass Backen richtig Spaß macht!
Und gut vorbereitet schaffen Sie sogar bis zu 6 Kuchen an einem Tag – wie, lesen Sie auf Seite 180.

# KUCHEN, TORTEN & CO.
## So sorgen Sie mit selbst Gebackenem für Aufsehen.

Die Situation kennen wohl viele von uns: Der eigene Geburtstag oder der eines lieben Menschen steht vor der Tür, und man spielt wie so oft mit dem Gedanken, doch mal zu Mixer und Rührschüssel zu greifen und mit selbst Gebackenem für Furore zu sorgen. Und dann traut man sich doch nicht. Schade eigentlich. Denn Backen erfordert zwar Präzision und auch etwas Übung, aber unmöglich ist es auch für Anfänger nicht. Allerdings muss beim Einsteigen ins „Bäckerhandwerk" einiges beachtet werden. Eine kleine Prise mehr von diesem oder ein winziger Schuss zusätzlich von jenem – beim Kochen können durch Rezeptabwandlungen nach eigenem Gusto und etwas zusätzliche Fantasie köstliche Gerichte entstehen. Beim Backen gelten ganz andere Regeln. Experimente sind hier nicht angebracht, Sie sollten sich strikt an die Rezeptvorgaben halten. Denn wenn die Reihenfolge der Zutaten nicht eingehalten wird oder die Proportion bei den Mengen nicht stimmt, kann für den Erfolg nicht mehr garantiert werden. Und einmal in den Ofen geschoben, kann auf den Teig kein Einfluss mehr genommen werden. Das klingt erstmal erschreckend? Sollte es nicht, denn bei genauerer Betrachtung stellen Sie fest, dass beim Backen im Prinzip nicht so viel schief gehen kann. Das Gute ist ja, dass die Rezepte alles ganz genau vorgeben – man muss sich eben nur dran halten. Und genau das ist speziell für „Back-Anfänger" eine echte Hilfe.

Mit der Zeit entwickelt sich dann zusehends mehr Routine, die anfängliche Hemmschwelle ist überwunden. Und dann kommt der Spaß am Ausprobieren auch ausgefallener Rezepte und die Freude, wenn man sich selbst oder Freunden mit köstlichen Torten und Kuchen einen echten Gaumenschmaus bereitet. Ganz entscheidend für das gute Gelingen der eigenen Back-Kunstwerke sind – neben den Rezepten – natürlich die richtigen Arbeitsgeräte. Die wichtigsten und hilfreichsten stellen wir Ihnen auf den nächsten Seiten vor. Bevor Sie also enthusiastisch ans „Back-Werk" gehen, sollten Sie klären, ob Sie die wichtigsten Arbeitsgeräte auch im Haus haben, damit es nicht an irgendeiner fehlenden Kleinigkeit scheitert.

Backen

**Auf** dem Blatt einer Lotusblume bleibt nichts haften. Nicht einmal Kraftkleber. Das liegt an der Makrostruktur der Pflanze. Dr. Oetker hat eine Beschichtung entwickelt, die dieser Struktur nachempfunden ist. Da bleibt noch nicht einmal ein Klebestreifen haften. Machen Sie mal den Test. Die Backform-Serie heißt „Trend".

„Feste soll man feiern…"

## DAS RICHTIGE HANDWERKSZEUG

Ohne vernünftiges Handwerkszeug lässt sich nicht gut arbeiten – diese Weisheit gilt nicht nur für den Profi, sondern auch für alle Köche und Bäcker in privaten Küchen. Grundsätzlich gilt: Die Gerätschaften sollten aus stabilem Material bestehen und solide verarbeitet sein, damit sie sich nicht nach mehrmaligem Gebrauch in ihre Einzelteile auflösen. Welche Helfer zum guten Gelingen Ihrer Kuchen und Torten beitragen, zeigen wir Ihnen im Folgenden.

### Die Grundausrüstung

#### Backpinsel

Backpinsel gibt es mit Edelstahl- oder Holzgriffen. Zu empfehlen sind Naturborsten und ein kleines Sortiment in verschiedenen Breiten. Man braucht sie zum Auftragen von Glasuren oder zum Bestreichen mit Milch, Sahne und Eigelb. Auch zum Einfetten der Backformen sind sie prima geeignet. Achten Sie darauf, den Pinsel immer gut auszuwaschen, damit er haltbar bleibt und keinen unangenehmen Geruch oder Geschmack annimmt. Pinsel sollten Sie nie im Geschirrspüler reinigen, sie werden dann schnell unansehnlich und verlieren ihre Langlebigkeit.

#### Schneebesen

Es empfiehlt sich, Schneebesen in mindestens zwei Größen und Ausführungen zu besitzen: einen mit dichten Schlingen zum Schlagen von Eischnee, Sahne und lockeren Cremes und einen mit weiten Schlingen zum behutsamen Unterheben von empfindlichen Massen. Der Griff sollte gut in der Hand liegen und aus stabilem Material sein. Dann ist der Schneebesen nahezu unverwüstlich.

#### Teigschaber

Diesen Küchenhelfer gibt es in verschiedenen Ausführungen. Und auch hier ist es empfehlenswert, zwei Breiten zur Verfügung zu haben. Teigschaber werden mit stabilem Holzgriff oder mit Edelstahlgriff in hochwertiger, geruchs- und geschmacksneutraler Qualität angeboten. Man benutzt sie zum Ausschaben von Schüsseln (Teige, Cremes), zum Glattstreichen und zum vorsichtigen Unterheben, z. B. von Eischnee.

#### Kochlöffel

Auch wenn vieles mit Schneebesen oder Teigschaber erledigt werden kann, ist der Kochlöffel ein weiteres wichtiges Utensil. Zwei Arten von Kochlöffeln sind empfehlenswert: einer aus schlagfestem, spülmaschinengeeignetem Kunststoffmaterial (hitzebeständig bis zu 170 °C), weil es säureresistent ist (z. B. bei Obst), und einer aus Holz für Cremes und Teigmassen.

**Backen**

„Feste soll man feiern ..."

170

## Backen

### Rührschüsseln

Die Auswahl ist groß – diese entweder aus Edelstahl oder schlagfestem Kunststoff angebotenen Schüsseln sind vielseitig verwendbar. Achten Sie unbedingt auf einen festen Stand der Schüsseln, da diese sonst auf Ihrer Arbeitsplatte hin und her rutschen. Am besten sind Kunststoffschüsseln mit einem gummierten Bodenring geeignet, die sicher nicht rutschen. Ein breiter Rand der Schüssel sorgt für bessere Griffigkeit. Kunststoffschüsseln dienen insbesondere zum Teigrühren, Sahne- und Eiweißschlagen. Ganz besonders praktisch sind Rührschüsseln mit einem Spritzschutz. Da geht beim Rühren mit dem Mixer wirklich nichts daneben.
Edelstahlschüsseln haben den Vorteil, dass sie Wärme gut leiten. Sie sind daher besonders geeignet fürs Wasserbad zum Temperieren von Kuvertüre, Cremes und empfindlichen Teigarten.

### Siebe

Empfehlenswert sind verschiedene Größen zum Auflockern von Mehl und zum Einstäuben von Gebäck mit Puderzucker. Kommen die Siebe mit Säure in Berührung, sollten sie besser aus Kunststoff sein (z. B. zum Filtern von Zitronensaft). Für heiße und besonders feste Zutaten bietet es sich an, ein Sieb aus Metall zu benutzen. Einhandsiebe sind praktisch, wenn man nur geringe Mengen zu sieben hat.

### Messbecher

Vor allem zum Abmessen von Flüssigkeiten werden Messbecher aus hitzebeständigem Glas, Kunststoff oder Metall angeboten. Achten Sie darauf, dass er eine kleine Mengeneinteilung hat, das ermöglicht das Messen selbst in kleinen Mengen. Auch trockene Zutaten lassen sich mit diesem Gerät messen – allerdings recht ungenau. Nehmen Sie dazu besser die Waage.

### Waage

Augenmaß gilt beim Backen nicht, deshalb muss eine gute Waage her. Eine elektronische Waage mit ausklappbarem Display beispielsweise hat den Vorteil, dass die Digitalanzeige gut zu lesen ist, selbst wenn man eine große Schüssel benutzt. Eine solche Waage wiegt exakt und hält mit dem Gewicht der Schüssel zusammen insgesamt bis zu 3 kg aus. Gramm für Gramm wird angezeigt, was ein genaues Einhalten der Zutaten erleichtert und die Sicherheit gibt, dass der Kuchen gelingt.
Die Waage ist mit einer Batterie ausgestattet und stellt sich nach 3 min automatisch ab. Sie ist flach, handlich und hat einen Durchmesser von 15 cm. Wichtig ist die Zuwiegefunktion: Das erste Backgut in die Schale geben, abwiegen und die Taste wieder auf Null stellen, danach wird jede weitere Zutat auf die gleiche Weise gewogen. Wer keine digitale Waage besitzt, sollte darauf achten, dass sich die Waage nicht von allein verstellt. Die Anschaffung eines guten Gerätes lohnt sich in jedem Fall. Ein kleiner Tipp: Lassen Sie sich doch bei Gelegenheit einfach eine Waage schenken, denn der Erfolg in der Küche hängt eben auch vom richtigen Werkzeug ab – erst recht, wenn man noch kein Profi ist.

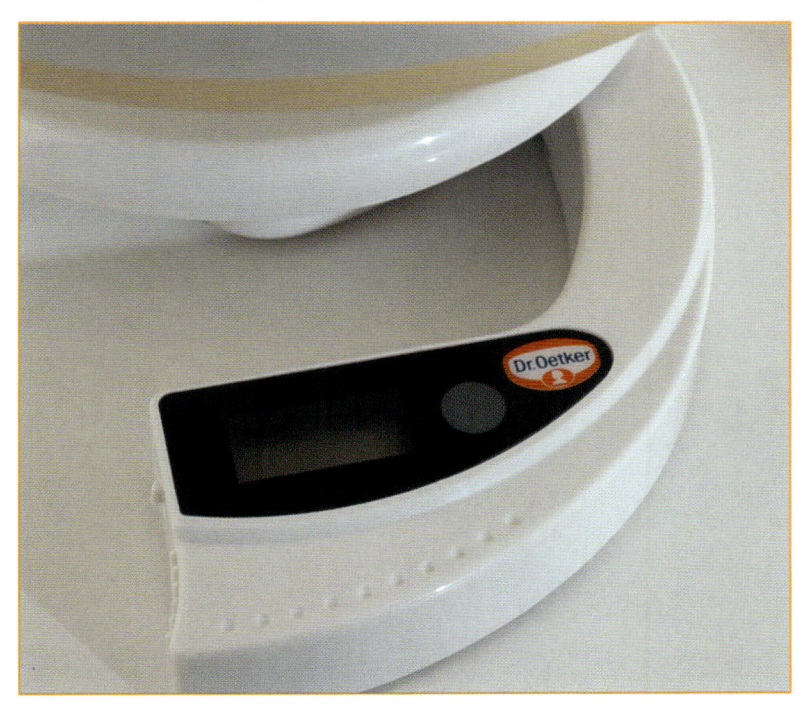

*„Feste soll man feiern ..."*

### Teigrolle

Zum Ausrollen der Teige braucht man eine Teig- oder Nudelrolle. Besonders praktisch sind temperierbare Teigrollen, die je nach Teig mit kaltem oder warmem Wasser gefüllt werden können. Für Hefeteig wird z. B. warmes Wasser eingefüllt, sodass der Teig schon beim Ausrollen anfängt zu gehen. Für das Ausrollen von Mürbeteig wird kaltes Wasser eingefüllt, damit der Teig weniger klebt. Die Teigrolle eignet sich auch zum Zerkleinern grober Zutaten wie Nüsse oder Gewürze.

### Teigrädchen

Mit seinem gezackten, gewellten Rand eignet es sich hervorragend zum Ausschneiden von Teigstücken, die durch den Zackenrand besonders dekorativ wirken.

### Elektrogeräte

Das Rührgerät mit Zubehör für kleinere Mengen oder die große Küchenmaschine mit Rührbesen und Knethaken ersetzen die mühsame Handarbeit (gerade bei großen Mengen) und vereinfachen die Küchenarbeit enorm. Gute Dienste leisten auch Pürierer oder ein Mixer.

**Weitere Backhilfen**

### Tortenring

Besonders stabil, wenn er aus Edelstahl ist. Tortenringe sind im Durchmesser immer verstellbar. Sie dienen zum exakten Auffüllen von Cremes und Torten. Sie sind aber auch eine Hilfe zum Backen, z. B. von Rührteig. Den Ring auf das Backblech setzen und den Teig hineinfüllen. So können Sie die Größe Ihres Kuchens selbst bestimmen.

### Tortenheber

Dienen zum Transport der einzelnen Tortenstücke von der Platte auf den Teller. Verfügt der Tortenheber über einen gezackten Rand, dient er gleichzeitig auch zum Schneiden der Torte. Als Tortenheber werden manchmal auch größere Edelstahlplatten bezeichnet, die sich zum Abheben und Transportieren selbst schwerer Backwaren eignen.

Backen

„Feste soll man feiern..."

### Kuchenrost

Besonders wichtiges Utensil zum Auskühlen von Gebäck, damit der frisch gebackene Kuchen von allen Seiten Luft bekommt und die Feuchtigkeit gut ausdünsten kann.

### Kuchenmesser mit Zahnung

Ein besonders langes, breitschneidiges Messer mit besonders feiner Zahnung für das Schneiden selbst feinkrumiger Kuchen wie z. B. Biskuit. Mit dem Kuchenmesser lassen sich senkrechte Kuchenstücke ebenso schneiden wie waagerechte Böden für die Herstellung von Torten.

### Pizzaschneider

Das scharf geschliffene Rädchen zerteilt selbst knusprigsten Pizzaboden sauber und ohne großen Kraftaufwand. Außerdem verschiebt sich der Belag nicht.

### Tortenkämme/Teigkarten

Tortenkämme aus flexiblem Kunststoff werden zum Verzieren von Torten verwendet. Mit ihren gewellten oder gezackten Seiten lassen sich dekorative Muster auf die Torten bringen. Die glatten Teigkarten können zum Glattstreichen von Sahne oder Cremes verwendet werden.

### Spritzbeutel oder Garnierspritze

Zum Formen oder Verzieren von Teigen, Cremes und Massen werden diese spritzigen Küchenhelfer gebraucht. Beide sind mit verschiedenen Tüllen im Handel erhältlich. Um feine Glasurlinien, Ornamente oder Muster aufzutragen, lassen sich aber auch Papiertüten (eventuell speziell beschichtet) verwenden.

### Streichpalette

Ergänzend zum Kuchenmesser lässt sich dieser Helfer verwenden. Die Streichpalette sieht aus wie ein stumpfes Messer und ist vielseitig einsetzbar: zum Glattstreichen von Teigen, Massen, Cremes und Glasuren beispielsweise. Die so genannte gekröpfte Version ist abgewinkelt, wodurch sie auch zum Glattstreichen der Creme in der Form geeignet ist. Paletten bestehen aus besonders hochwertigem, biegsamem Edelstahl.

## Backen

### Zestenreißer

Um ganz feine Streifen (Zesten) zu schneiden, braucht man einen Zestenreißer. Mit diesem Spezialmesser lassen sich von Orangen- und Zitronenschalen hauchfeine Streifen schälen.

### Transportbox

Wenn Sie die selbst gemachte Torte transportieren müssen, ist eine solche Box besonders geeignet. Eine echte Hilfe ist die Dr. Oetker Cool Box, die dank integrierter Kühlakkus im Boden selbst im Sommer den Transport von hitzeempfindlichen Torten z. B. zum Picknick ermöglicht. Der besonders hohe Deckel erlaubt auch den Transport hoher Torten oder Kuchen. Wenn Sie die Box umdrehen, ist sie ideal zum Transportieren von Salaten und hält diese sogar kühl und frisch.

### Streudosen

Sie werden für unterschiedliche Einsatzzwecke angeboten: Der Grobstreuer für grobkörnige Gewürze, der Feinstreuer für Feinkörniges wie Salz oder Zucker und der Puderzuckerstreuer mit besonders feiner Lochung für Puderzucker oder Kakao. Empfehlenswert sind Streuer mit einer Schutzkappe gegen Feuchtigkeit und Aromaverlust.

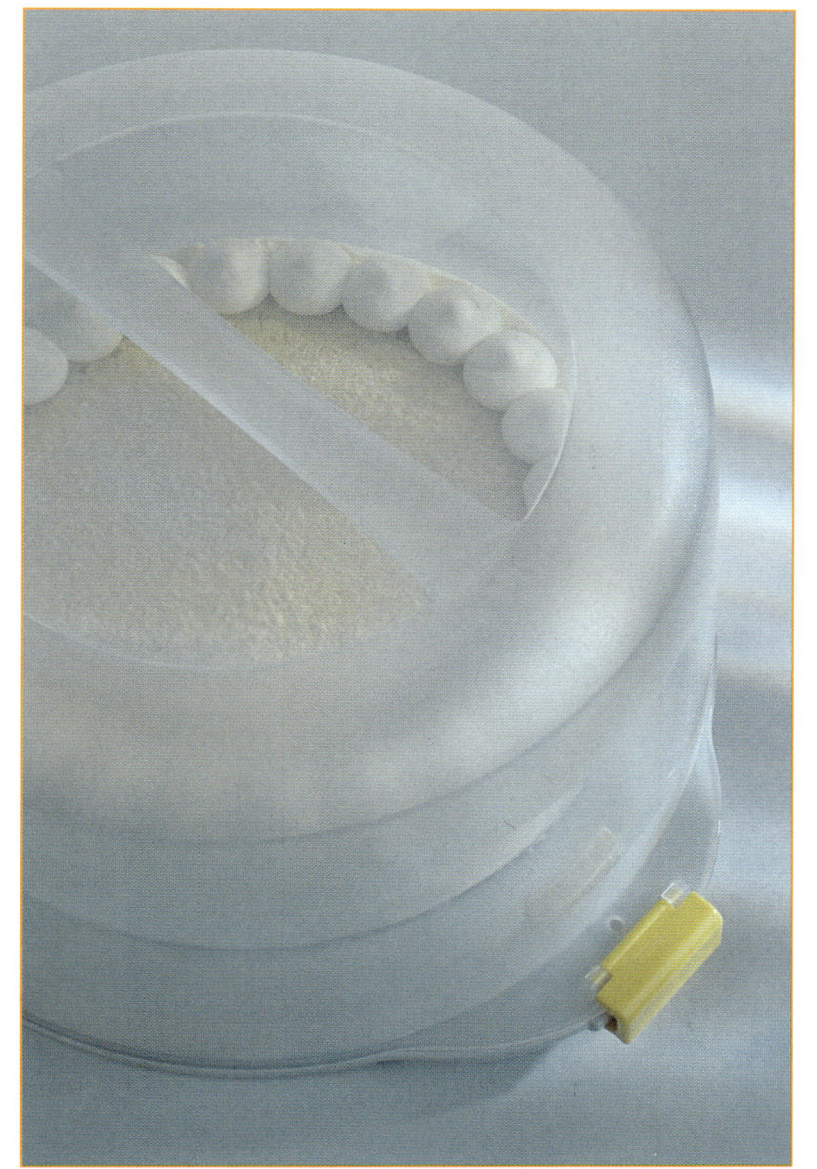

175

## DIE PASSENDE BACKFORM

Formen zum Backen gibt es in einer großen Anzahl und Vielfalt. Sie unterscheiden sich im Material, in der Wärmeleitung, im Energieverbrauch und natürlich im Preis. Vor der Anschaffung einer oder mehrerer Backformen sollte man sich also mit seinen Ansprüchen und Wünschen auseinander setzen, um die passende Backform zu finden. Dabei gilt es zunächst folgende Fragen zu klären:
- Welchen Herd haben Sie – denn danach richtet sich auch die Auswahl Ihrer Backform. So sind für Gasherde nicht alle Materialien geeignet.
- Wird die Form häufig benutzt? Lohnt sich die Anschaffung einer teuren Form?
- Welche Größen und Formen möchte ich nutzen – große, kleine oder Sonderformen, z. B. für Muffins?

Ganz ohne Frage steht sicher Folgendes fest: Der Kuchen sollte gleichmäßig durchgebacken sein, appetitlich aussehen, er soll sich problemlos aus der Form lösen lassen, die vorgesehene Zeit zum Backen brauchen und in der Konsistenz weder zu trocken noch zu feucht sein. Zur Erfüllung dieser Ansprüche trägt das gewählte Material der Backform entscheidend bei.

## DAS MATERIAL

Auch bei den Materialien gibt es eine große Angebotspalette. Wir beschränken uns der Übersichtlichkeit wegen auf die gängigsten und gebräuchlichsten und verraten Ihnen, welches Material für welchen Herdtyp geeignet ist und welche Eigenschaften Sie in Sachen Antihaftwirkung, Bräunung und Reinigung erwarten können.

### Weißblech, elektrolytisch verzinnt

Weißblechformen sind vor allem für Gasherde zu empfehlen, da sie eine hohe direkte Wärme ausstrahlen. Das Backgut wird hell gebräunt, die Antihaft-Wirkung ist befriedigend. Auch in Sachen Reinigung erhalten Weißblechformen ein Befriedigend. Backformen aus Weißblech stellen eine preisgünstige Alternative für Einsteiger dar. In der Serie Bakita von Dr. Oetker wird auch eine große Zahl an Sonderformen und an Mini-Formen angeboten, was vor allem für das Backen mit Kindern viel Spaß und Abwechslung bringt.

### Schwarzblechformen

Sie sind die gebräuchlichsten Backformen und funktionieren nach einem ganz einfachen Prinzip: Dunkle Farbe leitet die Wärme besonders gut – ein Effekt, den man im Sommer beobachten kann, wenn man schwarze Kleidung trägt. Durch diese Wärmeleitung wird das Backgut in Formen aus diesem Material besonders intensiv gebräunt. Zu empfehlen sind Schwarzblechformen vor allem für Elektro- und Umluftherde. Die Antihaftwirkungs- und Reinigungseigenschaften sind gut. Schwarzblechformen, z. B. aus der Serie Tradition von Dr. Oetker, bewegen sich im mittleren Preissegment und sind daher ebenfalls für Einsteiger zu empfehlen. Interessant ist auch die große Zahl an Sonderbackformen, wie den immer beliebter werdenden Muffinbackformen.

### Weißblech mit PTFE-Antihaftbeschichtung

Diese Backformen verfügen über eine gute Wärmeleitung und gewährleisten die gleichmäßige Bräunung des Backguts. Die Antihaftwirkung ist hier besonders gut, die Kuchen lassen sich extrem leicht aus der Form lösen, selbst wenn nicht so gründlich eingefettet wurde. Hersteller wie z. B. Dr. Oetker haben sich hierbei ein Prinzip aus der Natur zu Nutze gemacht. Die Oberfläche der Backformen der Linie Trend ist der der Lotusblüte nachempfunden. Sie ist rau, sodass Partikel jeder Art kaum Haftmöglichkeiten finden. Dadurch ist auch die Reinigung dieser Backformen besonders einfach. Idealer Einsatzort für Weißblechformen mit PTFE-Beschichtung sind Elektro- und Umluftherde, preislich bewegen sie sich im mittleren bis hohen Bereich.

### Emaillierte Stahlblechformen

Backformen aus diesem Material sind die absolute High-Class-Variante und vor allem für Vielbäcker gemacht. Die besondere Qualität begründet sich durch das Herstellungsverfahren: Durch die Verschmelzung von Quarz mit dem Metall bei mehr als 800 °C entsteht eine glasglatte und besonders harte Oberfläche. Backformen dieser Art, z. B. die Serie Profi Email von Dr. Oetker, kann wirklich nichts kratzen – deshalb darf in diesen Backformen auch geschnitten werden! Die Profi Email Formen sind extrem robust und langlebig und absolut schnitt- und kratzfest. Da sie außerdem fruchtsäure- und sauerteigbeständig sind, eignen sie sich bestens zum Brot

backen. Eine Sonderform mit besonderem Vorteil ist die Garantieform. Sie ist eine komplett emaillierte Rundform ohne Schnalle mit herausnehmbarem Boden. Der Verzicht auf die Schnalle ist deshalb sinnvoll, da diese bei häufigem Gebrauch – und dadurch häufiger Reinigung – rosten kann.
Emaillierte Backformen zeichnen sich durch hervorragende Wärmeleitung aus, die durch die besonders dicke Wandstärke entsteht. Das Backgut wird gleichmäßig und intensiv gebräunt. Geeignet sind diese Backformen für alle Herdarten, besonders für Elektro- und Umluftherde. Hervorragende Antihaftwirkung und die absolut leichte Reinigung sprechen ebenfalls für sich. Für Bäcker aus Leidenschaft sind emaillierte Backformen die empfehlenswerteste Material-Variante, die allerdings auch ihren Preis hat.

Backen

"Feste soll man feiern…"

Tipps

# FORM-FRAGEN

Welche Form braucht man denn nun unbedingt? Feste Regeln gibt es eigentlich nicht, aber bestimmte „Klassiker" empfiehlt es sich schon im Haus zu haben. Sonst ist die Wahl der Backform einfach eine Geschmacksfrage und somit reine Formsache.

Zur klassischen Grundausstattung in Sachen Backformen gehört in jedem Fall eine Springform, also eine Form mit abnehmbarem Rand. Diese wird in unterschiedlichen Ausführungen und Größen angeboten. Empfehlung Ø 26 cm. Super praktisch sind so genannte „Dichte Springformen", z. B. aus der Serie Trend von Dr. Oetker. Eine Tropfrinne macht diese Formen auch bei dünnflüssigen Teigen auslaufsicher.

Ebenfalls zum Standard gehören Napfkuchen- oder Gugelhupf-Formen für Rührkuchen wie Marmorkuchen. Diese Formen haben in der Mitte einen „Schornstein", damit bei der extrem hohen Kuchenform die Wärme auch an das Kucheninnere weitergegeben wird. Eine 25 x 11 cm Kastenkuchenform sollte auch zur Grundausrüstung gehören. Sie lässt sich universell einsetzen, und zwar für Kuchen und Brote, aber auch für Deftiges wie Terrinen und Pasteten. Und dann gibt es natürlich noch die unterschiedlichsten Sonderformen – von Minibackformen für kleine Haushalte über Muffinformen bis hin zu Pizzaformen. Diese werden nach dem individuellen Bedarf gekauft.

| Voll im Trend. Muffinbackformen.

### Vor dem ersten Gebrauch
- Backformen mit heißem Wasser ausspülen und abtrocknen.
- Verzinnte Weißblechformen 10 min bei 200 °C ohne Inhalt im Backofen erhitzen.

### Vorbereiten der Form
Wenn Sie die folgenden Tipps beachten, kann nichts mehr schief gehen:
- Alle, auch beschichtete Backformen, müssen eingefettet werden, denn nur sehr fetter Mürbeteig gibt genug Fett ans Backblech ab.
- Das Einfetten der Form sollte mit streichfähiger Margarine oder Butter erfolgen, kein Öl verwenden.
- Die weiche Butter mit einem Pinsel auftragen, damit man leicht in Ecken und Vertiefungen kommt.
- Werden empfindliche Teige (z. B. Rührkuchen und Biskuit) in Napfkuchen- oder Kastenform gebacken, wird die Form eingefettet und zusätzlich mit Mehl, Semmelbröseln oder gemahlenen Nüssen ausgestreut.
- Blätterteig wird auf ein befeuchtetes Blech gelegt. Der Wasserdampf treibt das Gebäck dann hoch.

### Beim Backen
- Backformen nie auf den Boden des Backofens stellen. Sie verbrennen dort.
- *Weißblechformen* auf den Rost auf die unterste Schiene stellen. Die Unterhitze wirkt so verstärkt. Können Ober- und Unterhitze getrennt eingestellt werden: Reduzieren Sie die Oberhitze und verstärken Sie die Unterhitze.
- Bei *Schwarzblechformen* lässt zu starke Unterhitze den Kuchen austrocknen. Deshalb die Unterhitze reduzieren. Ist die Unterhitze nicht getrennt regulierbar, stellt man die Kuchenform auf das mittlere Rost.
- Beim Gasbackofen wird eine ähnliche Wirkung erreicht, indem man ein weiteres Backblech einlegt. Bei Schwarzblechformen die Temperatur etwas niedriger einstellen.
- Wird die Oberfläche des Kuchens zu braun, einfach ein feuchtes Pergamentpapier darüberlegen oder den Kuchen mit Alufolie abdecken.
- Bitte beachten Sie zusätzlich die Angaben des Herdherstellers.

### Herauslösen des Kuchens
- Rührteige nicht sofort aus der Form lösen, sondern nach dem Backen etwa 10 min in der Form auf einem Kuchenrost stehen lassen, da sich beim Abkühlen ein kleiner Luftraum zwischen Kuchen und Backformwand bildet. Dann lässt sich das Backwerk leichter herauslösen.

- Kuchen nicht in der Backform schneiden, damit die Oberfläche nicht beschädigt wird. Keine metallischen Gegenstände verwenden, sondern nur solche aus Holz oder Kunststoff. Das gilt natürlich nicht für emaillierte Backformen.

| In emaillierten Backformen können Sie bedenkenlos schneiden. Das ist besonders ideal, wenn Sie Aufläufe oder Gratins zubereiten wollen.

- Bleibt der Kuchen allerdings zu lange in der Form, backt er leicht wieder an und das Herauslösen ist erschwert.
- Hat der Kuchen zu lange in der Backform gestanden und löst sich nicht aus der Form, kann diese mit einem heißen Tuch umwickelt werden. Nach wenigen Minuten wird der Kuchen locker.
- Lässt sich der Kuchen nach dem Backen nicht aus der Form lösen, kann man diese auch einige Minuten auf einen mit kaltem Wasser angefeuchteten Lappen stellen – dann klappts.
- Alles Gebäck auf einem Kuchenrost auskühlen lassen. So bleibt es knusprig und wird nicht durch Schwitzwasser weich.

### Reinigung der Backform
- Die benutzten Backformen nicht zu lange stehen lassen.
- Eine leichte und schnelle Reinigung erreicht man, wenn die Form noch warm ins ebenfalls warme Spülwasser gelegt wird.
- Ein kurzes Einweichen löst Verkrustungen problemlos.
- Verkrustungen mit einem weichen Tuch reinigen, dabei keine Scheuermittel verwenden, da die Oberfläche sonst beschädigt wird. Sofort abtrocknen, da verzinnte Backformen und Schnallen an Springformen rosten können.

### Noch ein paar Ratschläge:
- Will man Teig zu einer quadratischen Platte ausrollen, rollt man die Kugel schräg von der Mitte aus nach allen Seiten. Dabei wählt man die Rollenlänge entsprechend der Kantenlänge des Quadrates.
- Will man eine Teigplatte aufs Blech transportieren, schlägt man diese zunächst um die Teigrolle herum und rollt sie dann über dem Blech ab. Eine andere Möglichkeit ist, die Teigplatte zu falten, sie dann auf die Mitte des Blechs zu legen, und sie wieder zu entfalten.
- Wenn Sie mehrere kleine Formen (Torteletts, Schiffchen) mit Teig füllen möchten: Legen Sie die Teigplatte lose über die Förmchen und drücken Sie den Teig mit den Händen leicht an. Dann mit der Teigrolle darüberrollen und die Reste abnehmen.

- Soll ein Mürbeteigboden vorgebacken werden, legt man in die mit Teig ausgefüllte Form ein Pergamentpapier und füllt die Form mit Hülsenfrüchten. Nach dem Backen können sie erneut zum „Blindbacken" verwendet werden. So bleibt der Boden flach und der Rand rutscht nicht herunter.
- Wollen Sie eine Torte mit einem Marzipanmantel versehen, rollen Sie das Marzipan zwischen einem aufgeschnittenen Gefrierbeutel oder Klarsichtfolie aus. Legen Sie den Boden einer Springform als Schablone für die Marzipandecke auf, und schneiden Sie das Marzipan mit einem Messer oder Teigrädchen aus.
Mit Hilfe der Klarsichtfolie können Sie die Marzipandecke auf die Torte legen. Vorsichtig andrücken.
Für den Randstreifen das Marzipan ebenfalls zwischen Folie ausrollen. Messen Sie Umfang und Höhe der Torte und schneiden Sie das Marzipan für den Randstreifen entsprechend aus. Diesen Streifen vorsichtig aufrollen, am Tortenrand ansetzen, dann rundherum wieder abrollen und dabei leicht andrücken.
Einfacher geht's, wenn der Randstreifen in mehreren Portionen angesetzt wird. Ränder evtl. mit einem Messer glätten.

| Keine Experimente!?
Das gilt nicht für's Backen und Kochen. Wenn Sie ein wenig Erfahrung haben, sollten Sie ruhig mal eigene Ideen ausprobieren. Auch mit modernen Backmischungen lassen sich einfach überraschend neue Kreationen zaubern.

„Feste soll man feiern…"

## ZEITPLAN FÜR 6 KUCHEN

In 2 ½ Stunden 6 Kuchen backen – klingt fast wie ein Guiness-Rekord-Versuch. Aber weit gefehlt. Wir zeigen Ihnen, wie Sie ohne Stress eine große Kaffeetafel ausrichten können – ist eben alles eine Frage der Organisation.

*Zubereitet werden:* Obst-Torteletts, ein Rotweinkuchen, Muffins, ein Kirschstreuselkuchen, eine Sachertorte und eine Hagebuttentorte. Erheblich zeitsparend ist, dass Rotweinkuchen und Muffins aus einem Grundteig hergestellt werden, und auch für die Sacher- und die Hagebuttentorte wird nur ein Grundteig benötigt.

Und so geht's:

### 10.00 Uhr bis 10.05 Uhr
Arbeitsplatz vorbereiten, Geräte und Küchenutensilien bereitlegen.

### 10.05 bis 10.15 Uhr
Den Mürbeteig für die Obst-Torteletts herstellen, danach die gebrauchten Geräte und Utensilien spülen. Den Teig kühl stellen.

### 10.15 bis 10.30 Uhr
Die Formen für den Rotweinkuchen und die Muffins einfetten. Für Muffins kann man auch Papierförmchen benutzen. Grundteig herstellen (ohne Rotwein, Kakao und Streusel). Teig für die Muffins entnehmen, den Rest für die Rotweintorte zunächst kühl stellen. Zu dem Muffinteig etwas Milch geben, eine Hälfte des Teiges in die Backformen verteilen; in die andere Hälfte Kakaopulver einrühren, ebenfalls in die Formen verteilen. Backen.

### 10.30 bis 10.45 Uhr
In den Teig für die Rotweintorte nun Rotwein, Kakao und Streusel rühren. Backen; die gebrauchten Geräte und Utensilien spülen.

### 10.45 bis 11.15 Uhr
Das Backblech für den Kirschstreuselkuchen einfetten und den Teig herstellen. Kirschen abtropfen lassen, auf den Teig geben. Die Streusel auf den Kirschen verteilen, backen, danach spülen.

### 11.15 bis 11.45 Uhr
Formen für die Sachertorte und die Hagebuttentorte vorbereiten. Grundteig für die beiden Torten herstellen, allerdings ohne Kakao und Eischnee. Die Hälfte des Grundteiges in eine andere Schüssel geben.

### 11.45 bis 12.00 Uhr
Für die Sachertorte in die eine Hälfte des eben hergestellten Grundteiges Kakao einrühren. Eischnee schlagen und unterheben. Backen.
In die andere Hälfte des Grundteiges nun zur Zubereitung der Hagebuttentorte Eischnee schlagen und unterheben. Backen und alle gebrauchten Gegenstände spülen.

### 12.00 bis 12.30 Uhr
Jetzt noch die Torteletts. Den Mürbeteig ausrollen und mit runden Förmchen ausstechen, auf ein Backblech legen und backen. Auskühlen lassen. Kurz vor dem Servieren mit Obst belegen und verzieren.

Geschafft! Ein komplettes Kuchenbuffet mit 6 verschiedenen Kuchen in nicht einmal drei Stunden!

## Tipps

- Ist Ihnen der *Teig* doch einmal zu schwer geraten, besser etwas Backpulver hinzufügen. Der Kuchen wird sonst leicht klitschig.
- ⚠ Rührzeiten beachten, damit der Kuchen locker wird. Will man Teig zu einem Rechteck fürs Blech ausrollen, bildet man aus dem Teig erst eine Rolle.
- Mit einer Prise Salz, die Sie zu Beginn beigeben, gelingt Ihnen der *Eischnee* bestimmt. Achten Sie darauf, dass die Schüssel, in der Eiweiß geschlagen wird, fettfrei ist, das Fett verhindert das Steifwerden.
- *Eiweiß* wird auch nicht steif, wenn Eigelb in das Eiweiß gelangt. Deshalb sollte jedes Ei erst über einer Tasse getrennt werden. Fügen Sie auch Zucker nicht zu früh hinzu.
- *Kuchenböden* mit unterschiedlichem Durchmesser schneidet man aus einer Teigplatte mit Hilfe des verstellbaren Tortenrings aus.

## REZEPTE

### Sachertorte

*Zutaten:*

100 g Butter • 8 Eier • 200 g Zucker • 80 g Kakaopulver • 120 g Mehl • 50 g gemahlene Mandeln • 1 Tasse Aprikosenkonfitüre • 200 g Schokoladenfettglasur
Butter schmelzen (nicht zu heiß werden lassen!). Eier in Eiweiß und Eigelb trennen. Eigelb mit 100 g Zucker schaumig rühren. Kakao und Butter unter die Eigelbmasse heben, dann die Mandeln zufügen. Das Mehl unterrühren, bis eine glatte Masse entsteht. Einige Minuten mit dem Mixer schaumig schlagen. Das Eiweiß mit dem restlichen Zucker

zu steifem Eischnee schlagen. Eischnee vorsichtig unter den Teig heben. Den Backformboden mit Pergamentpapier auslegen, Masse in die Form füllen und glatt streichen. Bei 160 °C 40 min backen. Den ausgekühlten Kuchen waagerecht halbieren. Aprikosenkonfitüre auf den unteren Boden geben. Den oberen Boden darauf legen. Schokoladenfettglasur schmelzen, die Torte gleichmäßig damit überziehen.

### Hagebuttenkuchen

*Zutaten:*
wie für Sachertorte (ohne Aprikosenkonfitüre und Schokoladenfettglasur)
*Für die Füllung:*
8 Blatt weiße Gelatine • 1 Glas Hagebuttenmark (400 g) • 400 g Schlagsahne • Borkenschokolade zum Verzieren
Zubereiten und backen wie Sachertorte. Fertigen Kuchen ebenfalls halbieren. Für die Füllung Sahne steif schlagen. Die Gelatine in kaltem Wasser einweichen, ausdrücken und vorsichtig erwärmen. Das Hagebuttenmark mit der aufgeweichten Gelatine verrühren, etwas abkühlen lassen und unter die steif geschlagene Sahne heben. Den unteren Tortenboden mit der Hälfte der Hagebuttensahne bestreichen, den zweiten Boden aufsetzen und mit der restlichen Sahnemischung bestreichen. Großzügig mit Borkenschokolade verzieren.

### Rotweinkuchen

*Zutaten:*
250 g Butter • 250 g Zucker • 4 Eier • 2 Päckchen Vanillezucker • 250 g Mehl • 2 gestrichene TL Backpulver • $\frac{1}{8}$ l Rotwein • 20 g Kakao
Eine Kastenform mit Butter bepinseln und mit Mehl ausstäuben. Die Butter geschmeidig rühren und nach und nach Zucker und Vanillezucker einrühren, bis eine gebundene Masse entsteht. Dann jedes Ei etwa $\frac{1}{2}$ Minute unterrühren. Mehl und Backpulver mischen und in 2 Portionen kurz unterrühren. Unter den fertigen Teig Rotwein und Kakao rühren, in die Kastenform füllen und bei 180 °C 50 min backen.

### Muffins

*Zutaten:*
Wie bei Rotweinkuchen, außer Rotwein
Zusätzlich: 1-2 EL Milch
Den fertigen Teig in 2 Hälften teilen. In eine Hälfte den gesiebten Kakao und die Milch einrühren. Beide Teige in insgesamt 12 Förmchen verteilen und etwa 20 min backen.

### Obst-Torteletts

*Zutaten* für etwa 6 Törtchen (ca. 10 cm Durchmesser):
200 g Mehl • 100 g kalte Butter • 65 g Zucker • 1 Prise Salz • 1 Eigelb
*Für den Belag:*
Obst nach Wahl und Tortenguss
Alle Zutaten zügig verkneten (z. B. mit dem Handrührgerät), Teig zu einer Kugel formen, in Folie wickeln und 1 Stunde kalt stellen. Den Teig ausrollen, ausstechen, auf das Blech legen und etwa 10 min goldgelb backen. Sofort vom Blech nehmen. Nach dem Auskühlen mit Obst belegen und mit Tortenguss verzieren.

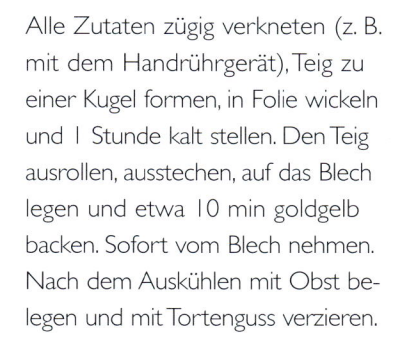

### Kirschstreuselkuchen

*Zutaten:*
*Für den Teig:*
250 g Butter • 250 g Zucker • 4 Eier • 400 g Mehl • 1 TL Backpulver • 1 kg Sauerkirschen, entsteint
*Für den Streusel:*
300 g Mehl • 200 g Butter • 150 g Zucker • 1 Messerspitze Zimt
Ein Backblech mit etwas Butter bepinseln, mit Mehl bestäuben. Für die Streusel alle Zutaten verkneten (z. B. mit dem Handrührgerät), sodass krümelige Streusel entstehen. Auf einer Platte gleichmäßig verteilen und 15 min ziehen lassen. Für den Teig die zimmerwarme Butter mit dem Zucker schaumig rühren, nach und nach die Eier zugeben. Zum Schluss das Mehl mit dem Backpulver mischen und kurz unterrühren. Den Teig auf dem Blech verteilen und mit den Kirschen dicht belegen. Mit den Streuseln bestreuen. Im vorgeheizten Ofen bei 190 °C 60 min backen.

Rezepte zusammengestellt vom Hauswirtschaftlichen Ausbildungszentrum Müngersdorf in Köln.

| Vorschlag zum Kuchenbuffet | |
|---|---|
| Runde Form: | Hagebuttenkuchen |
| Muffinformen: | Muffins |
| Torteletts: | mit Obst belegt |
| Rehrücken- oder Kastenform: | Rotweinkuchen |
| Party-Springform: | Sachertorte |
| Blech: | Kirschstreuselkuchen |

Ihre Freunde werden sich aber nicht nur an Ihrem Kuchen erfreuen, denn sitzt man in einer schönen Umgebung fühlt man sich gleich noch mal so wohl. Und dazu gehören auf jeden Fall Blumen und Zimmerpflanzen.

# DEKORATION

Viele scheuen sich vor allzu viel „Grünzeug", weil die Pflege so kompliziert erscheint. Und was ist, wenn man in Urlaub fährt? Alles kein Problem mehr, wenn Sie unsere Ratschläge und Tricks befolgen!
Sie werden sehen, dass selbst die teuren Schnittblumen nicht so schnell die Köpfe hängen lassen, wenn man sie nur richtig behandelt. Diese Tipps können Sie dann übrigens auch gleich weitergeben, wenn Sie Blumensträuße verschenken.
Aber nicht nur Blumen sind ein nettes Mitbringsel, deshalb haben wir Ihnen auch eine Menge anderer kreativer Geschenkideen zusammengestellt und zeigen, wie man diese originell verpackt. Die Beschenkten werden sich über diese sehr persönlichen Gaben sicherlich besonders freuen.

Die gesamte Familie hat sich zum Kaffeetrinken angesagt – ein echtes Treffen der Generationen. Schön, wenn sich alle einmal wiedersehen. Zu diesem Anlass lässt sich mit einfachen, aber effektvollen Mitteln eine ganz besondere Dekoration auftischen. Stellen Sie alte Familienfotos aus Ihrem Fundus in hübschen Rahmen auf den Tisch – das sorgt von Anfang an für Gesprächsstoff à la „Weißt du noch, wie wir damals ..." Besondere Tischkärtchen sind kleine Blumentöpfe, die der Gast als Erinnerung mit nach Hause nehmen kann. Stimmung zaubern auch Körbe mit frisch gepflanzten Frühlingsblumen.

Pflanzen

**Dekoration**

Zimmerpflanzen tragen zu einem gesunden und ausgeglichenen Raumklima bei. Gut isolierte Fenster und Türen und trockene Heizungsluft sind oft die Ursache dafür, dass der notwendige Luftaustausch fehlt und in unseren Räumen eine für die Gesundheit zu geringe Luftfeuchtigkeit herrscht.

Topfpflanzen können einen wichtigen Beitrag zur Anhebung der Luftfeuchtigkeit in der Raumluft leisten, denn über 90 % des durch Gießen oder Sprühen zugeführten Wassers geben die Pflanzen wieder an den Raum ab. Und auch auf Balkon und Terrasse sorgen Pflanzen für Ihr Wohlbefinden.

# ES GRÜNT SO GRÜN ...
## Wie Sie Ihren Zimmer- und Balkonpflanzen die richtige Pflege angedeihen lassen.

### ZIMMERPFLANZEN

Zimmerpflanzen verleihen Ihren Räumen Leben. Sie sorgen für gute Raumluft, können farbige Akzente setzen und schmücken Ihre Wohnung.

#### Pflanzenpflege

Auch Pflanzen brauchen täglich Zuwendung. Kontrollieren Sie regelmäßig den Feuchtigkeitszustand. Es genügt nicht, nur jeden Tag zu gießen. Die Feuchtigkeitsmenge sollte gleichbleibend sein. Scheint die Sonne, wird viel Feuchtigkeit verdunstet, ist das Wetter trüb, verringert sich auch der Wasserverbrauch. Pflanzen am Südfenster erfordern dabei besondere Aufmerksamkeit.

Die begrenzte Menge an Erde im Blumentopf schränkt die Speicherkapazität für Nährstoffe erheblich ein. Deshalb sind Zimmerpflanzen, Balkon- und Kübelpflanzen ebenso, auf eine zusätzliche Versorgung mit Dünger angewiesen (je nach Düngerart alle ein bis 2 Wochen, einmal im Monat oder alle paar Monate einmal). Von Zeit zu Zeit empfiehlt es sich, die Zimmerpflanzen auch umzutopfen: wenn die alte Erde ausgelaugt oder der Topf zu klein geworden ist.

Die Bedürfnisse der einzelnen Pflanzen unterscheiden sich erheblich. Auch Wasser- und Lichtbedarf bei Topfpflanzen können ganz unterschiedlich sein. Und ob sie gut gedeihen, das hängt stark vom Standort ab. Lassen Sie sich beim Kauf neuer Pflanzen einfach beraten.

**Tipps**
- Zusätzlich zum Wässern empfiehlt es sich, Zimmerpflanzen besonders während der Heizperiode regelmäßig mit einem feinen Nebel zu besprühen (Wäschespritze, Zerstäuber), um einen feuchten Luftraum zu schaffen. Das Wasser sollte Zimmertemperatur haben.
- Wie viel Sie gießen müssen, das hängt nicht nur von Topfgröße, Jahreszeit oder Wetter ab, sondern auch von der Beschaffenheit des Pflanztopfes: Durch einen porösen Tontopf z. B. verdunstet zusätzlich ein Teil des Wassers, im Kunststofftopf nicht.
- Die Blumenerde gelegentlich lockern – am besten vorsichtig mit einer Gabel –, damit sie für Nährstoffe aufnahmefähiger wird.

Pflanzen

Dekoration

**Blumen** zur Reinigung kopfüber in Wasser tauchen. Das reinigt die Blätter und tut den Blüten gut. Ein Kragen aus Frischhalte- oder Alufolie verhindert das Herausrieseln der Erde.

- Einige Blumen, wie *Hortensien* oder *Veilchen,* halten sich besser und leben wieder auf, wenn die Blüten feucht gehalten werden. Zwischendurch öfter bespritzen oder kopfüber in kaltes Wasser tauchen.
- Entfernen Sie regelmäßig welke Blüten und Blätter. Das sieht nicht nur besser aus, sondern bekommt der Pflanze auch sonst gut.
- *Farne* ringeln sich weniger ein, wenn man dem Gießwasser etwas Stärke zusetzt.
- Beim Kauf von *Orchideen* darauf achten, dass der Stängel nicht weich ist und die Blüten keine braunen Ränder haben. Dann sind die Blüten bis zu zwei Monate haltbar.

### Reinigung der Blätter

Auf den Blättern setzt sich, wie auf Ihren Möbeln, Staub ab, der die Atmung der Pflanze behindert. Besonders Hartlaubgewächse sollten von Zeit zu Zeit, am besten mit einem feuchten Tuch, abgewischt werden. Zum Reinigen immer weiches Wasser verwenden, damit sich keine Kalkränder bilden.

Widerstandsfähige Pflanzen lassen sich problemlos mit der Handbrause absprühen. Das Wasser sollte allerdings wohltemperiert sein. Im Sommer mögen es die Pflanzen auch, zwischendurch einmal im Regen zu stehen (sanfter Regenguss vorausgesetzt), wenn die Temperaturunterschiede von drinnen zu draußen nicht zu groß sind.

### Tipps

- Blattpoliermittel schaden der Pflanze. Sie nehmen ihr die natürliche Wirkung und Lebendigkeit.
- Behaarte Blätter lassen sich entweder so reinigen, dass man den Topf auf dem Kopf in lauwarmem Wasser hin- und herschwenkt, dem evtl. etwas Seife zugesetzt wurde (dann anschließend mit klarem Wasser nachspülen), oder man säubert sie vorsichtig mit einem weichen Pinsel. Die Blätter sollten trocken sein, bevor die Pflanze an ihren Standort zurückgebracht wird.
- Wenn Sie Ihre Pflanzen in der Badewanne abbrausen: Stellen Sie den Topf in einen Eimer mit Wasser, um zu verhindern, dass Erde in den Abfluss gelangt. Die Pflanze kann so gleichzeitig gewässert und abgebraust werden.
- Eine andere Möglichkeit: Legen Sie einen Kragen aus Alufolie um den Pflanztopf, damit die Erde beim Duschen nicht herausgespült wird.
- Die Blätter großer Pflanzen, die nicht bewegt werden können, sollte man mit einem Lappen abwaschen: von beiden Seiten.
- Kalkränder auf Blättern lassen sich mit verdünntem Essigwasser entfernen.

### Schneiden der Triebe

Manche Zimmerpflanzen, aber auch Balkon- und Kübelpflanzen, entwickeln sich insgesamt stark, wenn sie unter optimalen Bedingungen leben, andere Pflanzen bilden nur lange Triebe. Deshalb sollten sie je nach Jahreszeit auch beschnitten werden – ihren Bedürfnissen und ihrem Wachstum entsprechend. Dazu den Trieb mit einem scharfen Messer oder einer Gartenschere kurz oberhalb des Blattansatzes mit einem glatten Schnitt entfernen. An jedem Blattansatz befindet sich nämlich ein so genanntes „schlafendes Auge", eine Triebknospe, die sich später zu einem neuen Trieb entwickelt.

So werden gerade junge Pflanzen angeregt, sich buschig zu entwickeln. Prüfen Sie vor dem Schnitt, ob die schlafenden Knospen nicht abgestorben sind. Unbedingt nur im grünen Stängelbereich zurückschneiden!

Das ist besonders bei älteren Pflanzen wichtig. Nehmen Sie den Rückschnitt am Ende der Ruhezeit im Frühjahr zwischen Ende Februar und Anfang April vor.

### Rückschnitt nach dem Umtopfen

Fällt das Umtopfen ins Frühjahr, kann der Rückschnitt damit kombiniert werden. Dabei ist es besser, die Pflanze etwa zwei Wochen früher zurückzuschneiden, da sonst die Schockwirkung zu groß ist. Durch das Schneiden verringern sich die Verdunstungsflächen der Pflanzen. Bis zum Umtopfen (Wurzelverlust!) haben sie sich dann bereits auf den Neuaustrieb vorbereitet.

**!** Vermeiden Sie erst umzutopfen und dann zurückzuschneiden, das bekommt Ihrer Pflanze nicht gut.

Tritt nach dem Rückschnitt Saft aus der Wunde, so blutet sie. Der Saft trocknet normalerweise schnell ab. Befindet sich die Pflanze aber stark im Treiben, blutet sie auch stark aus. Um das zu verhindern, können Sie Holzkohlepulver auf die Schnittstellen streuen, das die überschüssige Feuchtigkeit aufsaugt und die Schnittstelle desinfiziert. Wenn sich die Pflanze nicht genug verzweigt, sollten die Triebspitzen herausgeschnitten werden. Achten Sie auch hier darauf, dass sich unterhalb der Schnittstelle schlafende Knospen befinden.

### Pflanzen aufbinden

Können Kletterpflanzen nicht selbst an einer Kletterhilfe hochranken, müssen sie angebunden werden. Das gilt beispielsweise für Kranzschlinge, Wachsblume und die einjährige Schwarzäugige Susanne. Rankhilfen sollten sich gut in den Raum einfügen.
Der Moosstab ist eine mögliche Hilfe. Er passt sich optisch der Pflanzenfarbe an und ist kaum zu sehen. Wird das Moos ab und zu befeuchtet, bildet es für die Kletterpflanzen ideale Bedingungen. Das gilt besonders für Gewächse, die mit dem Trieb auch Luftwurzeln bilden: Philodendron und Efeutute beispielsweise.
Wer es moderner mag, kann zur Rankhilfe aus Zinkblech greifen. Sie ist in den unterschiedlichsten Formen erhältlich (gedrehte Spirale, Kreisform u. a.) und bildet einen schönen Kontrast zum Grün.

### Pflanzenschutz

Viele Krankheiten bei Pflanzen entstehen durch einen verkehrten Standort (zu wenig Licht) oder durch falsche Pflege (zu viel Wasser, zu wenig Dünger).
Sie sollten Ihre Pflanzen regelmäßig sorgfältig beobachten, damit die ersten Anzeichen einer Schädigung direkt erkannt und behandelt werden können.
So lassen sich größere Schäden vermeiden. Trennen Sie kranke Pflanzen sofort von den gesunden. Im Anfangsstadium reichen häufig noch Schere oder ein kräftiger Wasserstrahl, in einem späteren Stadium muss zu härteren Mitteln gegriffen werden. Hat die Behandlung keinen Erfolg: Entsorgen Sie die Pflanze mitsamt Topf, damit sich die übrigen Pflanzen nicht anstecken.

### Tipps gegen Schädlinge an Zimmerpflanzen

- Ein wirksames Mittel gegen *Blattläuse* ist Zigaretten- bzw. Zigarrenasche, die einfach auf die Blumenerde gestreut wird, bis die Läuse verschwunden sind.
- *Erdflöhe* suchen das Weite, wenn man ein Streichholz mit dem Kopf nach unten in die Erde steckt.
- *Schildläuse* lassen sich leicht mit einer Nadel von der befallenen Pflanze abheben. Die Blätter anschließend mit Seifenwasser abwaschen.
- *Spinnmilben* und *Wollläuse* entfernt man durch Abwaschen der Blätter mit Seifenwasser.

### Pflege bei längerer Abwesenheit

Sind Sie für längere Zeit im Urlaub und finden keinen Freiwilligen, der sich um Ihre Pflanzenpracht kümmern kann, sollten Sie folgende Tipps beherzigen, die Ihre Pflanzen – zumindest für eine gewisse Zeit – zu Selbstversorgern machen:

- Die Pflanze in einen großen Untersetzer mit feuchtem Kies oder einem Torfgemisch, fern von der Sonne setzen. Wässern und das Ganze mit durchsichtiger Plastikfolie bedecken. Die Folienränder unter dem Untersetzer feststecken.
- Die Pflanze mit dem Topf in einen Plastikbeutel stellen und gut verschließen. Dabei unbedingt darauf achten, dass die Blätter die Folie nicht berühren. Nehmen Sie kleine Stöcke zu Hilfe.
- Aus einem Stück Filz lässt sich eine Kapillarmatte herstellen. Die Pflanzen so auf die Matte stellen, dass die andere Seite in einer mit Wasser gefüllten Schale hängt. Durch die Kapillarwirkung nehmen die Pflanzen genügend Wasser auf.
- Alle Pflanzen in die Badewanne stellen. In die Mitte ein höheres, mit Wasser gefülltes Gefäß stellen, in das man lange, dicke Baumwollfäden legt. Die Fäden vom Wassergefäß aus einzeln in die Blumentöpfe führen. Die Fäden saugen das Wasser dann auf und leiten es an die Pflanzen weiter. Anstatt eines dicken Baumwollfadens kann man auch lange Schnürsenkel verwenden.

## WELCHE PFLANZE AN WELCHEN ORT?

### SONNENANBETER

*Zimmerpflanzen, die die Sonne lieben, sind z. B.:*
- Aloe
- Erdstern
- Gefleckte Efeutute
- Harfenstrauch
- Hibiskus/Chinarose
- Kranzschlinge
- Lanzenrosette
- Passionsblume
- Schwarzäugige Susanne
- Weihnachtskaktus

### WÜSTENBEWOHNER

*Pflanzen, die eine trockene Umgebung mögen, sind z. B.:*
- Agave
- Echeverie
- Feigenkaktus

# Pflanzen

- Kugelkaktus
- Leuchterblume
- Nabelkraut
- Schlangenkaktus
- Sternkaktus
- Wachsblume
- Warzenkaktus

## SONNENMUFFEL

*Diese Pflanzen können Sie getrost ins und ans Nordfenster setzen:*

- Bootspflanze
- Efeu
- Fensterblatt
- Gardenie
- Goldorange
- Kanonierblume
- Kokospalme
- Königswein
- Nestfarn
- Pantoffelblume
- Pellefarn
- Schusterpalme
- Schwertfarn
- Spanischer Pfeffer
- Winterbeere
- Zebragras
- Zierspargel
- Zimmeraralie

*Farbe ins Nordfenster bringen blühende Pflanzen wie:*

- Alpenveilchen
- Azalee
- Chrysantheme
- Usambaraveilchen
- Weihnachtsstern

## SCHATTENGEWÄCHSE

*Planzen, die im Schatten gedeihen, sind z. B.:*

- Birkenfeige
- Buntwurz
- Dieffenbachie
- Frauenhaarfarn
- Geweihfarn
- Korbmarante
- Nestfarn
- Pellefarn
- Pfeilwurz
- Tüpfelfarn

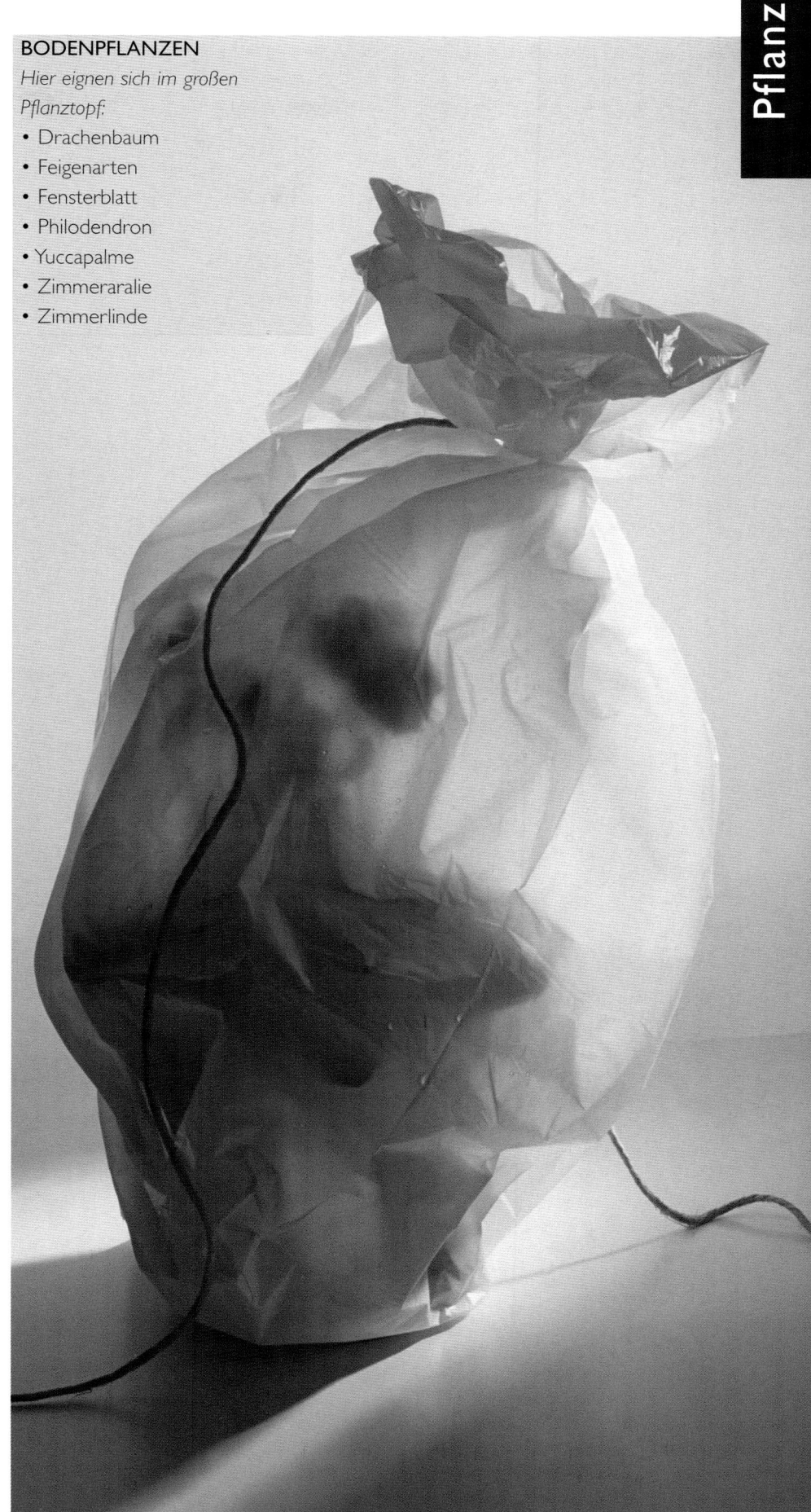

## BODENPFLANZEN

*Hier eignen sich im großen Pflanztopf:*

- Drachenbaum
- Feigenarten
- Fensterblatt
- Philodendron
- Yuccapalme
- Zimmeraralie
- Zimmerlinde

## BALKON- UND TERRASSEN-BEPFLANZUNG

Blumen verwandeln bei optimalen Bedingungen jeden Balkon und jede Terrasse binnen kürzester Zeit in eine blühende Oase, die zum Aufenthalt einlädt. Auf kleinem Raum bilden sich mit etwas Pflege wahre Blütenwunder.

### Was pflanzen?

Das Angebot an Balkonblumen ist ausgesprochen vielfältig. Vor der Bepflanzung gilt es allerdings zu klären, ob der Balkon überwiegend in der Sonne oder ob er meist im Schatten liegt.
Ein Großteil der Balkonpflanzen liebt die Sonne und braucht deshalb täglich ein paar Stunden ihrer wärmenden Strahlen, um sich richtig zu entwickeln.
Auf der Südseite gedeihen Geranien, Mittagsgold und Petunie besonders gut, im Schatten fühlen sich Fleißiges Lieschen, Fuchsie und Knollenbegonie wohl.

### Wann pflanzen?

Die Bepflanzung findet am besten nach Mitte Mai statt, wenn keine Nachtfröste mehr drohen.
Pflanzen Sie nicht zu dicht, ansonsten behindern sich die Blumen gegenseitig beim Wachsen.
Besonders wirkungsvoll ist es, eine Bepflanzung in „mehreren Etagen" vorzunehmen: hochwachsende Geranien, kleinere Margariten und Hängelobelien beispielsweise.
Steht ein längerer Urlaub gerade dann an, wenn Ihre Kästen besonders schön blühen, lohnt es sich, die Hängepflanzen zurückzuschneiden. Sie treiben wieder aus, bilden neue Knospen und die Kästen stehen in voller Blüte. Für regelmäßiges Wässern muss natürlich gesorgt sein.

### Wie pflanzen?

Wichtig ist die Auswahl der Erde, denn in Balkonkasten oder Kübel wachsen relativ viele Pflanzen auf engem Raum. Günstig sind Balkonkästen mit einem Wasserreservoir. Wenn Sie vor dem Bepflanzen den Boden des Kastens mit Speichermatten ausstatten, sorgen Sie vor. Denn die Matten speichern das sechsfache ihres Eigengewichtes an Wasser und lassen den Wurzeln dennoch genügend Platz. Fehlen solche Reservoirs, müssen Sie an sonnigen Tagen zweimal die Gießkannen füllen.
Auch die Balkonerde selbst sollte viel Wasser speichern können und noch dazu nährstoffreich sein. Eine Auflockerung mit Blähton (hält auch überschüssiges Wasser von den Wurzeln fern) oder Hydrokulturgranulat bieten sich an. Achten Sie beim Auffüllen der Kästen mit Erde darauf, dass ein 2 cm hoher Gießrand frei bleibt. Für die sonstige Versorgung der Pflanzen lässt sich ein Depotdünger in den Boden einbringen, der nach und nach Nährstoffe abgibt und für den ganzen Sommer ausreicht.

### Gestaltung

Auf Ihrer Terrasse lassen sich nicht nur durch die Bepflanzung, sondern auch durch die Verwendung unterschiedlicher Töpfe Farbakzente setzen. Ob Terracotta-Kübel, glasierte Tontöpfe oder Pflanzgefäße aus Kunststoff: Gerade „mobiles" Grün bringt Farbe und Fülle. In Töpfen und Kübeln sorgen Beetpflanzen wie Stauden, einjährige Blüher oder Kleingehölze für eine effektive Wirkung. Auf Rollen gesetzt sind sie besonders flexibel und lassen sich in der Zusammenstellung immer wieder variieren. Sie können dann beispielsweise im Nu ein lauschiges Plätzchen schaffen, indem Sie die Kübel nebeneinander rund um einen kleinen Tisch mit Stühlen stellen, oder Sie dekorieren großzügige Stillleben mit Tonkugeln, Skulpturen, großen Muscheln oder sonstigen Mitbringseln aus dem Urlaub. Ihrer Phantasie sind keine Grenzen gesetzt ...

## Stehen

**Bodenvasen** auf Parkett oder Laminat, sollten Sie absolut wasserdicht sein. Also glasiert oder gut lackiert. Terrakottatöpfe verursachen Wasserschäden!

Pflanzen

191

## Dekoration

### Der Kräutergarten

Terrassen und Balkone sind auch ein schöner Platz für den Kräutergarten, denn Kräuter sind nicht nur nützlich, sondern auch besonders dekorativ. Kräuter und Duftpflanzen bieten gewissermaßen eine Aromatherapie im Vorbeigehen. Mit der Hand einen Ast Minze streifen, danach am Thymian vorbei ... Und der Lavendel vertreibt aufkommende Müdigkeit.

Darüber hinaus hat man die wichtigsten Salatkräuter und Küchenhelfer stets erntefrisch zur Hand. Wer also keinen Garten hat, muss auf Duft- und Gewürzpflanzen nicht verzichten. Sie lassen sich ebenso in Balkonkästen wie in Pflanzkübel setzen. Was man allerdings unbedingt wissen sollte: Kräuter benötigen in der Regel eine Sonnendosis von fünf Stunden pro Tag und eine ganze Menge Nährstoffe, am besten in Form von Langzeitdüngern, die der Pflanzerde beigemischt werden. Kräuter, die aus dem Mittelmeerraum stammen (Rosmarin, Thymian ...), lieben einen eher trockenen Standort (mischen Sie ruhig ein Viertel Sand unter die Blumenerde), einheimische Kräuter (wie Schnittlauch oder Liebstöckel) fühlen sich auch in gewöhnlicher Erde wohl und mögen's ein wenig feuchter.

### Die wichtigsten Kräuter
Basilikum, Bohnenkraut, Borretsch, Dill, Estragon, Kapuzinerkresse, Kerbel, Kresse, Liebstöckel, Lorbeer, Majoran, Melisse, Oregano, Petersilie, Pfefferminze, Pimpinelle, Rosmarin, Salbei, Schnittlauch, Thymian

### Tipps
- Wer einen ausgedienten Sandkasten hat, kann darin sein Kräuterbeet anlegen.
- Treiben Ihre Kräuter im Sommer stark aus, sollten Sie die Triebspitzen öfter einmal abschneiden. Dann wachsen die Pflanzen besonders buschig.
- Schneiden Sie die Kräuter für Ihren Wintervorrat, bevor sie zu blühen anfangen. Vorsichtig waschen, gut trocknen und einfach in Gefriertüten bzw. Dosen verstauen und ins Gefrierfach legen. Dann lassen sie sich später nach Bedarf portionsweise herausnehmen.
- Eine andere Möglichkeit der Aufbewahrung des Wintervorrats: Kräuter zu kleinen Sträußen binden und kopfüber zum Trocknen aufhängen. Später in Schraubgläser geben – das sieht besonders hübsch aus.

Pflanzen

193

Dekoration

Eindrucksvolle Blumenarrangements sind stets schöne Blickfänge. Ob es sich um einen farbenfrohen Strauß oder ein ungewöhnliches Gesteck handelt – wichtig ist, dass alle Blumen lange ihre Frische bewahren.

# TULPEN WACHSEN IMMER WEITER?
## Tipps und Tricks für Schnittblumen.

Das einfachste und noch dazu sinnvollste Verfahren für das Frischhalten von Blumen, ganz gleich ob selbst gepflückt oder aus dem Blumenladen, besteht darin, das Ende der Stiele unter Wasser anzuschneiden. Dieser Anschnitt ermöglicht es Luftpölsterchen zu vermeiden, die sich beim Schneiden im Innern der Stiele bilden. Schneiden Sie möglichst schräg ein. So ist die notwendige Wasseraufnahme sichergestellt.

Achten Sie darauf, dass die Stängel sauber sind. Dornen, Blätter und kleine Seitentriebe sollten entfernt werden, ebenso beschädigte oder abgestorbene Teile. Diese faulen leicht und verseuchen das Wasser. Blumen, die weiterverarbeitet werden, über Nacht, mindestens aber einige Stunden vorher bis zu drei Viertel ihrer Länge mit kaltem Wasser bedecken und an einem kühlen Ort, vor direktem Sonnenlicht und Luftzug geschützt, absetzen.

Bleibt nur wenig Zeit bis zur Verwendung der Blumen, so stellen Sie sie am besten in lauwarmes Wasser.

**Wachstumsstopp**
Hätten Sie auch diese Tulpe an dieser Stelle mit einer Nadel angestochen, wäre sie in der Vase nicht mehr gewachsen.

**So haben Sie länger Freude an der Pracht**

- Blumen aus dem Garten schneidet man am besten am frühen Abend, wenn die Pflanze den ganzen Tag über Kraft getankt hat und nur noch wenig Wasser aufnimmt.
- Sollen sich die Blüten schnell öffnen, stellt man die Blumen in warmes Wasser an einen warmen Ort.
- Blumen vertragen keinen Zug, sie trocknen sonst schnell aus.
- Welken Blumen trotz Wasserzufuhr und sachgemäßer Pflege, schneidet man die Stiele 2,5 cm kürzer und stellt sie für 10 min in heißes Wasser. Die Blüten sollten dabei mit etwas Küchenkrepp vor dem Dampf geschützt werden. Die Blumen anschließend für eine Stunde in tiefes, kaltes Wasser geben, bevor man sie wieder neu arrangiert.
- Versorgen Sie Blumensträuße direkt mit dem Konservierungsmittel, das der Händler häufig dazugibt (Tütchen mit Pulver oder Flüssigkeit). Das Mittel vermindert das Faulen des Wassers und sorgt so für eine längere Haltbarkeit Ihrer Blumen.
- Hausmittel zur Konservierung: Wenn Sie eine Tablette Aspirin ins Wasser geben, muss es zwischendurch nicht erneuert, sondern nur gelegentlich aufgefüllt werden. Ein Löffel Zucker im Wasser wirkt ebenfalls konservierend. Alternativ dem Blumenwasser einen Spritzer Zitronensaft zufügen. So bleiben die Blumen länger frisch.
- Blumengefäße sollten immer sauber sein, sodass sich keine Rückstände anderer Pflanzen darin befinden. Das beugt einem schnellen Faulen vor.
- Verholzte oder markhaltige Stängel *(Rosen, Chrysanthemen)*

werden mit einem scharfen Messer gut 2 cm tief gespalten. Bei blütenhaltigen Stängeln wird auf gut 2 cm Länge die Rinde entfernt.
- Stängel, die Milchsaft führen *(Mohn oder Wolfsmilch)*, müssen versiegelt werden, sonst verstopft der gerinnende Saft die Poren. Halten Sie dazu die Schnittstellen in heißes Wasser.
- Eine Versiegelung lässt sich auch erreichen, indem man die Stängel über eine Kerzenflamme hält. Nach wenigen Sekunden direkt in kaltes Wasser tauchen.
- Blumen mit einem dicken, hohlen Stängel *(Amaryllis, Rittersporn, Lupine, Calla und Lotos)* lassen sich mittels Spritze mit Wasser füllen. Mit einem kleinen Wattebausch verschließen.
- Blumen mit dünnen, zarten Stielen mit Papier umwickeln, bevor man sie ins Wasser eintaucht. Gehen Sie ebenso vor, um gebogene Stiele, z. B. bei *Tulpen,* wieder aufzurichten.

**Tipp:** Bei Schnittblumen reicht es meist aus, wenn man nur wenige Blüten oder einen dekorativen Zweig in das Gefäß gibt. Blume bzw. Zweig und Vase sollten harmonisch aufeinander abgestimmt sein. Stellen Sie einmal eine einzelne Gerbera in einer schönen Flasche auf die Fensterbank ... oder gleich drei nebeneinander: Das wirkt!

### Spezielle Blumentipps

- *Amaryllis* halten wegen der hohen Stiele schlecht. Man kann sie mit einem Stück Draht von innen unterstützen.
- Bei *Christrosen* sollten die Stiele mit einer Nadel angestochen und vor dem Stecken in kaltes Wasser gestellt werden.
- *Chrysanthemen* kann man das ganze Jahr über kaufen. Im Sommer nimmt man am besten Freilandchrysanthemen, sie halten länger. Beim Kauf unbedingt darauf achten, dass das Innere fest und gelb ist und nicht locker und bräunlich.
- Die Stängel der *Chrysanthemen* sind weich und holzig. Wenn Sie die Holzhammer-Methode anwenden, werden die Blumen besser an ihre Nährstoffe gelangen: Die Enden weich klopfen, damit das Wasser ins weiche Innengewebe vordringt. Bei *Levkojen* und *Rosen* ebenso verfahren.
- *Erika* und *Efeu* sollten etwa eine Stunde vollständig im Wasser liegen, bevor sie verarbeitet werden.
- Kurzlebige Blütenzweige wie *Flieder* oder *falscher Jasmin* brauchen besonders viel Wasser für ihre Blüten. Daher am besten alle grünen Blätter entfernen.
- Bei den harten und holzigen Stängeln von *Flieder, Forsythie, Rhododendron* und anderen blühenden Zweigen, die man in die Vase stellen möchte, sollte am Ende des Stängels die Rinde entfernt werden, bevor man sie einschneidet oder breit klopft.
- Der Stiel der *Gerbera,* der sich leicht biegt, sollte nach dem Zurückschneiden 10 min lang in zwei Finger denaturierten Alkohol gesteckt werden. Tauchen Sie den Stiel anschließend bis zum Blütenkelch in kaltes Wasser.
- *Gerbera* halten sich länger, wenn man sie schräg anschneidet und für ein paar Sekunden in kochendes Wasser hält (2 cm tief), bevor sie in die Vase kommen.

Ebenso verfährt man mit *Löwenmäulchen* aus dem Treibhaus.
- *Gladiolen* kauft man im Sommer besser vom Freiland. Die im Treibhaus gezogenen werden oft zu früh geschnitten und können sich dann nicht ganz öffnen. Gladiolen sollten trotz der festen Stiele anfangs wenig Wasser bekommen. Damit sich später alle größeren Knospen öffnen, werden die obersten kleinen entfernt.
- Einige Blütenzweige, wie die des *falschen Jasmins* oder der *Weigelie,* besitzen außer Blüten auch zahlreiche Blätter. Entfernt man die Blätter, sieht man die Blüten besser und sie halten länger.
- *Narzissen* sollten mindestens 24 Stunden lang nicht mit anderen Blumen zusammengestellt werden, da sie ein Sekret absondern, das die anderen Blumen nicht mögen und sie vorzeitig verderben lässt.
- Beim Kauf von *Nelken* immer darauf achten, dass die Blüten fest und nicht vollständig geöffnet sind. Die Knospen sollen sich nach und nach öffnen.
- Bei *Tulpen* sticht man mit einer Nadel winzige Löcher in den oberen Teil des Blütenkelchs. Das verhindert das Nachwachsen der Stängel im Wasser. Man kann dies auch wiederholen, indem man den Stängel selbst an einigen Stellen einstricht.
- *Wicken* sollten möglichst wenig berührt werden – Anfassen mögen sie nicht.

## Schnittblumen

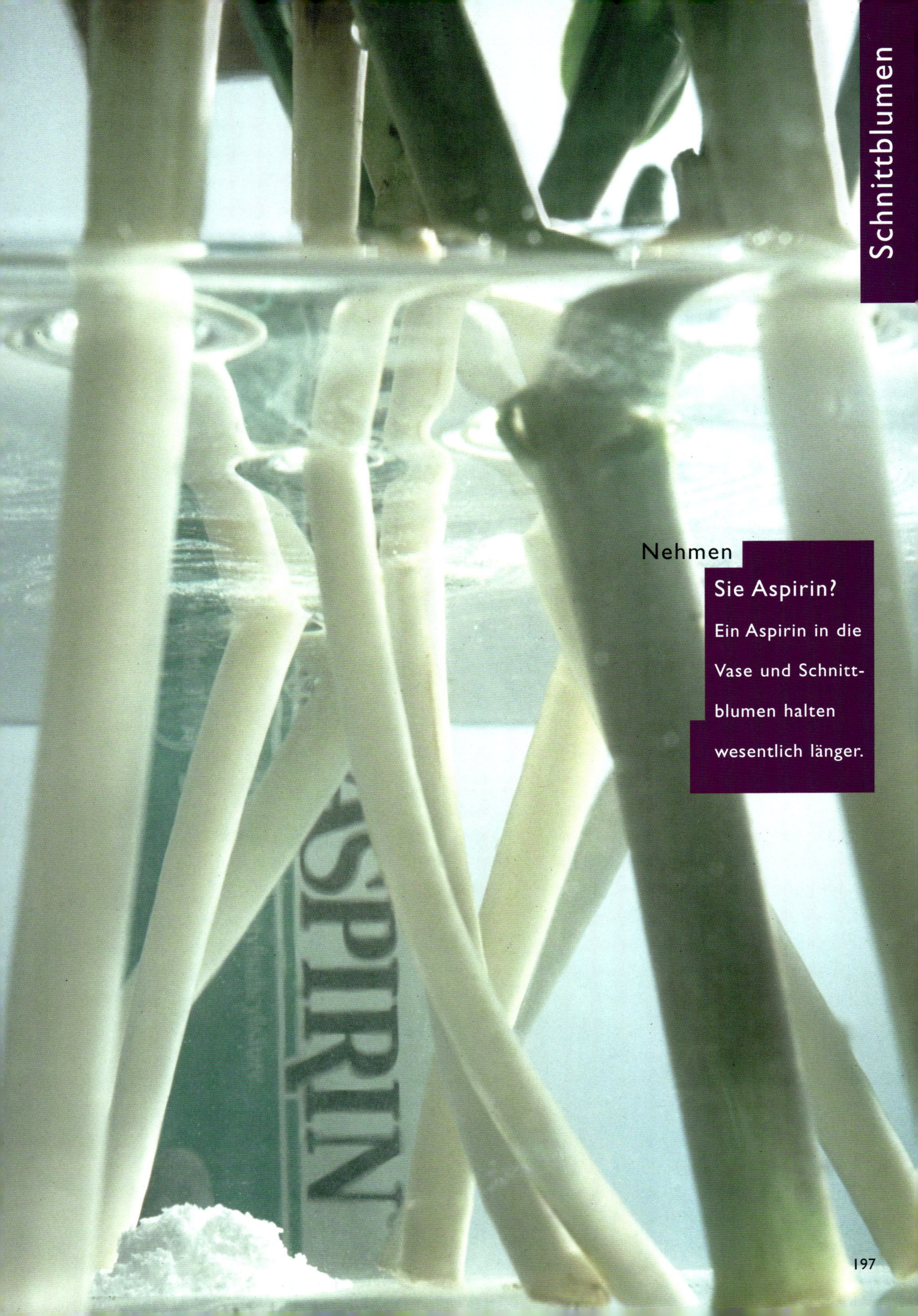

**Nehmen Sie Aspirin?** Ein Aspirin in die Vase und Schnittblumen halten wesentlich länger.

Dekoration

Schenken macht Freude! Überraschen Sie Ihre Lieben doch einmal mit einem selbst gemachten Geschenk – das ist viel persönlicher und kann schon beim Herstellen Spaß bereiten.

# KREATIVE GESCHENKE.
## So erhalten Sie die Freundschaft.

Obst verkommen lassen? Das muss nicht sein! Kochen Sie lieber eine leckere Marmelade – Rezepte und Anleitungen finden Sie auf allen Gelierzucker-Packungen. Wenn Sie besonders viel Steinobst, wie Kirschen oder Pflaumen, zu verarbeiten haben, ist ein Entsteiner eine prima Arbeitshilfe!

### GESCHENKE SELBST MACHEN UND VERPACKEN

Eine originelle Verpackung muss nicht immer aufwändig sein. Oft reicht bereits ein dekoratives Geschenkpapier mit besonderen Bändern. Oder ein einfaches Glas, eine alte Flasche, die bemalt werden, ein Karton als Aufbewahrung. Dazu ein paar getrocknete Blüten, Stoffreste oder Mitbringsel aus dem Urlaub: Muscheln, schöne Kieselsteine als Schmuck ... All das können Sie kreativ zusammenstellen.

### Geschenkpapier
Das Papier, mit dem Sie Ihre Geschenke einwickeln wollen, können Sie leicht selbst herstellen: Ein einfaches Papier (Packpapier beispielsweise) entweder bemalen oder bekleben, mit breiten Grashalmen, bunten Blütenblättern oder was Ihnen sonst einfällt. Sie können das Papier auch mit Kartoffelstempeln bedrucken oder mit Farbsprays Muster auftragen. Möglichkeiten gibt es wie Sand am Meer ...
Sie wollen einen Krimi verschenken? Dann packen Sie ihn doch passend ein: Das Buch in Packpapier wickeln, das Sie vorher mit Fingerabdrücken versehen haben. Das Ganze mit einem Seil verschnüren. Als Geschenkanhänger dient eine kleine Lupe.
Oder Sie wollen einen Korb verschenken. Die Freundin ist Hobbygärtnerin und hat einen großen Kräutergarten angelegt. Warum den Korb dann nicht mit einem kleinen Zusatzgeschenk versehen? Dazu mit Bast ein Kräutersträußchen auf ein kleines Kräuterbuch binden und in den Korb legen. So ist der Korb gefüllt und braucht keine eigene Verpackung.
Wenn Sie eine Musik-CD verschenken wollen: Die CD in weißes Papier einschlagen und Noten aufkleben. Ein feines Stoffband herumbinden und eine Rose (frisch oder getrocknet) darauf legen.

### Briefkarten
Wer viel schreibt, freut sich über diese Kleinigkeit: Als Erinnerung an einen gemeinsam verbrachten Urlaub bringen Sie zur nächsten Einladung schöne Briefkarten mit,

## Geschenke

### Kürbis süß-sauer auf orientalische Art
für ca. 7 Gläser à 500 ml

**Zutaten:**
etwa 4 kg Kürbis (ergibt ca. 1 kg Fruchtfleisch)
- 1/4 l Weinessig
- 1/4 l Wasser

*für die Essig-Zucker-Lösung:*
- 650 g Zucker
- 1/2 l Weinessig
- 1/2 l Wasser
- 2 Zimtstangen
- 4 Gewürznelken
- 4-5 Kardamomkapseln (grün)
- 1 Teelöffel Korianderkörner
- 1-2 Stück Sternanis
- Schale von einer unbehandelten Orange
- 1 Päckchen Einmach-Hilfe

**Zubereitung:**
Den Kürbis vierteln, die Kerne ausschaben und das Fruchtfleisch in kleine Würfel schneiden. Je 1/4 l Wasser und Weinessig mischen und über den Kürbis gießen und mit einem Tuch abgedeckt über Nacht in einem kühlen Ort durchziehen lassen. Die Kürbisstücke mit einem Schaumlöffel herausnehmen und gut abtropfen lassen.

Für die Essig-Zucker-Lösung alle Zutaten in einem großen Topf zum Kochen bringen. Den Kürbis darin portionsweise etwa 5 Minuten glasig kochen und in vorbereitete Gläser füllen.
Den Sud nochmals aufkochen, vom Herd nehmen und die Einmachhilfe unterrühren.

Den Sud durchsieben und sofort randvoll in die Gläser auf den Kürbis geben. Die Gläser mit Twist-off-Deckeln verschließen und etwa 5 Minuten auf dem Deckel stehen lassen.
Der eingelegte Kürbis hält sich etwa 6 Monate.

### Kürbisse
sehen als Deko nicht nur zu Halloween toll aus. Kleine Zierkürbisse z. B. machen sich auch als Tischdeko sehr gut. Und wenn man sich an dem knolligen Gemüse satt gesehen hat, kann man sich sogar noch satt daran essen. Kürbisse eigenen sich besonders gut für Chutneys oder zum Einlegen. Probieren Sie doch mal unser Rezept aus – in hübschen Gläsern abgefüllt übrigens auch eine hervorragende Geschenkidee.

# Dekoration

die Sie selbst zusammengestellt haben. Auf Doppelbriefkarten werden die besten Schnappschüsse aufgeklebt. Eine schöne Erinnerung.

### Duftsäckchen

Wer hat nicht gern einen wohlduftenden Wäscheschrank? Duftsäckchen sind ganz schnell selbst hergestellt: Sammeln Sie im Garten Kräuter und nähen Sie aus Batistresten, buntem Baumwollstoff oder Leinenresten kleine Säckchen. Getrocknete Lavendelblüten eignen sich als Füllung besonders gut, denn sie halten Motten fern (Kleiderschrank). Verschließen Sie die Duftbeutel mit einem farbigen Band. Im nächsten Jahr können sie dann mit frischen Blüten wieder aufgefüllt werden.

Statt Lavendelblüten lassen sich auch Blüten von Thymian oder getrocknete Rosmarinnadeln verwenden und in Säckchen füllen.

### Gläser, Flaschen und alte Schachteln

Einfache *Schraubgläser* können Sie mit Motiven bemalen, die entweder etwas mit der Person zu tun oder einen Bezug zum Inhalt haben. Auch der Deckel das Glases lässt sich gestalten. Wenn Sie ihn nicht mit Farbe versehen wollen, können Sie den Deckel mit einem bunten Stoffrest abdecken und mit einer Schleife oder einer Kordel befestigen.

In einfachen, verschließbaren *Flaschen* können selbst gewürzte Essige und Öle verschenkt werden. Es genügt schon, an die Flaschen einfach ein Sträußlein Gartenkräuter zu binden, vielleicht die Kräuter, mit denen Sie Öl und Essig gewürzt haben. Eventuell mit Bast ein „Gütezeichen" anhängen.

Alte *Schachteln* lassen sich schnell verändern. Man kann sie anmalen, mit buntem Papier bekleben oder Bänder daraufkleben. Darin kommen nicht nur selbst gemachte Gebäckschnitten oder Plätzchen gut zur Geltung, sondern auch Bücher, Fotos oder sonstige Sammelobjekte.

### Karamellisierte Nüsse

Essen Sie gerne gebrannte Mandeln? Ihre Gastgeber bestimmt auch. Versuchen Sie doch einmal, karamellisierte Mandeln, Haselnüsse, Walnüsse oder Paranüsse selbst zu machen. Dazu 2 Tassen Zucker, 125 ml Wasser, 2 EL Rohrzuckersirup, 125 g Butter und einen EL hellen Essig unter Rühren erhitzen, bis die Butter zerlassen und der Zucker gelöst ist. Dann das Ganze zum Kochen bringen und 20 min bei reduzierter Hitze weiter kochen.

Die Konsistenz ist passend, sobald ein Teil der Mischung in kaltes Wasser gegeben wird und dabei leicht aufreißt. Die Nüsse dann mit einem Holzlöffel in die Masse tauchen und auf ein mit Backpapier ausgelegtes Blech legen. Dort lässt man die Nüsse trocknen. Anschließend in einer gut verschlossenen Dose aufbewahren und bald verzehren (lassen).

### Marmelade aus Zitrusfrüchten

Warum immer mit Gelierzucker arbeiten? Legen Sie sich 2 Grapefruits, 2 Limonen und 2 Blutorangen zurecht. Schneiden Sie mit dem Juliennemesser feine Streifen ab und legen Sie sie erstmal zur Seite. Die Früchte entsaften. Dazu Fruchtfleisch, weiße Schale und Kerne in ein Musselintuch (Windelstoff) legen. Das Tuch zubinden und mit dem Saft und 1 1/4 l Wasser zusammen mit den Schalenstreifen in einen Topf geben. Das Ganze aufkochen und bei offenem Topf etwa 45 min weiter köcheln lassen, bis die Flüssigkeit zur Hälfte verkocht ist. Den Beutel herausnehmen und ausdrücken. 3 1/2 Tassen Zucker hinzufügen und weiterrühren, bis der Zucker gelöst ist. Auf niedriger Stufe etwa 20 min kochen lassen. Sobald die Marmelade anfängt zu gelieren kann sie in die vorbereiteten, heiß ausgespülten Gläser (Schraubverschluss) gefüllt und sofort verschlossen werden.

Die Blutorangen sorgen für eine besonders schöne Farbe.

### Öl und Essig

*Kräuteressig* lässt sich ganz leicht selbst herstellen. Sie benötigen dazu: eine Zitrone, 625 ml hellen Essig, 2 Lorbeerblätter, ein Rosmarinzweig, 2 El Oregano (am besten frisch). Schälen Sie von der Zitrone mit dem Juliennemesser feine Streifen. Den Essig zum Kochen bringen und die Kräuter hinzufügen. Das Gefäß abdecken und 2 Tage stehen lassen. Dann wird der Essig abgesiebt und in eine hübsche, saubere Flasche gefüllt (z. B. eine antike vom Flohmarkt).

Dort hinein gibt man zuletzt die frischen Kräuter und verschließt die Flasche.

Bereiten Sie eine zweite Flasche vor, um darin *Kräuteröl* abzufüllen: Dazu zunächst 625 ml Öl vorsichtig erhitzen. 3 frische Chilischoten, eine Zimtstange und 2 TL schwarze Pfefferkörner hinzugeben. Das Ganze sollte man 2 bis 3 Tage stehen lassen, dann das Öl abgießen, in eine Flasche

füllen und frische Chilischoten samt Pfefferkörnern hineingeben. Statt Chilischoten kann man auch frische Kräuter nehmen.
Beide Flaschen erhalten ein schönes Etikett. In Klarsichtfolie verpackt, sind sie ein beliebtes Mitbringsel zur Einladung.

### Whisky- oder Rumfeigen

Ein Geschenk für kalte Tage: 500 g getrocknete Feigen, 375 ml starker schwarzer Tee, 125 ml Whisky oder Rum und 1 Zimtstange langsam aufkochen lassen und 30 min köcheln, bis die Feigen weich und prall sind.
Dann 1/2 Tasse braunen Zucker einrühren und feine Streifen von 1 Zitrone und 1 Orange hinzugeben. Das Ganze lässt man 5 min weiter köcheln. Zitrone und Orange auspressen und den Saft mit hineingeben. Zum Schluss die Zimtstange entfernen und die heiße Mischung in Gläser füllen und verschließen.

### Zitronenbutter

Sie sind zum ausgiebigen Frühstück eingeladen. Was liegt da näher, als eine gute Butter selbst mitzubringen?
Dazu 4 Eier leicht anschlagen und mit 1/2 Tasse Zucker in einer feuerfesten Schüssel im Wasserbad so lange rühren, bis der Zucker sich aufgelöst hat.
Dann 125 ml Zitronensaft dazugeben, einen TL abgeriebene Zitronenschale und 125 g Butter. Das Ganze etwa 20 min im köchelnden Wasserbad rühren, bis die Mischung den Holzlöffelrücken überzieht. Vorsicht, das Ganze darf nicht kochen, da dann das Eiweiß gerinnt. Die warme Zitronenbutter in Gläser füllen und nach dem Abkühlen mit einem schönen Etikett versehen.

### Pflaumen-Chutney

*Zutaten für 4 Gläser*
900 g entsteinte Pflaumen • 50 g Walnusskerne • 100 g Korinthen • ein kleines Lorbeerblatt • 175 ml Balsamico-Essig • 150 ml Rotwein • 250 g Extra Gelierzucker • gemahlener Zimt nach Geschmack

Pflaumen waschen und vierteln, Lorbeer und Walnusskerne hacken. Alles zusammen mit Korinthen, Balsamico-Essig, Rotwein und Gelierzucker in einen Kochtopf geben, unter Rühren zum Kochen bringen und 5 Minuten kochen. Das Chutney mit Zimt abschmecken, sofort randvoll in saubere Gläser füllen, mit Deckeln verschließen, umdrehen und etwa 5 Minuten auf dem Kopf stehen lassen.

# INDEX

## A
Abfluss 42
Abfluss- und Rohrreiniger 42
Abhängen der Wäsche 120
Ablufttrockner 121
Abnäher 129
Abriebfestigkeit 27
Acella 86
Achterschlag, Moppreinigung 28f
Acrylglas (= Plexiglas) 86
Agave 188
Airboard 122, 124f
Alkoholreiniger 11, 17
Allgemeinbeleuchtung 56, 58
Allzweckreiniger 11, 17, 40, 50,
Aloe 188
Alpenveilchen 189
Aluminium 80f
Amaryllis 196
Anlass 144, 146ff
Anrichten 152ff
Anschleudern 106f
Anschnitt, Blumen 194
Anstrich 46, 55, 61
Antihaftbeschichtung 82, 176
Apfelausstecher 158
Arbeitsplan 20
Armaturen 42, 81
Ärmel 110, 122, 126ff, 130
Ärmelbrett 122
Aufbewahren der
  Schmutzwäsche 108
Aufbügeln/Aufdämpfen 130
Aufheizsockel 122
Aufnehmer 29
Ausbürsten 130
Auslüften/Aushängen 131
Azalee 189

## B
Backen 166ff
Backform 82ff, 88f, 176ff
Backhilfen 172
Backofen 97f
Backofenreiniger 97
Backpinsel 169
Bad 40ff
Bakelit 88
Bakita, Backform 176
Balkonpflanzen 184, 190
Basilikum 192
Baumwolle 106
Becken, (Wasch-) 42
Bedruckte Shirts 110
Behaarte Blätter 187
Beladung der Trommel 110
Beleuchtung 58
Bepflanzung 190
Berufskleidung 108, 114
Beschichtung 82f, 88, 167, 176
Besen 11, 23ff, 28, 32, 40
Bettbezüge 66, 110, 120, 126
Betten 66
Bettgestell 66
Bezugsstoffe, Textilkenn-
  zeichnung 64
Birkenfeige 189
Blähton 190
Blattpoliermittel 187
Bleichmittel 112, 114, 133
Bleikristallglas 71
Blumenarrangements 194
Blumenerde 184, 192
Blusen 110, 114, 116, 122, 126
Böden 22ff
Bodenputztuch 11, 14f, 97, 99
Bodenreinigung 22ff, 28
Bodenvasen 190
Bodenwachs 25
Bodenwischer 18, 29, 32, 42
Bodenwischer Picobello 19, 31,
  40
Bohnenkraut 192
Bootspflanze 189

Borretsch 192
Bräunung des Backgutes 176
Briefkarten 198
Bronze 78
Bügelbrett (siehe Bügeltisch)
Bügelbrettbezug 102
Bügeleisen 14, 101f, 122ff, 133
Bügelfalte 129
Bügelfeuchte Wäsche 124f
Bügeln 122ff
Bügelsohle 122
Bügelstation 125
Bügeltemperatur 124, 126
Bügeltisch 122, 124, 126, 128f
Buntmesser 158
Buntwäsche 112, 121
Buntwurz 189
Bürsten 11, 12f, 25, 42, 60, 72,
  83, 88, 92
Butterroller 160

## C
Checkliste 40
Chemiefasern 34, 38
Chemiereinigung 131
Christrosen 196
Chrom 81
Chrom-Nickel-Stahl 84
Chromstahl 84
Chrysanthemen 195, 196
Colorwaschmittel 112
Cool Box 175
Cordhosen 110

## D
Dampfaustrittsdüsen 122
Dampfbügeleisen 101f, 122ff,
  130
Dampfentwicklung 124
Dampfmenge 124
Daunen 113
Dekoration 182ff

# Index

Depotdünger *190*
Desinfektionsmittel 42
Dieffenbachie *189*
Digitalwaage *171*
Dill *192*
Dispersionsfarbenanstriche *46*
Drachenbaum *189*
Druckstellen *129*
Duftsäckchen *200*
Dünger *184*, 188, 192
Duropal *88*
Duroplaste *88*

## E

Echeverie *188*
Edelmetalle *74ff*
Edelstahl *84*, 98, 172
Edelstahlreiniger 40, *84, 98*
Edelstahlspülen *84*
Edelstahltopfreiniger 82
Efeu *189, 196*
Eierkocher *94*
Eierschneider *161*
Eimer 11, *16, 18*
Einlegematerial *129*
Einstellungen der Waschmaschine *110*
Einweichen 106, 107, 111, *114*, 132
Einweichmittel *114*
Elektrogeräte *94ff, 172*
Elektroherd *98*
Emaille *82*, 97
Emaillierte Stahlblechform *176*
Energiesparlampen *56ff*
Entkalken *95, 96*
Entkalker 42
Entwässern *118*
Enzyme 106, *112*
Erdstern *188*
Ergonomie, Griffe *164f*
Erika *196*
Erweiterte Menüs *148*
Essigreiniger *26, 42*
Esstisch *66*
Estragon *192*

## F

Fadenschneider *159*
Fadenverlauf 125
Falten 110, 125, 128f
Farbechtheit *110, 111*
Farben *46ff*, 136
Farbgeruch 46
Farne *187*
Faserarten *106f*
Fasermischungen *110*
Fegen 24, *28*
Feigenarten *189*
Feigenkaktus *188*
Feinappretur *114*
Feinwäsche 108, *111*
Feinwaschmittel 106f, *112f*, 116
Fenster 15, *50ff*
Fensterabzieher 52
Fensterblatt, Pflanze *189*
Fensterdichtungen 52
Fensterleder *15*, 40, 42, 50, *52*
Fensterreiniger 40
Fensterreinigung *50f*
Fenstertuch 11
Fensterwischer 46, *52f*
Fertigparkett *23*
Feste feiern *144f*
Fettflecken auf Leder *90*
Feuchtreinigung *29*
Feuchtwischgerät 23, 25ff
Feuchtwischmopp 24
Flachglas *70*
Flaschen *200*
Flaschenbürste 11, *12*
Fleckenmittel *133*
Fleckentfernung, Ruß *49*
Fleckentfernung, Teppiche *35*
Fleckentfernung, Textilien *132ff*
  bei
  Alkohol *134*
  Beeren/Früchte *134*
  Benzin, Petroleum, Heizöl *134*
  Bier *134*
  Bleistift *134*
  Blut *134*
  Bowle *134*
  Brand-/Sengflecken *134*
  Butter *134*
  Coca Cola *134*
  Druckerschwärze *134*
  Eigelb *134*
  Eiweiß *134*
  Eis *134*
  Erdbeeren *134*
  Farben *136*
  Fensterkitt *136*
  Fett, Öl *136*
  Gras *136*
  Haarspray *136*
  Harz *136*
  Hautcreme *136*
  Holzleim *136*
  Holunderbeeren *136*
  Honig *139*
  Joghurt *139*
  Jod *139*
  Johannisbeeren *139*
  Kaffee *139*
  Kaugummi *139*
  Kerzenwachs *139*
  Ketchup *139*
  Klebstoff *139*
  Kugelschreiber *139*
  Lakritz *139*
  Likör *139*
  Limonade *139*
  Lippenstift *139*
  Marmelade *140*
  Maschinenöl *140*
  Milch *140*
  Möhren *140*
  Nagellack *140*
  Obst *140*
  Öl *140*
  Parfüm *140*
  Petroleum *140*
  Puder *140*
  Rost *140*
  Rote Beete *140*
  Rotkohl *140*
  Rotwein *140*
  Sahne, Kondensmilch *140*
  Schokolade *143*
  Schuhcreme *143*
  Schweiß *143*
  Senf *143*
  Spinat *143*
  Stockflecken *143*
  Tee *143*
  Teer *143*
  Tinte *143*
  Tomaten *143*
  Tusche *143*

# Index

*Vogeldreck* 143
Fleckensalze 114
Fleckenwasser 133
Flieder 196
Fliesen 26f, 32, *42*, 44
Floretta *12*, 61
Florgewebe 129
Flusen *116*, 121
Flüssigwaschmittel 112
Formspüler 114
Forsythie 196
Frauenhaarfarn 189
Frühstücksgedeck 147, *148*
Füllmenge der Trommel 112
Füllvliese 114
Fußböden *22ff*

## G

Gallseifen *113*, *114*, 115
Garantieform 177
Gardenie 189
Gardinen 107, *110*, 113, *114*
Gardinenwaschmittel 114
Gasherd 98
Gäste *146ff*, 150, 152
Gastgeber/-in *146ff*, 150
Gedeck *148f*, 150f
Gedeck für Grundmenü 148
Gedeck für Suppe 148
Gedeck mit Vorspeise 148
Gedeckanordnung 148
Gefleckte Efeutute 188
Geformte Teile 126
Gefriermaterial, Kunststoff 89
Gemüsemesser *157*, 165
Gerbera 196
Geschenke *182*, *198ff*
Geschenkpapier 198
Geschirrspülmaschine 99
Geschirrtuch 11, *14*
Gestaltung von Balkon/Terrasse 190
Geweihfarn 189
Gießen 184
Gladiolen 196
Glas, wärmebeständiges 70
Gläser (Schraub-) 200
Glasfasertapeten 48
Glaskeramik 70, 98
Glaskeramikfelder 98
Glasreinigung 14, *70f*
Glastüren 50, 54
Glasvasen 71
Glattleder *90ff*
Glühlampen *56ff*
Gold 14, *77*
Goldorange, Pflanzen 189
Goretex 107
Grapefruitmesser 158
Großes Gedeck 148
Große Wäscheteile 126
Grundreinigung *20*, *50*, 64, 90
Grundreinigung, Fenster 50
Gummibündchen 108
Gummihandschuhe 16
Gusseisen *81f*

## H

Hagebuttenkuchen 181
Halogenlampen 56
Handfeger 11, *19*, 23, 40, 52
Handfensterwischer 11, *19*, *52f*
Handrührgerät 94
Handschuhe, Leder 74, *92*
Handwäsche 106, 107, 108, *114ff*, 118
Handwaschmittel 106, 107, *114*
Handwerkszeug, Backen 169
Handwerkszeug, Reinigung *10ff*
Harfenstrauch 188
Hartholz, Boden 23
Hart-PVC 86
Hauptwäsche *111f*
Haushaltsgeräte *94ff*
Hausmittel gegen Flecken 133
Hausputz 10
Heizkörper 44, *60f*
Heizkörper, Reinigung *60f*
Heizkörperreiniger Floretta *12*, 61
Heizung 60
Herdplatten *82*, 98
Herrenhemden *114*, *126*, 128
Hibiskus/Chinarose 188
Hohlglas 70
Hohlglaswaren, Reinigung von 71
Holztüren 54
Hortensien 187
Hose bügeln 110, *129*
Hostaflon 88
Hostalen 86
Hostalit 86
Hydrokulturgranulat 190

## I

Imprägnieren, Türen 55
Isolierkannen *71*, 86

## J

Jahreszeit 146
Jalousetta 13
Jalousien 13
Jalousienbürste 11, *13*
Jasmin, falscher 196
Jeans 110

## K

Kabellose Bügeleisen 122
Kacheln, Reinigung 61
Kaffeegedeck 148
Kaffeemaschine 96
Kaffeetafel 146, 180
Kaliglas 70
Kalkablagerung 95
Kalkfarbenanstriche 46
Kalkränder *42*, *72*, 99
Kalkränder auf Blättern 187
Kanonierblume 189
Kapuzinerkresse 192
Karamellisierte Nüsse 200
Käseplatte 148
Kehrblech 11, *19*, 29
Keramik *72f*
Kerbel 192
Kinderbekleidung 114
Kirschstreusel 181
Kissenbezüge 126
Klarspüler 99
Kleiderbürste 11, *12*, 130
Kleine glatte Teile 124
Kleines Gedeck 148
Kletterpflanzen 188
Knitter 107, *108*, 110, 111, 116, 120, 121, 125, *129*, 131
Knopfleiste 126, *128*
Kochlöffel 169
Kochmesser *154*, 165
Kochwäsche 111
Koffer, Leder 92
Kokospalme 189

Kombinationsmittel 17
Kompaktwaschmittel 112
Kondensationstrockner *121*
Königswein *189*
Konservierungsmittel 195
Kopfkissen *66*, 120, *126*
Korbmarante *189*
Korbmöbel *66*
Korbmöbel, Reinigung *66*
Kork, Boden *24*, 32
Kragen 114, 120, 126, 128
Kranzschlinge *188*
Kräuteressig *200*
Kräutergarten *192*, 198
Kräuteröl *200*
Kreativität 146
Kreppstoffe *129*
Kresse 192
Kristallglas *71*
Kübelpflanzen 184, *187*
Kuchen *166ff*, *180f*
Kuchenbuffet *181*
Kuchenform *178*
Küchenmaschine 88, *96*, 172
Kuchenmesser mit Zahnung *174*
Kuchenrezepte *180f*
Kuchenring (siehe Tortenring)
Kuchenrost *174*
Küchenwaage mit Rührschüssel *171*
Kugelkaktus *189*
Kühlschrank *99f*
Kunstleder *92*
Kunststoffböden *24*, 29
Kunststoffe *86ff*
Kunststoffe, Reinigung *86ff*
Kunststofftüren *55*
Kupfer *81*
Kupferlegierung 74, 77
Kürbis *199*
Kurzprogramme 110

**L**

Lackieren, Türen *54*
Laminat *24*, 29, 32, 190
Lampen *56ff*
Lanzenrosette *188*
Lasieren, Türen *55*
Lattenrost 66
Lavendelblüten *200*

Leder *90ff*
Lederbekleidung *92*
Lederflecken *90ff*
Ledermöbel *90*
Legen großer Wäscheteile *126*
Legen kleiner glatter Teile *125*
Legierungen *84*
Leimdrucktapeten *48*
Leuchten *56ff*
Leuchten, Reinigung *58*
Leuchterblume *189*
Leuchtstofflampen *56*
Levkojen *196*
Lichtquellen *56*
Liebstöckel *192*
Linoleum, Boden *24f*
Linomatic *119f*
Lorbeer *192*, 200
Lösemittel *133*
Lösungsmittel *16*, 86, 88, 92
Löwenmäulchen *196*
Lupolen *86*
Luran *88*
Luftkissentechnik *122*
Lufttrocknung *118*

**M**

Majoran *192*
Marmelade *198*
Marmelade aus Zitrusfrüchten *200*
Marmor, Boden *26f*, 32
Maschinentrocknung *121*
Materialschonung *130*
Matratze *66*
Mattieren, Türen *54*
Mechanik 106, *116*
Melisse *192*
Melopas *88*
Membran *107*, *114*
Mengenplan *148*
Menükarte *150f*
Messbecher *171*
Messing *77f*
Metalle *74ff*, *81f*
Micro dur *88*
Microfasern *30f*, *107*
Microfasertuch/-tücher *14*, *33*, *46*, 54f, 72
Mikrowellengerät *100*

Mitteldecken *125*
Mittleres Gedeck *148*
Mixer *96*, 172
Möbel 14, 22, 34, 48, *62ff*
Möbelpolitur 17, 25, 26, *64*
Monogramm 125, 126
Mopp 24ff, *28f*, *31f*, 52
Mopp-System 11, *18*, *28f*
Muffinbackform *176*
Muffins *181*
Multisitze *122*

**N**

Nabelkraut *189*
Nachbehandlung *111*
Nachbehandlungsmittel 112, *114*
Nachimprägnierung 107
Nährstoffe 184, 192, 196
Nähte 120, 129
Narzissen *196*
Nassreinigung *29*
Nasswischmopp *29*
Natronglas *70*
Naturfasern *34*, *39*, 108, 111,
 102, 103
Naturstein, Boden *25*
Nelken *196*
Nestfarn *189*
Neutralreiniger 11, *17*, 61, 88,
 102, 103
Normalprogramm 108, *110ff*
Novodur *88*
Nudelrolle (siehe Teigrolle)

**O**

Oberbett *66*
Oberwasser- und Jetsystem *110*
Obst-Torteletts *181*
Öl- und Lackfarbenanstrich *46*
Optische Aufheller *112f*
Orchideen *187*
Oregano 192, 200
Orientteppiche *37*
Oxidation *83*

**P**

Pantoffelblume *189*
Parkett, Boden *23f*, 32, 50, 190
Party ohne Stress *146*
Passe *128*
Passionsblume *188*

# Index

Pellefarn *189*
Pendelschäler 165
Petersilie 192
Pfefferminze 192
Pfeilwurz *189*
Pflanzen *182ff*
Pflanzen, Lichtbedarf 184, *188f*
Pflanzenpflege *184f, 188*
Pflanzenschutz *188*
Pflaumen-Chutney *201*
Pflegeeigenschaften 110, 115
Pflegeetikett *125*
Pflegesymbole *108, 131*
Pflegeleichte Textilien 108, 116, 120, *129*
Pflegeleichtprogramm *111f*
Pflegemittel 11, *17*, 64
Philodendron *188, 189*
Picobello *19, 31,* 40
Pimpinelle 192
Pizzaschneider *174*
Plexiglas (siehe Acrylglas)
Polstermöbel *62ff*
Polstermöbel, Reinigung *64*
Polsterreinigungsmittel *64*
Poliertuch 11, *14f*
Polystyrol *88*
Porzellan *72*, 100
Profi Email, Backform *176f*
PTFE-Antihaftbeschichtung *176*
Pürierer 172
Putzmittel (siehe Reinigungsmittel)
PVC, Boden *24f*
PVC, (Hart-) *86*
PVC, (Weich-) *86*

# R

Rankhilfen *188*
Raufasertapete *48*
Rauleder *90ff*
Raumklima *184*
Raumwirkung *48*
Regen *187*
Regeneriersalz *99*
Reiben 106, 114, 115, 116, 133, 136
Reinigung 110, *131*
Reinigung der Blätter *187*
Reinigungshandschuh *33*

Reinigungsmittel 14, *16f*
Reinigungspads *15*
Reißverschluss 108, 129
Resopal *88*
Reste 148
Rettichspirale *156*
Rhododendron *196*
Rollläden *52*
Rosen 195, *196*
Rosmarin 192, 200
Rotweinkuchen *181*
Rückenteil (Bügeln) *128*
Rückschnitt, Pflanzen *187*
Rührgerät *172*
Rührschüsseln *171*
Rußflecken *49*

# S

Sachertorte 180f
Salatkräuter *192*
Salbei 192
Samt *129*
Sanitärreiniger *42*
Saugglocke *42*
Schachteln *200*
Schädlinge *188*
Schattengewächse *189*
Scheuermittel 16, 40, 42, 49, 89
Schiefer, Boden 25, *26*
Schimmelflecken *46*
Schlangenkaktus *189*
Schleifkörper *15*
Schleudern *112*
Schmuck *76, 77*
Schmutzbürste 11, *12,* 88
Schmutzränder 72, 73, 114f
Schmutzwäsche *108*
Schneebesen *169*
Schnittblumen 182, *194ff*
Schnittlauch 192
Schnittstelle, Pflanzen *187f*, 196
Schonprogramm 108, *111f*
Schränke *62*
Schrankmaße *126*
Schrubber 16, 25, 26, 28, *29,* 40
Schrumpfen *114,* 121
Schuhbürste 11, *12,* 92
Schuhe *92*
Schuhspanner *92*
Schürzen *114*

Schusterpalme *189*
Schwämme 11, *15, 31,* 72, 97, 130
Schwarzäugige Susanne *188*
Schwarzblechform *176, 178*
Schwerpunktverstärker 107, *114*
Schwertfarn *189*
Seide *106,* 108, 112, 120, 124, 134ff
Seidenwaschmittel *114*
Seifenreiniger 11, *17*
Servietten 110, 125, *149*
Sicherheitsglas *70*
Siebe *171*
Silber *74ff*
Silberputzmittel *74*
Silbertauchbad *77*
Sonnenanbeter, Pflanzen *188*
Sonnenmuffel, Pflanzen *189*
Sortieren der Schmutzwäsche *108, 110*
Spanischer Pfeffer, Pflanze *189*
Spannbetttücher *126*
Sparschäler *155*
Speichermatten, Pflanzen *190*
Spezialgeschirr, Mikrowelle *88*
Spezialglas *70*
Spezialwaschmittel *113f*
Spiegel *40f,* 50f, 58, 70
Spiralfeder *42*
Spiritus 16, 23, 40, 50, 52, 78, 134, 136, 139, 140, 143
Spitzen *129*
Spritzbeutel oder Garnierspritze *174*
Sprühstrahl *124*
Spülbürste 11, *12,* 88
Spülen *112,* 115, *116*
Spülmittel 11, 16, 88
Spülstopp 110, *112*
Spültuch 11, *14,* 88
Spülwasser 115, 116
Stabmixer *96*
Stahl *82,* 84, 176
Stahlblechform, emailliert *176*
Stahlwolle *15,* 83
Standort, Pflanzen 184, 187, *188,* 192
Standschleuder *118*
Stärke *114*

Staubbiene 11, *19, 44, 61*
Staubmopp (Trockenmopp) 28
Staubsauger 11, *18,* 23ff, 28, 34, 37, 44, 49, 61, 64, 90, 100, *103*
Staubtuch 11, *14*
Steife *114*
Steingut 73
Steingutfliesen, Boden 27
Steinzeug 72
Steinzeugfliesen, Boden 26
Sternkaktus 189
Stockflecken *89,* 108, 120, *133*
Stoffart 110
Stoffbezüge 64
Streichpalette 175
Streudosen 175
Strickwaren 114, 129
Stühle *62, 64*
Stühle, Reinigung 64
Suprabesen 11, *19, 32, 43*
Suprafaser 13, *31ff,* 42, 61
Synthetics *107,* 110, 114, 116, 121
Syphon 42

**T**
Täfelung 44
Tapeten *44ff*
Tapeten, hochwaschbeständige 49
Tapeten, scheuerbeständige 49
Tapeten, waschbeständige 49
Tapeten, wasserbeständige 49
Taschen, Leder 92
Taschentücher 125
Teflon 88
Teigkarten 174
Teigrädchen 172
Teigrolle 172
Teigschaber 169
Temperatureinstellungen beim Bügeln 124
Tenside 112
Teppiche 32, *34ff*
Teppich, Fleckentfernung 35
Teppich, Komfortwert 38f
Teppich, Strapazierwert 38f
Teppichböden *34ff*
Teppichfarbe 38
Teppichfransen 38

Teppichkante 38
Teppichkehrer 34
Teppichklebeband 38
Teppichklopfer 34, 65
Teppichroller 34
Teppichrücken 36
Terrassenbepflanzung *190,* 192
Terrazzo, Boden 26
Textilarten 110
Textilreinigung *104ff*
Textiltapeten 48
TF 88
Thermoplaste 86
Thymian 192, 200
Tiefkühltruhe, Tiefkühlschrank 99, 100
Tisch decken *147ff*
Tischdekoration *144ff*
Tische 66
Tischgestaltung 146
Tischkarten *150f*
Tischtuch *148*
Tischtuchunterlage 148
Tischwäsche *114*
Toaster 81, *97*
Toilette 42
Tomatenmesser *165*
Tongut 73
Tonzeug 72
Töpferware 73
Tortenheber *172*
Tortenkämme 174
Tortenring *172*
Tortenrost (siehe Kuchenrost)
Tourniermesser *154*
Tradition, Backform *176*
Transportbox 175
Trend, Backform *167, 176, 178*
Trennwände 42
Trockennetz oder Trockengitter *120*
Trockenreinigung *28,* 33
Trocknen auf Wäscheleine 106, *118ff*
Trocknen auf Wäschespinne *118ff*
Trocknen der Wäsche *118ff*
Trocknungsgrad *121*
Trocknungszeit *121*
Trommelmechanik 110

Tuch/Tücher 11, *14, 33*
Tulpen *194,* 196
Tüpfelfarn *189*
Türenreinigung *54f*

**U**
Überdosierung des Waschmittels *110*
Überzüge/Beschichtungen 82
Umtopfen *187*
Universalgarnierer *161*
Universalwaschmittel *112*
Unterdosierung des Waschmittels *110*
Unterhaltsreinigung *20, 40*
Unterhaltsreinigung, Bad 40
Unterhaltsreinigung, Küche 40
Usambaraveilchen *189*

**V**
Veilchen 187
Verbundglas 70
Verfärbungen *114,* 116
Verfilzen 107, *114*
Verschmutzungsgrad *110,* 115f
Versiegelung, Pflanzen 196
Vinoflex 86
Vinyltapeten 48
Vliestuch/-tücher *14*
Vollwaschmittel *112*
Vorbehandlung der Schmutzwäsche *110, 114*
Vorbereitung, Feste *146*
Vorbereitung, Backen 180
Vorwäsche *111,* 114
Vorwaschsprays 114

**W**
Waage *171*
Wachsblume 188, *189*
Wandbekleidungen *48f*
Wandbeläge 44
Wanne, (Bade-) 42
Warzenkaktus 189
Wäschepflege *130f*
Wäschesäckchen 110
Wäschesammler 108
Wäscheschäden 108, *110,* 121
Wäscheständer *120*
Wäschetrockner *102, 121*

# Index

Wäsche waschen *106ff*
Waschflüssigkeit 106f, *111*
Waschhilfsmittel *114*
Waschmaschine *102*, 108, *110,*
Waschmethoden *106*
Waschmittel *112ff*, 116
Waschprogramm *110*, 111
Waschverfahren 108, 110
Wassereinlaufmenge *110*
Wasserkocher 95, *97*
Wasserreservoir, Pflanzen *190*
Wasserstand 107, *110, 112*
Wassertank *122f*
Wassertemperatur 110, 115
Wasserverbrauch *110*, 115, 124
Wasserverbrauch, Pflanzen *184*
Wasserzulaufschlauch *102*
WC *42*
Weichholz, Boden *23*
Weich-PVC *86*
Weichspüler 106, 107, *114, 116*
Weigelie *196*

Weihnachtskaktus *188*
Weihnachtsstern *189*
Weißbad *114*
Weißblechform *176, 178*
Whisky- oder Rumfeigen *201*
Wicken *196*
Wiegemesser *154*, 162
Winterbeere *189*
Wintervorrat, Pflanzen *192*
Wischen *28ff*
Wischen, feucht *28f*
Wischen, nass *28f*
Wischmopp *32*
Wischtuchpresse *29, 32*
Wischüberzug *33*
Wolle *106*, 108, *112*, 114, 120, 124
Wolljacken *120*
Wollpullover *114, 120*
Wollwaschgang *111*
Wollwaschmittel 107, *114*
Wringen *114*

Wurzelbürste 11, *12*
Wüstenbewohner, Pflanzen *188*

## Y

Yuccapalme *189*

## Z

Zebragras *189*
Zeitplan, Feste *146*
Zeitplan, Backen *180*
Zentralheizungsanlagen *60*
Zestenreißer *175*
Zierspargel *189*
Zimmeralarie *189*
Zimmerlinde *189*
Zimmerpflanzen *184ff*
Zinn *78*
Zinnkraut *79*
Zinnüberzug *83*
Zitronenbutter *201*
Zonen im Kühlschrank *100*
Zubereiten *162ff*